统计学基础

（第 2 版）

主　编　林志文　尤　华

编写者　（以姓氏笔划为序）

　　　　　王立新　尤　华　刘叶丹

　　　　　张丽英　林志文

北京理工大学出版社

BEIJING INSTITUTE OF TECHNOLOGY PRESS

图书在版编目（CIP）数据

统计学基础/林志文，尤华主编. —2 版. —北京：北京理工大学出版社，2012.1

ISBN 978 – 7 – 5640 – 5283 – 6

Ⅰ. ①统… Ⅱ. ①林… ②尤… Ⅲ. ①统计学 – 高等学校 – 教材 Ⅳ. ①C8

中国版本图书馆 CIP 数据核字（2011）第 232836 号

出版发行／北京理工大学出版社

社　　址／北京市海淀区中关村南大街 5 号

邮　　编／100081

电　　话／（010）68914775（办公室）　68944990（批销中心）　68911084（读者服务部）

网　　址／http：// www.bitpress.com.cn

经　　销／全国各地新华书店

印　　刷／北京市通州富达印刷厂

开　　本／787 毫米×1092 毫米　1/16

印　　张／14.5

字　　数／333 千字

版　　次／2012 年 1 月第 2 版　　2012 年 1 月第 1 次印刷　　　　责任编辑／钟　博

印　　数／1～10000 册　　　　　　　　　　　　　　　　　　　　责任校对／陈玉梅

定　　价／29.80 元　　　　　　　　　　　　　　　　　　　　　　责任印制／王美丽

再 版 前 言

　　统计学是人们认识社会现象的状态、变化过程和发展趋势的有力武器，是实现科学决策的重要手段。在当今信息技术的推动下，统计广泛地应用于社会各个领域，已成为社会经济论断的重要的科学依据。随着我国社会主义市场经济的不断发展，各行各业在激烈的市场竞争中，信息的价值不断被挖掘，被重视。因此，迫切需要应用统计调查科学地搜集大量的信息，应用统计整理和分析这些信息并进行处理，应用统计推论和预测，科学地把握数据结论，从而做出更加正确的判断和决策。

　　本书是为成人高等教育经济和管理类专业的学生而编写的一本统计教材。目前，在成人高等教育课堂教学中，迫切需要适合成人教育特点的、与成人教育学生知识结构和实际需求相配套的高质量教材。

　　本书共分为十一章，编者结合教学中遇到的实际问题，着重阐述了统计学的一般原理，包括统计研究的对象、特点和方法，统计调查，统计整理，综合指标，抽样估计，假设检验，相关与回归分析，时间序列分析和预测，统计指数和国民经济核算等方面的内容。

　　本书在编写过程中，努力贯彻"少而精"和"学以致用"的原则，力求行文简明流畅，重点阐述了统计学的基本理论、基本方法和应用，突出实用性和可读性的特点，使读者更加容易理解和掌握统计学知识。

　　本书第二版的主要修改之处是：部分章节结构的重新调整，如第三章；部分章节内容的增加，如第五章增加了"四分位差"的内容；部分章节重要概念及观点的重新表述，如第六、第七章、第八章；部分章节内容的删除，如第十章删除了第四节中的股票价格指数、房地产价格指数、其他几个价格指数、第五节国民经济统计指数分析实例等内容；部分章节练习题的增加，如第四章、第十一章。

　　本书由林志文、尤华主编，王立新、张丽英、刘叶丹等人参编。第一、第二、第三章由林志文执笔；第四、第五章由王立新执笔；第六、第七章由尤华执笔；第八、第十一章由张丽英执笔；第九、第十章由刘叶丹执笔。

　　在本书的编写过程中，我们参阅和借鉴了学术界一些专家学者撰写的著作、教材和论文，汲取了他们的研究成果和有益经验，在此我们表示真诚的敬意和衷心的感谢。

　　本书的出版获得了广州大学继续教育学院教材出版基金的资助，得到了广州大学领导和北京理工大学出版社的大力支持与帮助，在此一并表示感谢。

　　由于时间仓促，水平有限，书中难免存在不当和错误之处，敬请专家和广大读者朋友批评指正，以期再版之时使本书更臻完善。

编　者
2011 年 10 月

前　　言

　　统计学是人们认识社会现象的状态、变化过程和发展趋势的有力武器，是实现科学决策的重要手段。在当今信息技术的推动下，统计广泛地应用于社会各个领域，已成为社会经济论断的重要的科学依据。随着我国社会主义市场经济的不断发展，各行各业在激烈的市场竞争中，信息的价值不断被挖掘，被重视。因此，迫切需要应用统计调查科学地搜集大量的信息，应用统计整理和分析这些信息并进行处理，应用统计推论和预测，科学地把握数据结论，从而做出更加正确的判断和决策。

　　本书是为成人高等教育经济和管理类专业的学生而编写的一本统计教材。目前，在成人高等教育课堂教学中，迫切需要适合成人教育特点的、与成人教育学生知识结构和实际需求相配套的高质量教材。

　　本书共分为十一章，编者结合教学中遇到的实际问题，着重阐述了统计学的一般原理，包括统计研究的对象、特点和方法，统计调查，统计整理，综合指标，抽样估计，假设检验，相关与回归分析，时间序列分析和预测，统计指数和国民经济核算等方面的内容。

　　本书在编写过程中，努力贯彻"少而精"和"学以致用"的原则，力求行文简明流畅，重点阐述了统计学的基本理论、基本方法和应用，突出实用性和可读性的特点，使读者更加容易理解和掌握统计学知识。

　　本书由林志文、尤华主编，王立新、张丽英、刘叶丹等人参编。第一、第二、第三章由林志文执笔；第四、第五章由王立新执笔；第六、第七章由尤华执笔；第八、第十一章由张丽英执笔；第九、第十章由刘叶丹执笔。

　　在本书的编写过程中，我们参阅和借鉴了学术界一些专家学者撰写的著作、教材和论文，汲取了他们的研究成果和有益经验，在此我们表示真诚的敬意和衷心的感谢。

　　本书的出版获得了广州大学继续教育学院教材出版基金的资助，得到了广州大学领导和北京理工大学出版社的大力支持与帮助，在此一并表示感谢。

　　由于时间仓促，水平有限，书中难免存在不当和错误之处，敬请专家和广大读者朋友批评指正，以期再版之时使本书更臻完善。

编　者

目　　录

第一章　绪　论

本章主要介绍统计学的基础知识，目的在于使学生从总体上对统计学有一个基本的认识，对统计学的学科有个总的了解。主要内容包括：统计的含义、统计学的研究对象、统计的特点、统计工作的过程、统计研究的方法、统计学的基本概念等。本章的内容为以后各章的学习奠定了基础。

第一节　统计学的性质

一、统计的含义

学习统计学，首先就要理解什么是统计。在不同的场合下，人们对于"统计"一词的理解是多种多样的，但不论有多少种，归纳起来，"统计"一词主要包括三个方面的含义，即统计工作、统计资料和统计学。

1. 统计工作

统计工作一般是指对社会经济现象总体数量方面的调查研究活动，是一种搜集、整理和分析统计资料的工作过程。而专门从事这项工作的人员就是统计工作者。国家及地方统计局是管理和领导统计工作的专门机构。一个从事统计工作的人所提到的"统计"一词，一般就是指统计工作。

2. 统计资料

统计资料是指在统计实践活动过程中所取得的各项数字资料，以及与之相关的其他实际资料的总称。统计资料包括调查、观察的原始资料和经过整理、加工的系统资料。概括地说，就是统计工作的成果。例如，国家统计局每年编辑的《统计年鉴》，以及每月公布的《全国主要经济统计指标》都是十分重要的统计资料。一般在"据统计……"这样的说法中，"统计"一词就是指统计资料。

3. 统计学

统计学是在统计实践活动和认识过程的基础上，对统计工作经验的总结和理论的概括，是指导统计研究活动的科学原理和方法，如应用统计学、社会统计学等。一个从事统计研究或统计教学的人，他心目中的"统计"一词多数是指"统计科学"。他们在日常的表达中，习惯将统计学简称为统计。

"统计"一词实际上就是上述三种含义的简称。在不同的场合和语言环境下，它分别表示三种不同的含义。例如，"据统计，全市搞统计的人中，有 20% 的人没学过统计"，在这句话中就分别使用了统计的三种含义。

统计的三种含义是相互联系的，统计工作与统计资料的关系是统计实践与统计成果的关系，统计工作的好坏直接关系到统计成果的数量和质量。统计工作与统计学的关系是统计实践与统计理论的关系，统计理论是统计工作经验的科学总结，统计工作的发展，有赖于统计理论的指导。随着统计工作的进一步发展，统计学也会得到不断的充实、提高和完善。

二、统计学的研究对象

统计学的研究对象是指统计研究所要认识的客体。只有明确了研究对象，我们才可能根据它的性质、特点，提出相应的研究方法，达到认识研究对象的客观规律性的目的。

一般地说，统计学的研究对象是客观现象总体的数量特征和数量关系，以及通过这些数量方面反映出来的客观现象发展变化的规律性。具体地说，就是运用科学的方法搜集、整理、分析国民经济和社会发展的实际数据，并通过统计所特有的统计指标和指标体系，来表明这些现象的规模、水平、速度、比例关系、依存关系等。

由此可见，统计学是一门具有特定对象的方法论科学。

三、统计的特点

作为对客观事物的数量方面进行核算和分析的社会实践活动，统计具有如下几方面的特点。

1. 数量性

统计上的数量就是指通过各种统计指标的数值表现出来的统计资料。例如，2008 年我国国内生产总值为 300 670 亿元，比上年增长 9.0%；全国居民消费价格总水平上涨 5.9%，涨幅比上年提高 1.1 个百分点。所以说，统计最基本的特点就是以数字为语言，用数字说话。所谓"数字是统计的语言"，指的就是统计是以客观的、具体的、准确的数字来描述和认识客观现象的特征、性质和规律的，没有数量，也就没有统计这样的认识工具。

2. 具体性

统计研究的数量是具体的数量而不是抽象的数量关系，是与客观事物的质密切相关的数量，是体现事物相互关系和发展变化的量，具有明显的时空特点和事物属性的量。所谓具体性是指所研究的数量在时间、空间、质的规定性上的具体性、明确性。这是统计数量与数学中的数量明显区别的地方。例如，2008 年全国铁路客运量为 14.56 亿人次。这一数字所显示的经济内涵是具体而明了的，是 2008 年全年铁路客运量的累计，而且仅仅指铁路部门的客运量，既不包括其他运输方式，也不包括货运量。

3. 总体性

统计学是以客观现象总体的数量作为其研究对象的。总体性是指对客观现象的数量方面的研究认识是就现象的总体而非个别事物而言的，是在大量观察的基础上对同类、同质现象的数量方面的整体的、综合的反映或认识。例如，股价指数是对所有上市交易股票的即时股价水平的综合反映，而不是对某一种股票价格水平变动的反映。

四、统计工作的过程

1. 统计工作过程的五个阶段

统计是运用各种统计方法所进行的一种工作过程，一般可分为统计设计、统计调查、统计整理、统计分析、统计资料提供和管理五个阶段。

（1）统计设计

统计设计是统计工作的总体规划和安排阶段，即统计调查、统计整理和统计分析等系统活动的事前准备工作。它是统一、科学、有效地组织统计活动的前提。

（2）统计调查

统计调查是具体地搜集统计数据的阶段，即根据统计研究的目的、任务，有计划地组织调查、登记，以取得资料的工作过程。它是整个统计工作的基础。

（3）统计整理

统计整理是对搜集得来的原始统计资料进行分组、加工、汇总的统计工作阶段，即把说明个别现象的数字过渡到总体上来，以说明社会经济现象总体的情况和特征的工作过程。它是统计工作初步形成成果的阶段。

（4）统计分析

统计分析是对加工、整理过的统计资料进行系统的、周密的对比研究，从而揭示被研究现象的本质和规律性，并进一步对其未来的发展前景进行预测的工作过程。它是统计工作最终体现成果的阶段。

（5）统计资料提供和管理

统计资料提供和管理是在搜集、整理准确而丰富的统计资料的基础上，建立数据库，通过统计信息网络，以各种各样的灵活方式向领导部门以及社会提供资料和咨询的活动。这一阶段是开发利用统计资料、实现统计信息社会化的重要步骤。

以上五个阶段既相互独立，又密切联系。

2. 统计工作过程五个阶段的关系

统计工作的整个工作过程，实际上是我们对客观事物的一种认识过程。统计活动和其他认识活动一样，是一个不断深化的过程。统计活动的五个阶段使统计认识从感性阶段上升到理性阶段。统计工作的全部过程是前后阶段紧密联系的一个整体，同时各个阶段又常常是交叉进行的。统计设计阶段是统计认识过程中从定性到定量的过渡；统计调查和整理阶段是定量认识中从个体到总体的过渡；统计分析与统计资料开发利用阶段是统计认识过程中的定性与定量相结合，从而使统计认识不断深化，起到指导社会实践的作用。

五、统计研究的方法

统计工作的各个阶段都采用了一些独特的、专门的研究方法。这些方法主要包括大量观察法、统计分组法、综合指标法、统计模型法和统计推断法等。

1. 大量观察法

大量观察法是指在统计研究客观现象和过程中，要从总体上加以考察，就总体的全部或足够多数单位进行调查观察，并加以综合研究的方法。统计研究要运用大量观察法是由研究对象的大量性和复杂性决定的这一特点。由于个别现象往往受特殊因素或偶然因素的影响，如果任选其中的一个单位或少数单位进行观察，其结果往往不足以代表现象总体的一般特征。只有观察全部或足够的单位并加以综合分析，才能使影响个别单位的偶然性因素相互抵消，现象的客观规律性才能显示出来。例如，人口资料分析结果发现男女婴儿出生的比率为105：100，这是运用大量观察法所得出的结果。

值得注意的是，大量观察法并不排斥对个别单位的调查研究。恰恰相反，选择个别单位进行细致的典型调查，可以补充和加强对总体的深刻了解和正确认识。

2. 统计分组法

统计分组法是一种定性分类的方法。它是指根据事物内在的性质和统计研究任务的要求，将总体各单位按照某种标志划分为若干组成部分的一种研究方法。例如，在对某省的人口统计中，光有对人口总数的认识是远远不够的，还要将人口按性别、职业、文化程度、年龄等属性或数量特征进行分组，以便进一步了解人口的性别构成、职业构成、文化程度结构、年龄结构等方面的情况，从而对该省的人口状况有较丰富而全面的认识。统计分组法既是统计调查和整理的基本方法，也是统计分析的基本方法。

3. 综合指标法

综合指标法是指运用各种统计综合指标来反映和研究社会经济现象总体的一般数量特征和数量关系的一种研究方法。在统计研究中，任何统计对象的具体项目都是以统计指标的形式表示的。统计的特点是具有数量性、具体性和总体性，因此统计要了解的是具体客观现象综合的数量特征。这就需要对个别事物的数值进行综合汇总，并以综合指标的形式表现出来，才能获得对现象总体的数量方面的认识。常用的综合指标有总量指标、相对指标、平均指标和变异指标。它们是统计分析的基本方法。其他的统计分析方法如动态数列法、指数分析法、相关分析法等，也都离不开综合指标的对比分析。

4. 统计模型法

对客观现象的原形进行模拟或仿真，是在较高层次上认识事物的一种方式。统计模型法就是根据一定的经济理论和假定条件，用数学方程来模拟现实经济现象之间的相互关系的一种研究方法。利用这种方法可以对社会经济现象之间的数量变动关系进行定量研究，以了解某一些现象数量变动与另一些现象数量变动之间的关系及变动的影响程度。统计模型法可以说是大量观察法、统计分组法和统计指标法的进一步综合化、系统化和精确化。它是系统理论和统计工作相结合的产物，能够较为严谨地表现出总体的结构和功能，它把客观存在的总体内部结构、各因素的相互关系，以一定的形式有机地结合起来，大大提高了统计分析的认识能力。

5. 统计推断法

统计推断法是指以一定的置信度标准，根据样本数据来判断总体数量特征的归纳推理方法，例如，要说明一批灯泡的平均使用寿命，只能从该批灯泡中随机抽取一小部分进行检验，以此推断这一批灯泡的平均使用寿命，并以一定的置信程度来推断所做结论的可靠程度。统计推断法可以用于对总体数量特征的估计，也可以用于对总体某些假设的检验。从某种意义上说，统计所观察的资料都是一种样本资料，因而统计推断法是广泛应用于统计研究各领域的基本方法。

第二节　统计学的若干基本概念

在统计工作和统计科学中，我们常常会运用一些基本概念。这些基本概念非常重要，是我们学习统计科学和从事统计工作时必须掌握的基本知识。因此，对这些基本概念的准确含义，必须有一个明确的理解和掌握，以利于以后各章的学习。

一、总体和总体单位

1. 总体和总体单位的概念

根据统计任务的要求，由客观存在的、具有某种共同性质的许多个别事物构成的整体，称为统计总体，简称总体。构成总体的每一个个别事物称为总体单位。例如，在研究全国工业企业的生产经营状况时，全国的所有工业企业便构成了研究的总体，每一个工业企业则为一个总体单位。因为每个工业企业的经济职能都是相同的，都是进行工业生产经营活动的基层单位。

2. 总体的基本特征

（1）同质性

同质性是指组成总体的所有总体单位至少在某一点或某一方面具有共性，这个共性是我们确定总体范围的标准。例如，全国人口普查的统计总体是全国人口，总体中的每个人都具有中国国籍和居住在中国境内的共性。

（2）大量性

大量性是指总体是由许多单位所组成的，而不是只由个别单位组成。作为统计研究的对象，总体包括的单位数必须足够多，否则就无法揭示现象的规律性。

（3）差异性

差异性是指构成总体的各单位除了具有同质性外，还必须具有差异性。这些差异是统计研究的基础，如果总体各单位之间不存在任何差异，统计研究就会成为多余的东西。

以上三个基本特征中，同质性是构成统计总体的前提，大量性是构成统计总体的基本条件，差异性是研究总体时的具体内容。三者必须同时具备，才能形成统计总体，才能用各种统计方法来进行一系列的计算和研究。

3. 有限总体和无限总体

总体可分为有限总体和无限总体。有限总体是指总体中包含的总体单位数量是有限的，如学校个数、学生人数等。对有限总体既可以进行全面调查，也可以进行非全面调查。无限总体是指总体范围不能明确确定，总体单位数目无限，不能计算总体单位总数，如某企业生产流水作业线上的产品、海洋中的鱼的总量等。对无限总体只能进行非全面调查，不能进行全面调查。

4. 总体与总体单位之间随着研究目的的不同，存在着转换关系

统计总体和总体单位的区分是相对的。例如，在研究我国工业企业的生产经营情况时，全国所有的工业企业就构成了一个统计总体，每一个工业企业就是总体单位；当研究全世界工业企业的生产经营情况时，全世界的工业企业就构成了一个统计总体，而每一个国家的工业企业就变成了一个总体单位。

二、标志、变异和变量

1. 标志

标志是说明总体单位的属性或特征的名称。通常每个总体单位都有许多属性和特征。例如，以工人作为总体单位进行考察时，这个总体单位有性别、民族、年龄、文化程度等属性和特征，这些都是每个工人的标志。

标志可以分为品质标志和数量标志。品质标志是表明总体单位属性的特征，其具体表达是不能用数值表示的，只能用文字来表示，如人的性别、民族、文化程度等。数量标志是表明总体单位数量的特征的标志，其具体表达可用数值表示，如人的身高、体重、年龄等。

标志又可以分为不变标志和可变标志。不变标志是指在各总体单位中的具体表现都相同的标志。任何总体的各个总体单位，至少有一个不变标志，它是构成总体同质性的基础。可变标志是指在各总体单位中的具体表现不完全相同的标志，它构成统计研究的具体内容。例如，在了解某班级男同学的身高时，"男同学"就是一个不变标志，它是形成统计总体的前提，是总体的同质性；而在这个总体中，每位男同学的身高是不完全相同的，"身高"便是可变标志。

2. 变异

在统计中，把可变标志的差异和变化称为变异，可分为属性的变异和数值的变异两种。例如，对于职工人数，有的企业可能只有几人或几十人，而有的企业可能有几千人或几万人；性别可以分别表现为男或女。变异是普遍存在的，它是统计的前提条件。有变异才有统计，如果没有变异，统计也就没有必要了。

3. 变量和变量值

可变的数量标志和所有的统计指标称为变量。数量标志和指标的具体表现称为变量值，或者说变量的具体数值叫做变量值。如某公司的利润为1 000万元，这里的"利润"就是变量，"1 000万元"就是变量值。

4. 离散变量和连续变量

变量按其数值是否连续可分为连续变量和离散变量。连续变量是指变量的取值是连续不断的，相邻两值之间可做无限分割，即可取许多位小数，如人的身高和体重，企业的产值、耗水量、耗电量等。年龄一般虽按整数计算，但严格按出生时间计算时，也会出现小数位，因此也应作为连续变量。离散变量的取值是不连续的，相邻两值之间是以整数位断开的，不可能有小数，如学生人数、机器设备台数、企业个数等。

三、统计指标和统计指标体系

1. 统计指标

1）统计指标的概念

统计指标是说明总体数量特征的名称，是对现象在具体的时间、地点、条件的数量方面的特征的综合反映。例如，在工业普查中，所有工业企业构成总体，工业企业总数、企业职工总数、工资总额、固定资产总值、利润总额等就是指标，它们都从不同的方面反映总体的数量特征。一个完整的统计指标应该由总体范围、时间、地点、指标数值、数值单位等构成。例如，2004年我国国内生产总值为89 404亿元，就是一个完整的统计指标。

2）统计指标的特点

统计指标具有以下三个特点。

（1）数量性，即统计指标都必须用数值来表示。

（2）综合性，即统计指标是总体全部单位的综合结果。

（3）具体性，即统计指标不是抽象的概念和数字，它是在一定时间、地点、条件下的数量表现。

3）统计指标的分类

（1）按其反映的数量特点不同，可分为数量指标和质量指标。

数量指标是反映现象总体规模大小和数量多少的统计指标，一般用绝对数表示，又称总量指标，如职工人数、国内生产总值、工资总额等。该指标的数值随总体范围的大小变化而增减。

质量指标是反映现象的相对水平或工作质量的统计指标，一般用相对数或平均数表示，如全国城市职工的平均工资、人均国民收入、劳动生产率、人口密度、合格品率、城乡人口的比例等。该指标的数值不随总体范围的大小变化而增减。

（2）按其表现形式不同，可分为总量指标、相对指标和平均指标。

数量指标，从内容上看，主要包括总体单位数目的总量和总体标志的总量，这些总量都以绝对数的形式表示，所以这类指标又称为总量指标。质量指标的数值表现形式又可分为两种情况，其中如城乡人口的比例、人口密度、计划完成程度等，都是以相对数形式表示的，这类指标就称为相对指标；而人均国民收入、城市职工的平均工资等则是以平均数形式表示的，这类指标就称为平均指标。

4）统计指标与标志的区别和联系

统计指标与标志有明显的区别：① 指标是说明总体特征的，具有综合的性质；标志是说明总体单位特征的，一般不具有综合的特征。② 指标都是用数值表示的，不存在不能用数值表示的统计指标；标志有不能用数值表示的品质标志和能用数值表示的数量标志两种。

统计指标与标志也存在着密切的联系：① 数值的汇总关系。许多统计指标的数值是由总体单位的数量标志值直接汇总而来的，如全国工业总产值指标是由全国每一个工业企业的工业总产值汇总得来的；国民生产总值是由各行业的增加值汇总而来的；全国的人口数量是由各省、市、自治区的人口数汇总而来的。② 指标与数量标志之间的相互转化关系。由于研究目的的不同，原来的统计总体变成了总体单位，则相应的统计指标就变成了数量标志。反过来也是这样。例如，在研究一个工业企业（统计总体）的生产情况时，该企业的工业总产值、职工人数等都是反映该企业生产情况的统计指标。而当研究全国的工业企业生产情况时，全国所有的工业企业就构成一个统计总体，每个工业企业就是一个总体单位，每个企业（总体单位）的工业总产值、职工人数等是反映每个企业特征的数量标志，全国的工业总产值、职工人数才是统计指标。

2. 统计指标体系

在统计研究中，单个统计指标只能反映总体某一方面的数量特征。如果要全面观察和反映现象总体的各个侧面和特征，就需要一套相互联系的统计指标。这种由若干个相互联系、相互制约的统计指标所组成的整体，叫做统计指标体系。例如，工业企业的生产经营活动，是人、财、物、产、供、销的有机结合，必须用一系列的统计指标才能全面地反映工业企业的生产经营活动情况。

建立统计指标体系必须符合研究目的和要求。统计指标体系的设计既要有科学的理论指导，又要符合客观对象的实际；既要从整体上全面考虑各指标之间的联系性，又要考虑指标之间的统一性和可比性；既要贯彻"少而精"的原则，又要注意把需要与可能结合起来，一切可要可不要的统计指标，都坚决不要，一切需要但难于获得的统计指标，宁可不要。

思考与练习题

一、思考题

1. 怎样理解统计的不同含义？它们之间构成了哪些关系？

2. 统计学的研究对象是什么？

3. 统计有哪些特点？其最基本的特点是什么？

4. 统计研究的基本方法有哪些？

5. 什么是统计总体和总体单位？总体与总体单位的概念是一成不变的吗？举例说明总体与单位的概念的相对性。

6. 什么是有限总体和无限总体？举例说明。

7. 什么是品质标志和数量标志？举例说明。

8. 什么是变异、变量、变量值？举例说明。

9. 什么是连续变量？什么是离散变量？二者有何区别？

10. 什么是统计指标？统计指标和标志有什么联系与区别？

11. 什么是质量指标和数量指标？二者关系如何？

12. 什么是统计指标体系？

二、单项选择题

1. "统计"一词的基本含义是（　　）。

A. 统计调查、统计整理、统计分析　　　　B. 统计设计、统计分组、统计计算

C. 统计方法、统计分析、统计计算　　　　D. 统计科学、统计工作、统计资料

2. 统计学的研究对象是（　　）。

A. 抽象的数量关系

B. 社会经济现象的规律性

C. 客观现象总体的数量特征和数量关系

D. 社会经济统计认识过程的规律和方法

3. 一个统计总体（　　）。

A. 只能有一个标志　　　　　　　　　　　B. 可以有多个标志

C. 只能有一个指标　　　　　　　　　　　D. 可以有多个指标

4. 构成总体的总体单位（　　）。

A. 只能有一个标志　　　　　　　　　　　B. 可以有多个标志

C. 只能有一个指标　　　　　　　　　　　D. 可以有多个指标

5. 总体与总体单位之间的关系是（　　）。

A. 在同一研究目的下，二者可以相互变换

B. 在不同研究目的下，二者可以相互变换

C. 二者都可以随时变换

D. 总体可变换成总体单位，总体单位不能变换成总体

6. 调查某大学 1 000 名学生的学习情况，则本次调查的总体单位是（　　）。

A. 1 000 名学生　　　　　　　　　　　　B. 1 000 名学生的学习成绩

C. 每一名学生　　　　　　　　　　　D. 每一名学生的学习成绩

7. 工业企业的设备台数、产品产值是（　　　　）。

A. 连续变量

B. 离散变量

C. 前者是连续变量，后者是离散变量

D. 前者是离散变量，后者是连续变量

8. 三名学生的某门课程的成绩分别为 75 分、80 分、98 分，这 3 个数字是（　　　　）。

A. 标志　　　　　　　B. 变量　　　　　　　C. 指标　　　　　　　D. 变量值

9. 了解某地区工业企业职工情况时，下面是统计指标的是（　　　　）。

A. 该地区每名职工的工资额

B. 该地区职工的文化程度

C. 该地区职工的工资总额

D. 该地区职工从事的工种

10. 数量指标一般表现为（　　　　）。

A. 绝对数　　　　　　B. 相对数　　　　　　C. 平均数　　　　　　D. 成数

三、多项选择题

1. 统计学的研究方法主要有（　　　　）。

A. 大量观察法　　　　B. 综合指标法　　　　C. 统计推断法　　　　D. 统计分组法

E. 统计模型法

2. 在全国人口普查中，（　　　　）。

A. 全国人口总数是统计总体　　　　　　B. 男性是品质标志表现

C. 人的年龄是变量　　　　　　　　　　D. 每一户是总体单位

E. 人口的平均年龄是统计指标

3. 下列变量中属于离散变量的有（　　　　）。

A. 机床台数　　　　　B. 学生人数　　　　　C. 耕地面积　　　　　D. 粮食产量

E. 汽车产量

4. 总体、总体单位、标志、指标这几个概念间的相互关系表现为（　　　　）。

A. 没有总体单位就没有总体，总体单位不能离开总体而独立存在

B. 总体单位是标志的承担者

C. 统计指标的数值来源于标志

D. 指标是说明总体特征的，标志是说明总体单位特征的

E. 指标和标志都能用数值表现

5. 下列统计指标中，属于质量指标的是（　　　　）。

A. 人均国内生产总值　　　　　　　　　B. 平均工资

C. 人口密度　　　　　　　　　　　　　D. 出勤人数

E. 单位产品成本

第二章 统 计 调 查

统计资料的搜集是统计整理和统计分析的前提，如何取得准确可靠的统计资料是统计研究的重要内容之一。本章主要介绍统计资料的几种搜集方法，目的是使学生了解要到哪里取得所需要的资料以及如何取得这些资料。本章的具体内容包括：统计调查的意义和种类、统计调查的方案、调查问卷的设计、统计资料的搜集方法、统计调查的组织形式等。

第一节 统计调查的意义和种类

一、统计调查的意义和基本要求

1. 统计调查的概念

统计调查是指根据统计研究的目的，运用科学的调查方法，有组织、有计划地搜集统计资料的过程。

统计调查中所搜集的资料有两类。一类是原始资料，即直接向被调查单位进行调查登记，取得的反映该单位有关标志的数值，如在人口普查中对每个人的姓名、性别、年龄、文化程度等的直接登记。原始资料由于是第一手资料，所以也称为初级资料。另一类是次级资料，即搜集他人已经加工整理过的统计资料，如各种统计年鉴、年报、各种刊物上的资料等。相对于原始资料的搜集，搜集次级资料可以节省大量的人力、物力和时间。本章所述的统计调查主要是指对原始资料的搜集，但在一定场合中也包括对次级资料的搜集，而且有时候对次级资料搜集的重要意义也不亚于对原始资料的搜集。

2. 统计调查的意义

统计调查是整个统计工作的基本环节，它担负着提供基础资料的任务，是进行统计整理和统计分析的基础。统计工作的质量在很大程度上取决于统计调查的质量。因此，我们必须重视统计调查，认真搞好统计调查。

3. 统计调查的基本要求

统计调查有两个基本要求，即准确性和及时性。准确性是指搜集的统计资料必须符合实际情况，这是保证统计资料质量的首要前提，是统计调查最基本的要求。及时性就是时效性，是指搜集资料完成的时间必须符合调查规定的时间要求。统计资料的及时性对统计调查的质量也是至关重要的。在当今社会信息爆炸、市场经济竞争激烈的情况下，统计资料的及时性将会影响其发挥作用，甚至成为决策成败的关键。

统计调查在满足准确性和及时性这两个基本要求的基础上，还应根据统计调查的需要，考虑资料能否被全面、系统、方便地利用。

二、统计调查的种类

统计调查对象的复杂性和统计研究任务的多样性，决定了统计调查必须根据不同的调查对象和调查目的，选择合适的调查方法，使调查取得较好的效果。根据不同的情况，统计调查有各种各样的分类。

1. 全面调查和非全面调查

统计调查按调查对象包括的范围不同，分为全面调查和非全面调查。

全面调查就是对调查对象中的全部调查单位进行调查，如普查、全面统计报表等。全面调查可以得到所有调查单位的全面资料，但它需要花费较多的人力、物力和时间，因此调查的项目只能是少数的基本资料。

非全面调查就是对调查对象中一部分单位进行调查，如重点调查、抽样调查、典型调查、非全面统计报表等。非全面调查可以用较少的人力、物力和时间取得较多的项目，而且是较细致、较深入的资料，但它不能取得反映所有调查单位的全面资料。

2. 经常性调查和一次性调查

统计调查按调查登记的时间是否有连续性，可分为经常性调查和一次性调查。

经常性调查（又称为连续调查）就是根据研究现象的不断变化，连续不断地进行登记，以反映该现象在一定时期内的全部发展过程。例如，企业的产值、销售收入、利润等，都是在调查期内连续登记，然后加总起来的。

一次性调查（又称为不连续调查）就是对研究现象在某一时刻的状况进行一次性登记，以反映该现象在一定时点上的发展水平。例如，人口数量、耕地面积、企业数等，一般在短时期内不发生什么变化，不必连续不断地登记。

3. 统计报表和专门调查

统计调查按调查组织方式的不同，可以分为统计报表和专门调查。

统计报表是按照国家统一规定的表式要求，自上而下地统一布置，自下而上地逐级提供统计资料的一种调查方式。在我国，这种调查方式已经成为一种报告制度，如工业企业统计报表制度、商业统计报表制度等。

专门调查是为研究某些专门问题而组织的调查。这种调查属于一次性调查，在我国的统计调查中占有重要的地位，常用的有普查、抽样调查、重点调查、典型调查等。

第二节 统计调查的方案

统计调查是一项科学、周密、细致、复杂的系统工作。为了使统计调查能有条不紊地进行，达到统计调查的目的，在实施统计调查之前，必须制订一个周密可行的调查方案，使统计调查有计划、有组织地进行。一份完整的统计调查方案，其基本内容包括以下几个方面。

一、确定调查目的

制订调查方案的首要问题是明确调查的目的。调查目的是调查所要达到的具体目标，它所回答的是为什么调查和要解决什么样的问题等。只有在目的明确之后，才能确定向谁调查、调查什么以及采用什么方法进行调查。否则，目的不明确，整个调查工作就会陷入盲目混乱，造成人力、物力、财力的浪费。

二、确定调查对象、调查单位和报告单位

这是为了解决向谁调查以及由谁来提供统计资料等问题。调查对象是根据调查目的确定的调查研究的总体或调查范围。调查目的决定调查对象。调查单位是构成调查对象的每一个单位，也是我们搜集统计资料、分析统计资料的基本单位。调查对象决定调查单位。例如，我国的人口普查规定，人口普查的对象是指具有中华人民共和国国籍并在中华人民共和国境内常住的人（指自然人），即人口普查的调查单位是每一个人。

调查对象就是统计调查中的总体，调查单位就是统计调查中的总体单位，它们都是与统计调查的目的直接相关的。例如，如果调查目的是为了了解某个班级同学的学习情况，那么，这个班的全体同学就是调查对象，其中的每一个同学就是调查单位。如果调查目的是了解工业企业生产设备的状况，那么，"工业企业生产设备"就是调查对象，工业企业的每台生产设备就是调查单位。

报告单位又叫填报单位，它是负责向上级报告调查内容，提交统计资料的单位。报告单位是某种机构（机关、团体、学校、企事业单位等）和人，调查单位则既可以是某种机构和人，也可以是某种物（如设备）。根据调查目的，调查单位与报告单位有时一致，有时不一致。例如，进行工业企业普查时，工业企业是调查单位，也是报告单位；而对工业企业生产设备状况进行普查时，调查单位是工业企业的每台生产设备，报告单位则是每个工业企业。

三、确定调查项目和调查表

这是为了解决调查什么的问题，也就是准备调查的具体内容。调查项目就是调查中要登记的调查单位的特征（标志）。例如，工业普查中工业企业的经济类型、行业性质、职工人数、产量、产值，设备普查中设备的名称、种类、能力、完好程度、工作时间等，如果作为调查内容规定下来，就都是调查项目。

调查表是合理而有序地排列调查项目的表格。调查表是调查方案的核心部分，它是容纳调查项目、搜集原始资料的基本工具。利用调查表进行调查，不仅能够条理清楚地填写搜集来的资料，还便于调查后对资料进行汇总整理。

调查表的格式有两种：单一表和一览表。只能填写一个调查单位的调查表叫单一表。单一表只有一个调查单位，多个调查项目，如学生的学籍表。可以同时填写若干个调查单位的调查表叫一览表。一览表有多个调查单位，较少调查项目，如学生的成绩表。

一般说来，调查项目较多时，采用单一表为宜；调查项目不多时，采用一览表为宜。

四、确定调查时间和调查时限

调查时间就是调查资料所属的时间（时点或时期），即所谓的客观时间。确定调查资料所属的时间，是为了保证统计资料准确、可比，符合汇总要求。例如，我国第五次人口普查确定的调查时间是2000年11月1日零时，即我国第五次人口普查资料都必须反映该时点上的状态；又如，2008年我国国内生产总值的调查时间是2008年1月1日—2008年12月31日。

调查时限就是进行调查工作的期限，包括搜集资料和报送资料的整个工作所需要的时间，即所谓的主观时间。确定调查工作的时限，是为了保证各地、各单位能在同一期限内完成某项调查任务，以便能够按时整理汇总和开展分析。例如，我国第五次人口普查确定的登记时间是2000年11月1～10日，所以调查时限是10天。为了保证资料的及时性，必须尽可能缩短调查时限。

五、制订调查工作的组织实施计划

为了保证统计调查工作的顺利进行，在调查方案中还应该制订一个周密的组织实施计划，其主要内容包括：建立调查的领导机构和办事机构（国家统计局、省统计局、市统计局、业务主管部门的统计机构、各种社会团体等）、确定调查地点、调查人员的组织和培训、调查经费的预算和开支、宣传教育、调查资料报送方法、公布调查成果的时间等。

第三节 调查问卷的设计

一、问卷的作用

问卷是指调查者向被调查者发出的调查提纲或调查表。问卷提供了一种标准化和统一化的搜集资料的程序。经被调查者填写答复的问卷，就是调查所取得的原始资料。一份好的问卷是统计调查成功的基础。打个比方说，问卷就像生产产品的模具，只有模具（问卷）是完美的，产品（有效信息）才有可能是完美的。否则的话，哪怕是使用了技术最好的工人（调查人员）、最先进的流水线（数据分析技术），也很难生产出好的产品（有效信息）。因此，问卷设计就成为统计调查前的一项重要的准备工作。问卷设计的好坏，在很大程度上决定着问卷调查的回答质量、回复率、有效率，甚至整个统计调查的成败。因此，科学设计问卷，在问卷调查中具有关键性意义。

二、问卷的一般结构

不同的调查问卷在具体结构、题型、措辞、版式等设计上会有所不同，但在结构上一般都由开头部分、甄别部分、主体部分和背景部分组成。

1. 开头部分

开头部分一般包括问候语、填表说明和问卷编号等内容。

1）问候语

问候语是对调查目的、意义、主要内容、保密原则等的说明，其文字必须简明易懂，能激发被调查者的兴趣，语气要谦虚、诚恳、平易近人，争取被调查者的合作和支持，并在结尾处表明对被调查者的参与和合作表示感谢。例如，下面是一份百村调查访问问卷中的问候语。

村民同志：

您好！我们是中国村情调查组成员，今天来调查了解您家2001年的生产和生活情况，目的是研究当前中国农村经济与社会发展中的成绩和问题，为党和政府制定政策提供依据。调查结果不记名，不涉及单个问卷的内容，只用于全部资料的综合统计。因此，本次调查不会影响您家的救济和纳税，也不会给您家带来任何麻烦。谢谢合作！

中国社会科学院社会学研究所

2002 年 1 月

由于这是一份代填式问卷，并且是对调查村村民进行普查，因而"填表说明"等内容就可以省略了。

又如，下面是一份"公众医疗保险意识问卷"中的问候语。

××女士/小姐/先生：

您好！我是××市场调查公司访问院的调查员，我们正在进行一项关于公众医疗保险意识方面的调查，目的是想了解人们对医疗保险的看法和意见，以便更好地促进医疗保险事业的发展。您的回答无所谓对错，只要真实地反映了您的情况和看法，就达到了我们这次调查的目的。希望您能积极参与，我们对您的回答完全保密。调查要耽搁您一些时间，请您谅解。谢谢您的支持与合作！

这是一份自填式问卷，需要有"填表说明"部分，然后才能自填。

2）填表说明

在自填式问卷中要有详细的填表说明，让被调查者知道如何填写问卷，如何将问卷返回到调查者手中。这部分内容可以集中放在问卷的前面，也可以分散到各有关问题的前面。下面是一份自填式问卷集中写明填写要求的范例。

填写要求：

（1）请您在所选择答案的题号上画圈。

（2）对于只许选择一个答案的问题，只能画一个圈；对于可选多个答案的问题，请在您认为合适的答案上画圈。

（3）对于需填写数字的题目，请在留出的横线上填写。

（4）对于表格中选择答案的题目，请在所选的栏目内画"√"。

（5）对于注明要求您自己填写的内容，请在规定的地方填上您的意见。

（6）填写问卷时请不要与他人商量。

3）问卷编号

问卷编号主要用于识别问卷以及调查者、被调查者的姓名和地址等，以便于校对检查，更正错误。例如，编号：22。

2. 甄别部分

甄别也称为过滤，通过这一过程，先对被调查者进行过滤，筛选掉不需要的部分，然后针对特定的被调查者进行调查。通过甄别或过滤，一方面可以筛选掉与调查事项有直接关系的人，以达到避嫌的目的；另一方面也可以确定哪些人是合格的被调查者。甄别的目的是确保被调查者合格，从而符合调查研究的需要。例如，下面是一份问卷的甄别部分。

请问您的年龄是：

1. 20 岁以下—————————————终止访问

2. 20 ~ 40 岁

　　3. 40~60 岁

　　4. 60 岁以上———————————终止访问

　　3. 主体部分

　　该部分是调查问卷的核心内容，是问卷设计的主体，主要由问题和答案所组成，它包括了所要调查的全部问题。通过主体部分的问题及被调查者的回答，调查者可以对所要搜集的统计数据和被调查者对某一特定客观现象的态度、意见、倾向以及行为有一个较充分的了解。

　　4. 背景部分

　　背景部分一般放在问卷的最后，主要内容是有关被调查者的一些背景资料，如性别、年龄、民族、文化程度、婚姻情况、行业、职业、职务或职称、收入、宗教信仰、党派团体等。有时还包括被调查者家庭的某些基本情况，如家庭人口、家庭类型、家庭收入等。该部分所包含的各项问题可使调查者根据背景资料对被调查者进行分类比较分析，同时表示对被调查者合作的感谢。被调查者的背景资料放在问卷的结束部分提出，是一种消除被调查者顾虑的设计技巧，以避免被调查者在没有对问卷进行全面了解的情况下，就从自我保护的潜意识出发，排斥问卷调查，拒绝回答问卷，或提供虚假的回答。例如，下面是一份调查问卷所包括的背景资料。

　　请问您的教育程度？

　　小学以下———————————————————1

　　初中———————————————————————2

　　高中、职高、中专、技校———————————3

　　大专———————————————————————4

　　大学———————————————————————5

　　大学以上———————————————————6

三、设计问卷时应当注意的问题

　　问卷设计是一项十分细致的工作。一份好的问卷应做到：内容简明扼要；统计资料齐全；问卷项目安排合理，合乎逻辑，通俗易懂，便于对资料的分析处理。具体来看，设计问卷时应当注意以下几点。

　　（1）问卷必须主题明确。在设计问卷时，要把握住充分性和必要性这两个方面。所谓充分性是指对调查者所需要的信息必须在问卷项目中全部设计出来，不能遗漏，而且所有设问项目都必须与主题有关。必要性是指在设计问卷时，设计的项目绝对不能面面俱到，无关的项目、可要可不要的项目，都不要列入问卷。一句话，要恰到好处。

　　（2）文字表达要准确，内容要完整，不要模棱两可，以避免理解和答问的错误，影响资料的可信度。一般可以按照 6w 原则检查文字表达。即按照 who（谁）、where（何处）、when（何时）、why（为什么）、what（是什么）、how（如何）6 个方面来判断所设计的问题是否清楚。当然，并不是每一项提问中必须同时具备这 6w。例如，"您最近一段时间使用什么品牌的洗发水？"，这个问题就是用词不准确，在这里"when"过于笼统，因为对于"最近"的含义，不同人有不同的理解，回答各异，不能取得准确信息，如改为"您最近一个月使用什么品牌的洗发水？"，这种表达就很准确，不会产生歧义。

（3）不设容易引起被调查者反感或疑虑而不能获得答案的项目，如人的心理、习惯、个人生活隐私问题、个人收入问题、政治方面的问题等。对于这类问题，被调查者可能会拒绝回答，或者采用虚报、假报的方法来应付回答，不易得到真实的结果，从而影响整个调查的质量。对于有些调查，必须涉及这类问题的，应当在提问的方式上进行推敲，尽量采用间接询问的方式，用语也要特别委婉，以降低问题的敏感程度。例如，调查个人收入时，如果采用直接询问，则不易得到准确的结果；而划分不同的档次区间供被调查者选择，效果会比较好。

（4）问卷项目要按一定的顺序排列，要先易后难或由浅入深，注意项目之间的联系，以便被调查者连贯地做出答复或通过比较做出选择。因为在设计问卷时，如果将问卷项目按一定的顺序排列，符合被调查者的思维习惯，把简单的、容易的、直观的、调查者感兴趣的问题放在前面，就会使被调查者比较容易地进入答题角色，顺利完成问卷中所有问题的回答。

（5）问卷设计要注意调查对象的特点，要适合被调查者。不同的调查对象生活在不同的环境中，他们在价值观念、文化素养、个人爱好、消费构成、答问能力等方面都存在着程度不同的差异。设计问卷时应当考虑到调查对象的这些特点和差异。例如，"您是否认为使用电脑数字技术制作的广告更具有吸引力？"，在这里，"电脑数字技术"是一个专业术语，不够通俗，不是人人都能懂得和理解的，以致有些被调查者无法回答这样的问题。

（6）问卷设计要邀请了解情况、熟悉业务的行家共同研究，而且最好在问卷用于正式调查之前，首先初选一些调查单位进行测试，根据发现的问题进行修改、补充和完善。

四、问卷设计技术

由于问卷中的问题有不同的类型，因此所设计的答案类型和对被调查者的回答要求也是不同的。为了获得准确可信的答案，在问卷设计中常常采用两种方法。

1. 开放型回答

开放型回答又称自由回答法，是指对问卷中的设问项目不提供任何具体答案，由被调查者自由回答。例如，"您认为加入 WTO 后中国面临的最大挑战是什么？""您选择这一行业的原因是什么？""您为什么买海尔电冰箱？""您喜欢哪种品牌的空调机？为什么？""您为什么选择这种商品？"等等。这些问题在问卷中都未给出可供选择的答案，毫无回答限制，完全由被调查者自由回答。

开放型回答的主要优点是：① 可以简化问卷，节省篇幅；② 灵活性大，适应性强，适合于搜集更深层次的信息，特别是适合于回答那些答案多、答案比较复杂或事先无法确定各种可能答案的问题；③ 有利于发挥被调查者的主动性和创造性，使他们能够自由和充分地表达自己的意见和想法；④ 一般地说，开放的回答比封闭的回答更能提供多的信息，更能够搜集到被调查者新的思想观点，有时还会发现一些超出预料的、具有启发性的回答，答案往往比较生动、丰富。

开放型回答的主要缺点是：① 回答的标准化程度低，会出现各种各样的答案，不容易汇总，甚至难以进行定量的处理和统计分析，给调查后的资料整理工作带来一定困难；② 它要求被调查者有较强的文字表达能力，而且要花费较多的填写时间。否则，被调查者就有可能因一时想不出适当的答案而拒绝回答，或者有可能因调查者表达能力较差而词不达意，影响答案的可信度。这样，就有可能降低问卷的回复率和有效率。因此，在问卷设计中，开放型回答不宜多用。如果使用，一般也放在问卷的最后。

2. 封闭型回答

封闭型回答是指对问卷中的设问项目给出若干个备选答案，要求被调查者从中选取一个或多个作为自己的回答。封闭型回答法一般都要对回答方式做某些指导或说明，这些指导或说明大都用括号括起来，附在有关问题的后面。封闭型回答的具体方式多种多样，其中常用的有：二项选择法、多项选择法、赋值评价法、填空法、等级定位法、排序顺位法、矩阵法、表格法、比较选择法9种。

1）二项选择法

二项选择法是指对问卷中的设问项目给出的答案只有两项（如有与无、是与否、要与不要、喜欢与不喜欢、好与不好等），要求被调查者选择其中之一来回答。例如：

您的性别？（请在适当的括号里打"√"）

男（　　）　　　女（　　）

您家有电视机吗？（请在适当的方格内打"√"）

有□　　　无□

您是否喜欢观看足球比赛？（请在适当的括号里打"√"）

是（　　）　　　否（　　）

二项选择法的优点是回答问题比较容易，可以获得明确的答案，而且便于调查后资料的统计处理。其缺点是：得到的信息量较少，不能反映被调查者意愿的强弱程度，不能用于有多种答案的问题，当被调查者对两项答案均不满意时，不能做出回答。

2）多项选择法

多项选择法是指对问卷中的设问项目同时给出多种答案，由被调查者从中选择一项或几项进行回答。根据要求选择的答案多少不同，多项选择法有单项选择型、多项选择型和限制选择型三种。

（1）单项选择型：要求被调查者在众多答案中只能选其中一种。例如：

您的文化程度是（请在您选择的项目后打"√"，选一项）

小学以下（　　）　　初中（　　）　　高中（　　）　　大专以上（　　）

（2）多项选择型：要求被调查者在众多答案中，选出自己认为合适的答案，选择项目不受限制。例如：

您认为您所在的城镇亟须解决的社会问题是什么？（请在您选择的项目后打"√"，选择项目数不限）

① 住房紧张（　　）② 交通拥挤（　　）③ 空气污染（　　）

④ 管理混乱（　　）⑤ 人口膨胀（　　）⑥ 水源不足（　　）

⑦ 社会秩序不好（　　）⑧ 服务设施差（　　）

（3）限制选择型：要求被调查者在众多答案中，选出自己认为合适的答案，但选择项目要受一定限制。例如，在上述多项选择型的举例中，要求被调查者可任选3项。

3）赋值评价法

赋值评价法是指用打分数或定等级来评价事物的好坏或优劣的方法。打分时，一般用百分制或十分制，等级一般定为一至五级或一至十级。例如，学生的考试成绩一般采用百分制，学生的毕业论文成绩一般采用优秀、良好、中等、及格、不及格五级制。采用赋值评价法时，应当对打分或定级的标准做出统一和详细的规定，以便被调查者有所参考。

4）填空法

填空法即在设问项目中空出答案的位置，由被调查者自行填写。使用填空法的问题通常是容易回答、容易填写的问题，例如：

您的职业（　　）

您的年龄（　　）

5）等级定位法

等级定位法即事先将调查项目的答案划分成若干等级，请被调查者根据自己的意见或感受从中选定一个等级。例如：

您的家庭平均每人每月的生活费支出属于下列情况的哪一种？（请在所属等级后的方框中打"√"）

① 800 元以下 □　　　② 800～1 000 元 □

③ 1 000～1 200 元 □　　④ 1 200 元以上 □

您对您所在社区的社会治安工作是否满意？（请在下列适当的括号内打"√"）

① 很满意（　　）　　② 比较满意（　　）　　③ 无所谓（　　）

④ 不满意（　　）　　⑤ 很不满意（　　）　　⑥ 不知道（　　）

6）排序顺位法

排序顺位法，即事先将调查项目的答案列出，要求被调查者在回答时，对所选的答案按要求的顺序或重要程度加以排列。例如：

在下列几种洗发液中，请按您选用的顺序在品牌名称前的方框中编上顺序号：
□ 飘柔　　　□ 潘婷　　　□ 海飞丝　　　□ 沙宣　　　□ 霸王

您在购买海尔电冰箱时，主要是考虑下列哪些因素？（按重要程度进行排序）

① 省电　② 噪声小　③ 制冷快　④ 价格合理

⑤ 外形美观　⑥ 产品的品牌

7）矩阵法

矩阵法是指有多个调查项目的备选答案内容相同，可以将它们排列成一个矩阵，由被调查者对比进行回答的方式。例如：

您认为当前最严重的社会问题是什么？（请在适当的方格内打"√"）

	非常严重	比较严重	一般	不太严重	无所谓	不知道
① 下岗失业问题	□	□	□	□	□	□
② 社会治安问题	□	□	□	□	□	□

③ 贫富分化问题　□　　　□　　　□　　　□　　　□　　　□

④ 国民素质问题　□　　　□　　　□　　　□　　　□　　　□

⑤ 官员腐败问题　□　　　□　　　□　　　□　　　□　　　□

⑥ 社会公德问题　□　　　□　　　□　　　□　　　□　　　□

8）表格法

表格法是指有多个调查项目的备选答案内容相同，可以将它们排列成一个表格，再由被调查者回答的方式。它实际上是矩阵法的一种变形，如表 2 - 1 所示。

表 2 - 1　百姓心中当前最严重的社会问题调查表

项　　目	非常严重	比较严重	一般	不太严重	无所谓	不知道
下岗失业问题						
社会治安问题						
贫富分化问题						
国民素质问题						
官员腐败问题						
社会公德问题						

说明：请在您认为最合适的栏目内打"√"。

9）比较选择法

比较选择法就是将被调查的若干产品（或其他事物）做不重复的两两组合，让被调查者通过两两对比做出选择。例如：

在下列做对比的洗发液中，两相比较，您愿意用哪一种？请在您愿意用的品牌后的括号内打"√"。

① 飘柔与潘婷（　　　）　　② 飘柔与海飞丝（　　　）

③ 飘柔与沙宣（　　　）　　④ 潘婷与海飞丝（　　　）

⑤ 潘婷与沙宣（　　　）　　⑥ 海飞丝与沙宣（　　　）

封闭型回答的主要优点是：① 它的答案是预先设计的、标准化的，不仅可以提示被调查者答案的选择范围，有利于被调查者对问题的理解和回答，节约回答时间，提高问卷的回复率和有效率，而且可以简化统计汇总的工作量，减少调查人员的误差，有利于调查后的资料整理；② 它利于询问一些敏感问题，被调查者对这类问题往往不愿写出自己的看法，但对已有的答案却有可能进行真实的选择。

封闭型回答的主要缺点是：① 对答案的要求比较高，设计比较困难，特别是一些比较复杂的、答案很多或不太清楚的问题，很难设计得完整、周全，一旦设计有缺陷，被调查者就无法正确回答问题，从而影响调查的质量；② 它的回答方式比较机械，没有弹性，难以适应复杂的情况，难以发挥被调查者的主观能动性；③ 它的填写比较容易，被调查者可能对自己不懂，甚至根本不了解的问题任意填写，从而降低回答的真实性和可靠性。

在问卷设计中，除了采用开放型回答和封闭型回答这两种方法以外，还需要注意以下几个方面的提问：

1）避免诱导性提问

例如，"许多医生认为吸烟有害，您怎样认为？""您喜欢教师这一受人尊敬的职业吗？""多数青年人认为没有爱情的婚姻就应该离婚，您同意吗？"等等。

这种表述方式包含了明显的倾向或诱导的含义，容易使被调查者不假思索地做出回答或选择，被调查者在趋同心理的支配下往往会产生顺应反应，做出肯定回答，但却不一定是自己的真实看法。

2）避免带有双重含义的提问

例如，"您的父母是否退休了？"

这是一项提问包含两项内容的问题，被调查者一时很难做出判断和回答。因为其父母不一定都退休了。因此，一项提问只能包含一项内容，不要把两项或两项以上的问题合在一起提问。

3）避免带有否定式的提问

例如，"您是否赞成在公共场合不抽烟？"

在日常生活中，人们往往习惯于肯定句形式的提问，而不习惯于否定句形式的提问，因为用否定句形式提问会影响被调查者的思维，或者容易造成相反意愿的回答或选择。如果将例句改为"您是否赞成在公共场合抽烟？"，那就不会产生误解了。因此，在问卷中尽量不要使用否定形式的提问。

表 2 - 2 所示是一份市场调查问卷，可供参考。

表 2 - 2　艾克瑞德文化公司企业形象问卷表

艾克瑞德文化公司企业形象问卷					
您好！我们是艾克瑞德文化公司的研究人员。为了提高本公司的服务质量，我们需要了解您对本公司的看法。对于您不满意的地方，我们会及时改进，对于您满意的方面，我们会继续保持。以下是一些问题，请您坦诚回答，并在适当的空格内打"√"。感谢您对本公司改善服务工作的支持！					
	非常不同意 1	不同意 2	无所谓 3	同意 4	非常同意 5
1. 艾克瑞德的产品物美价廉。	□	□	□	□	□
2. 艾克瑞德的产品不符合我的需要。	□	□	□	□	□
3. 艾克瑞德的产品可在各大书店内找到。	□	□	□	□	□
4. 艾克瑞德的产品所提供的新知识跟不上潮流。	□	□	□	□	□
5. 艾克瑞德公司声誉卓著。	□	□	□	□	□
6. 艾克瑞德公司不能让我信赖。	□	□	□	□	□
7. 艾克瑞德公司经常从事社会公益活动。	□	□	□	□	□
8. 如果这家书店没卖艾克瑞德的产品，我会试着找别家。	□	□	□	□	□
9. 即使我现在不需要，我还是会购买。	□	□	□	□	□
10. 一旦有需要，我就会购买艾克瑞德的产品。	□	□	□	□	□
11. 性别：① 男 □　　② 女 □					

12. 教育程度：① 高中（职）以下 □　　　② 大学 □　　　③ 研究生以上 □
13. 年龄：① 15 岁以下 □　　② 16~20 岁 □　　③ 21~25 岁 □ 　　　　④ 26~30 岁 □　　⑤ 31~35 岁 □　　⑥ 36 岁以上 □
14. 您买过艾克瑞德的产品吗？① 有 □　　　② 没有 □
15. 您会向别人推荐艾克瑞德的产品吗？ ① 会 □　　② 可能会 □　　③ 不会 □

第四节　统计资料的搜集方法

统计资料搜集的方法主要有直接观察法、采访法、报告法、电话访问、网上调查法五种。在实践中，必须根据调查对象、调查单位的特点和调查内容的不同要求来确定统计资料的搜集方法。

一、直接观察法

直接观察法是由调查人员亲自到现场对调查对象进行观察和计量，以取得原始资料的一种调查方法。这种方法既可以对人进行观察，也可以对现象进行观察；既可以由人员进行观察，也可以由仪器进行观察。例如，在对农作物的收获量进行调查时，调查人员可以亲自参加收打、丈量和称量；对销售商品的质量进行调查时，调查者可以亲临商场，接触商品，辨认真假伪劣；对市民是否遵守交通规则进行调查时，最好是到道路上观察，而不是询问；用扫描仪记录人们在超市购买的食品种类要比购买者本人回答更有效等。直接观察法能较好地保证取得调查资料的准确性，但需要较多的人力、物力、财力和时间，而且它无法了解被调查者的动机、态度、想法、情感等心理活动。因此，该方法的应用受到了很大的限制，只适用于范围较小的调查。

二、采访法

采访法是指由调查人员对被调查者进行询问并记录调查结果的一种调查方法。这种方法又可分为个别采访和开调查会两种形式。例如，我国的人口普查就属于采访法。在典型调查中，搜集资料也多采用个别访问和开调查会等方法。采访法可以搜集到比较准确的信息和丰富的资料，但要花费较多的人力、财力和时间，而且对调查人员的素质要求比较高。

三、报告法

报告法是企业、事业单位以各种原始和核算凭证为调查资料来源，依据统一的表格形式和要求，按照隶属关系，逐级向有关部门提供资料的方法。报告法是我国统计调查中最常用的一种方法。我国目前各企业、机关向上级填报的统计报表，就属于报告法。与直接观察法相比，无论在人力、物力、财力，还是时间方面，报告法都要节省得多。如果被调查的单位有健全、完整的原始记录，采用报告法也可以取得比较准确的资料。

四、电话访问

电话访问是调查人员通过打电话向被调查者询问、交谈，以获得所需资料的一种调查方法。这种方法适用于对一些简明扼要、数量有限的问题进行调查，具有节约人力、财力和时间的优点。但这种方法往往不易得到对方的合作，而且不便于询问比较复杂的问题。

五、网上调查法

网上调查法是指通过互联网所进行的统计调查。这种方法具有节约人力、财力、时间和扩大调查空间的优点。但也有它的局限性，主要是调查对象只能限于网上的用户，网上调查资料的保密性和可信度难以控制，调查资料的虚假性较高等。

第五节　统计调查的组织形式

统计调查的组织形式主要有普查、重点调查、抽样调查、典型调查、定期统计报表五种。

一、普查

1. 普查的概念

普查是一种专门组织的一次性全面调查，主要用以搜集属于一定时点状态的社会现象的全面、详细的资料，如全国人口数、全部生产设备数、科技人员总数等。普查也可用来反映一定时期的现象总量，如出生人口总数、死亡人口总数等。其特点是一次性、大量性。由于普查涉及面广，调查工作量大，时间性强，需要花费较多的人力、财力、物力和时间，组织工作复杂，所以不宜经常进行，而是每隔一段时间进行一次，如全国人口普查、农业普查、工业普查、第三产业普查等，都是每隔 10 年普查一次。

普查的目的就是要取得总体全面、准确的数字资料。当有些社会经济现象不需要或不可能进行经常性调查，但又需要掌握其全面情况的时候，采用普查比较适宜。通过普查，可以掌握重要的国情、国力基本统计资料，为国家制定国民经济和社会发展的长远规划与政策提供重要依据。

2. 普查的基本原则

（1）要确定一个统一的普查时点（也称标准时间），使所有普查资料都反映在这一时点上，避免重复和遗漏。例如，全国第五次人口普查的标准时点规定为 2000 年 11 月 1 日零时。

（2）普查应力求在最短的期限内完成，以保证调查资料的时效性。例如，全国第五次人口普查，调查登记时间规定在十天之内（11 月 1～10 日）。

（3）普查项目要有统一的规定，以保证调查内容的统一，不得随意改变或增减，以免影响汇总和综合，降低资料的准确性和可比性。例如，全国的人口普查，每次普查的项目和指标都力求一致，以便将历次普查资料进行对比。

（4）普查应尽可能按周期进行，以便对统计数据进行动态分析，观察现象发展变化的情况及其规律性。例如，全国人口普查每 10 年进行一次，经济普查每 5 年进行一次。

二、重点调查

重点调查是指在全部调查单位中，选择一部分重点单位所进行的调查，据以了解总体基本情况和基本趋势的一种非全面调查。所谓重点单位是指这些单位在全部单位中只占一小部分，但其所要调查的标志值在总体的标志总量中占有很大的比重。例如，要了解我国钢产量的基本状况，只要调查宝山钢铁公司、鞍山钢铁公司、首都钢铁公司、武汉钢铁公司、包头钢铁公司、马鞍山钢铁公司、攀枝花钢铁公司、本溪钢铁公司、太原钢铁公司、唐山钢铁公司 10 个特大型钢铁联合企业就够了。因为这 10 家企业的数量很少，却占全国钢产量的一半以上，只要了解它们的生产情况，就可以对全国的钢产量有一个基本认识。又如，通过对山东、江苏、湖北、河南、河北、新疆等几个重点棉产区的棉花生产、销售情况进行调查，就能掌握全国棉花生产、销售的基本情况。重点调查由于调查单位少，因此比全面调查节省人力、财力、物力和时间，使调查人员及时地掌握总体的基本状况及其发展变化的基本趋势。

重点调查既可以用于经常性调查，也可以用于一次性调查。当统计调查的任务只要求反映总体的基本情况、基本趋势，不要求掌握总体全面准确的资料，而调查对象中又恰好有重点单位时，进行重点调查是比较适宜的。但重点调查所得到的统计资料不能对总体进行推断。

在重点调查中，对重点单位的选择，一般来说，选出的单位应尽可能地少些，而其所要调查的标志值在总体标志总量中所占比重应尽可能地大些。这样选中的单位，能提供比较可靠的统计资料，达到重点调查的目的。

三、抽样调查

抽样调查是指按照随机规则，从总体中抽选部分单位进行观察，并根据这部分单位的调查资料，从数量方面推断总体的一般数量特征的一种非全面调查。抽样调查虽然是一种非全面调查，但是可以取得比较准确的全面资料。抽样调查具有经济性、时效性、准确性、灵活性等优点，因而有广泛的应用范围，成为统计调查方法的主体。有关抽样调查的理论和方法将在第六章详述。

四、典型调查

1. 典型调查的概念

典型调查是指根据调查目的与要求，在对所研究总体做出全面分析的基础上，有意识地从总体中选择具有代表性的典型单位进行调查的一种非全面调查。

当社会经济现象出现新问题、新情况，需要对其产生的原因、发展变化的性质、特点等进行研究的时候，采用典型调查比较适宜。

2. 典型调查的形式

典型调查的形式大体可分为两种：一种是对个别典型单位进行的调查研究，被称为解剖麻雀式的典型调查；另一种是对现象总体按与研究目的、任务有关的主要标志划分类型，然后再在类型组中选择典型单位进行调查，这种调查又被称为划类选典式的典型调查。在统计工作实践中，人们就是运用这两种典型调查方法来推算、估计总体数量特征的。

利用典型调查资料来推算总体数量的可靠程度取决于所选的典型单位有没有较高的代表性。当总体各单位之间的标志值差异很小时，典型单位的代表性就相对较高，此时就可以用少数典型单位的资料来推算全面数量。当总体各单位之间的标志值差异比较大时，就一定要对各单位进行划类选典。划类选典既可以突出类型之间的差异，又可以相应减少类型内各单位的差异，大大提高典型单位的代表性。这时，只要利用各类型的典型资料和各类型在总体中所占的比重来推算全面数量，就可以取得较好的效果。

五、定期统计报表

1. 统计报表的概念

统计报表是指依照国家有关法规的规定，自上而下地统一布置，以一定的原始记录为依据，按照统一的表式、统一的指标项目、统一的报送时间和报送程序，自下而上地逐级定期搜集统计资料的一种调查方式。

2. 统计报表的种类

（1）按调查范围不同，统计报表可分为全面统计报表和非全面统计报表。全面统计报表要求调查对象中的全部单位都要填报，属于全面调查范畴。非全面统计报表只要求调查对象中的一部分单位填报，属于非全面调查范畴。

（2）按报送周期不同，统计报表可分为日报、旬报、月报、季报、半年报和年报。各类报表不仅周期长短不同，而且内容和作用也是有差别的。一般来说，报送周期长的报表，指标项目较多，内容较详细。报送周期短的报表，指标项目较少，内容较简单，只是一些基本的指标。

（3）按报送方式不同，统计报表可分为邮寄报表和电讯报表。电讯报表主要采用电报、电话、电视、传真、网络等方式，多用于周期较短以及时间性强的项目和指标，如日报和旬报要求迅速上报，通常用电讯报表报送。邮寄报表则多用于周期较长、指标较多以及无须立即掌握的项目和指标，如月报、季报、半年报和年报，一般通过邮寄报表报送。

（4）按填报单位不同，统计报表可分为基层报表和综合报表。基层报表主要由基层企业单位、事业单位填报。综合报表由上级主管部门根据基层报表逐级汇总填报。

（5）按实施范围不同，统计报表可分为国家统计报表、部门统计报表和地方统计报表。国家统计报表是根据有关的国家统计调查项目和统计调查计划相应制定的统计报表，也叫国民经济基本统计报表。这些报表在全国范围内的各行业实施，主要用来搜集整个国民经济和社会发展情况的统计资料，包括农业、工业、交通、基建、商业、对外贸易、劳动工资、物资、财政、金融等方面的最基本的统计资料。部门统计报表是根据有关的部门统计调查项目和统计调查计划相应制定的统计报表，其实施范围限于各业务主管部门系统内部，一般用来搜集各级主管部门所需要的专门统计资料，作为国民经济基本统计报表的补充。地方统计报表是根据有关的地方统计调查项目和统计调查计划相应制定的统计报表，其实施范围是各省、市、自治区，它是一种针对地区特点而补充规定的地区性统计报表，主要用来满足地方的专门需要，为本地区的计划和管理服务。国家统计报表、部门统计报表和地方统计报表三者互有联系，而其中的国家统计报表是统计报表体系的基本部分。

思考与练习题

一、思考题

1. 什么叫统计调查？其重要意义是什么？

2. 统计调查的基本要求是什么？

3. 统计调查有哪些种类？

4. 一个完整的统计调查方案应包括哪些基本内容？

5. 什么是调查对象、调查单位和报告单位？报告单位和调查单位有什么不同？

6. 什么是调查项目和调查表？调查表有几种？

7. 什么是问卷？它由哪几个部分组成？

8. 问卷设计应注意哪些问题？

9. 某家用电器生产企业想通过市场调查了解以下问题：企业产品的知名度；产品的市场占有率；用户对产品质量的评价及满意程度。要求：

（1）请你设计一份统计调查方案。

（2）你认为这项调查采取哪种调查方法较合适？

（3）设计一份调查问卷。

10. 收集统计资料的方法有哪几种？

11. 什么是普查？普查中为什么要确定标准时间？

12. 在什么情况下采用普查这种调查方式？

13. 什么是重点调查中的重点单位？

14. 在什么情况下采用重点调查这种调查方式？

15. 什么是统计报表？它有哪些种类？

二、单项选择题

1. 全面调查是对调查对象的所有单位都进行调查，下述调查属于全面调查的是（　　）。

A. 对某种连续生产的产品质量进行调查

B. 某地区对工业企业设备进行普查

C. 对全国钢铁生产中的重点单位进行调查

D. 抽选部分地块进行农产量调查

2. 对下列情况的统计调查，属于一次性调查的是（　　）

A. 商品销售额　　　　　　　　　　B. 商品购进额

C. 商品库存量　　　　　　　　　　D. 商品销售量

3. 全国工业普查是（　　）。

A. 重点调查　　　　　　　　　　　B. 一次性全面调查

C. 典型调查　　　　　　　　　　　D. 经常性全面调查

4. 调查时限是指（　　）。

A. 调查资料所属的时间　　　　　　B. 进行调查工作的期限

C. 调查工作登记的时间　　　　　　D. 调查资料的报送时间

5. 某市规定 2008 年工业经济活动成果年报的呈报时间是 2009 年 1 月 31 日，则调查时限为（　　）。

 A. 一天   B. 一个月   C. 一年   D. 一年零一个月

6. 作为一个调查单位，（　　）。

 A. 只能调查一个统计标志   B. 只能调查一个统计指标

 C. 可以调查多个统计指标   D. 可以调查多个统计标志

7. 在对总体现象进行分析的基础上，有意识地选择若干调查单位进行调查，这种调查方法是（　　）。

 A. 抽样调查   B. 典型调查   C. 重点调查   D. 普查

8. 要了解上海市居民家庭的收支情况，最适合的调查方式是（　　）。

 A. 普查   B. 重点调查   C. 典型调查   D. 抽样调查

9. 下列调查中，最适合采用重点调查的是（　　）。

 A. 了解全国钢铁生产的基本情况   B. 了解全国人口的总数

 C. 了解上海市居民家庭的收支情况   D. 了解某校学生的学习情况

10. 受人们主观认识影响较大的调查是（　　）。

 A. 抽样调查   B. 重点调查

 C. 典型调查   D. 统计报表制度

三、多项选择题

1. 对某成人高校大学生的状况进行调查，则（　　）。

 A. 调查对象是该校全部大学生   B. 调查对象是该校每一个大学生

 C. 调查单位是该校全部大学生   D. 调查单位是该校每一个大学生

 E. 调查对象是该校每一个班级

2. 调查方案应包括以下（　　）主要内容。

 A. 确定调查目的

 B. 确定调查对象、调查单位和报告单位

 C. 确定调查项目和调查表

 D. 确定调查时间和调查时限

 E. 制订调查工作的组织实施计划

3. 问卷通常是由如下（　　）部分组成。

 A. 开头   B. 甄别   C. 主体

 D. 背景   E. 问卷填写者签名

4. 下列属于专门调查的有（　　）。

 A. 普查   B. 抽样调查   C. 统计报表

 D. 重点调查   E. 典型调查

5. 统计资料搜集的方法主要有（　　）。

 A. 直接观察法   B. 采访法   C. 报告法

 D. 电话访问   E. 网上调查法

第三章 统计整理

统计整理是处于统计调查与统计分析之间的一个必要环节。通过各种渠道将统计资料搜集上来后，接下来的任务就是对这些统计资料进行加工整理，使之符合统计分析的需要，同时对统计资料进行图表显示，以发现统计资料中的一些基本特征，为统计分析提供基本思路。本章的具体内容包括：统计整理的意义和程序、统计分组、次数分布和统计表等。

第一节 统计整理的意义和程序

一、统计整理的意义

统计整理是根据统计研究的目的，对统计调查所搜集的原始资料进行科学的分组和汇总，或对已整理过的资料（包括历史资料）进行再加工的工作过程。

通过统计调查可以取得第一手资料，但这种资料都是零散的、无序的、不系统的，只能反映出每一个调查单位的特征，而不能反映出总体的特征。因此，必须经过统计整理的工作过程，对这些统计资料进行分组和汇总，使之系统化、条理化、科学化，才能体现出总体的本质与规律，满足统计分析的需要。例如，在全国人口普查中，调查者可以从调查表里得到每个人的性别、年龄、民族等具体材料，但要掌握全国人口数、男女人口数、人口的年龄构成、民族构成等社会现象总体的特征时，就必须对统计调查获得的原始资料进行审核、分组、汇总等一系列科学的整理才行。

统计整理在整个统计工作中起着承前启后的作用，它既是统计调查的继续和深化，又是统计分析的前提和基础。因此，统计整理工作的科学性和统计整理方法的正确性，不仅决定着统计资料的科学价值，而且也直接影响着统计分析的准确性和真实性。

二、统计整理的程序

统计整理是一项细致周密的工作，需要有计划、有组织地进行。其基本程序如下。

1. 设计和编制统计资料整理方案

正确设计和编制统计资料整理方案，是保证统计整理有计划、有组织地进行的首要步骤，是统计设计在统计整理阶段的具体化。在统计资料整理方案中，应确定需要整理的资料内容，确定如何进行统计分组，应采用哪些汇总指标以及统计数据如何显示等，这些内容可以体现在一系列的整理或汇总表中。

2. 对原始资料进行审核

为了保证统计资料整理的质量，应对统计调查所取得的原始资料和其他有关资料进行审核，包括审核资料的准确性、及时性和完整性三个方面的内容。

资料的准确性是审核的重点，就是检查所填报的资料是否准确可靠。常用的审核方法有两种：一是逻辑检查，主要审核原始资料的内容是否合理，是否有悖常理，有无相互矛盾、不符合实际的地方，从而判断资料的准确性。例如，在一张调查表中，年龄填的是 15 岁，文化程度填的是博士研究生，婚姻状况填的是已婚，职称填的是教授。博士研究生、已婚和教授这三者是符合一般道理的，但 15 岁就有悖于常理，与前三者相互矛盾，从而可以判定年龄有误。二是计算检查，检查调查表或报表中各项数字有无错误，各项指标的计算方法是否恰当，计量单位是否正确，各项数字的合计数是否准确等。

审核资料的及时性，主要是检查资料的报告单位是否按时报送，如有不报、漏报或迟报的现象，就要及时查清。

审核资料的完整性，主要是检查资料的调查单位和报告单位是否齐全，规定的项目是否都有答案，调查单位是否有重复和遗漏，日期是否正确无误，报送资料的份数是否符合规定等。

3. 对原始资料进行统计分组与统计汇总

这是指按照整理方案中的组织形式和方法，对原始资料进行统计分组和统计汇总，计算出各组的单位数和合计总数以及各组指标和综合指标的数值。统计分组和统计汇总是统计整理的核心内容。只有正确地分组，才能整理出有科学、有价值的综合指标。只有在分组的基础上将各项资料进行汇总，才能得出反映各组和总体数量特征的各种指标。

4. 编制统计表和绘制统计图

将统计整理的结果编制成统计表或绘制成统计图，也就是把统计资料与数量间的联系通过统计表或统计图的形式简单扼要、系统有序、形象地表现出来。

5. 统计资料的积累和保管

统计整理是一项经常性和长期性的工作，因此要善于进行统计资料的积累和保管，为以后的统计工作提供便利和帮助。

第二节 统 计 分 组

一、统计分组的概念及作用

1. 统计分组的概念

统计分组是指根据所研究事物的特点和统计研究的目的，按照某一标志将统计总体划分为若干个组成部分的一种统计方法。经过统计分组，使同一组内的单位具有某种共性，不同组的单位之间存在差异。例如，所有具有我国国籍的人组成我国人口总体，但是各个总体单位，即每个人之间在许多方面都有差异，如民族、性别、年龄、籍贯等都不是完全相同的。按性别分组，可以分为男女两组；按文化程度分组，可以分为若干个组；按民族分组，又可分为若干组等。又如，在工业企业这个总体中，可以按照工业企业的生产规模将其划分为大型企业、中型企业和小型企业三个组。每一组内各企业生产规模相近，组与组之间的企业的生产规模差异较大。由此可见，统计分组实质上是在统计总体内部进行的一项定性分类。

2. 统计分组的作用

1）划分社会经济现象的不同类型

在统计分组中，划分社会经济现象的不同类型是特别重要的。只有进行统计分组，把总体划分为若干类型，才能对其分门别类地进行研究。例如，企业按经济类型分组，可以划分为国有经济、集体经济、个体经济、私营经济、外资经济及其他类型；国民经济按产业分组，可以划分为第一产业、第二产业和第三产业；人口按性别分组，可以划分为男、女两组。这些分组也称为类型分组。通过这样的划分，可以看出各种类型在总体中的地位及各种类型之间的相互联系。例如，2005 年和 2006 年广东省国内生产总值按三大产业进行分组，如表 3-1 所示。

表 3-1　2005 年和 2006 年广东省国内生产总值按产业分组表　　　　　　　亿元

项　目 ＼ 年　份	2005 年	2006 年
国内生产总值	183 867. 9	209 406. 8
第一产业	23 070. 4	24 700. 0
第二产业	87 364. 6	102 004. 0
第三产业	73 432. 9	82 702. 8

2）反映现象总体的内部结构

通过统计分组，计算出各组在总体中所占的比重，就可以说明总体内部的结构，反映总体的特征。如果将各组比重按时间变化表示，还可以说明结构的发展变化趋势。例如，2001—2006 年，我国按三次产业分类的就业人员构成变化情况如表 3-2 所示。

表 3-2　我国按三次产业分类的就业人员构成情况　　　　　　　　　　　%

产　业 ＼ 年　份	2001 年	2002 年	2003 年	2004 年	2005 年	2006 年
第一产业	50. 0	50. 0	49. 1	46. 9	44. 8	42. 6
第二产业	22. 3	21. 4	21. 6	22. 5	23. 8	25. 2
第三产业	27. 7	28. 6	29. 3	30. 6	31. 4	32. 2
合　计	100. 0	100. 0	100. 0	100. 0	100. 0	100. 0

资料来源：《中国统计摘要 2007》，年底数。

从表 3-2 中可以看出，我国在 2001—2006 年期间，第一产业就业人员比重逐年下降，由 50. 0% 下降到 42. 6%，降幅达到 7. 4%；第二产业和第三产业就业人员比重逐步上升，且第三产业就业人员比重上升幅度最大，由 27. 7% 上升到 32. 2%，升幅达到 4. 5%，这说明我国就业人员的构成发生了很大变化。

3）分析现象之间的相互依存关系

现象之间存在着广泛的相互联系、相互制约的依存关系。通过统计分组可以反映出它们之间在数量上的相互依存关系。例如，2008 年某市商品销售额与流通费用率的情况如表 3-3 所示。

表3-3 2008年某市商品销售额与流通费用率的情况

按商品销售额分组/万元	商店数/个	流通费用率/%
50以下	25	11.4
50~100	50	10.5
100~200	120	9.8
200~300	60	8.8
300~400	40	6.7
400~500	30	5.8
500以上	25	5.1

从表3-3中可以看出，商品销售额与流通费用率之间的依存关系为：在一定条件下，随着商业企业商品销售额的增加，其流通费用率有下降的趋势。

二、统计分组的分类

1. 类型分组、结构分组和分析分组

按分组的作用或目的不同，统计分组可分为类型分组、结构分组和分析分组，如表3-1、表3-2、表3-3所示。

2. 简单分组、复合分组和并列分组

按分组标志的多少，统计分组可分为简单分组、复合分组和并列分组。

简单分组就是对总体按一个标志进行分组。例如，国民生产总值按产业分为第一、第二、第三产业三组；工业企业按生产规模分为大型企业、中型企业、小型企业三组；人口按性别分为男性、女性两组等。

按产业分组	按企业规模分组	按性别分组
第一产业	大型企业	男性
第二产业	中型企业	女性
第三产业	小型企业	

复合分组就是对总体按两个或两个以上的标志进行的重叠式分组，也就是说下一阶段的分组是在上一阶段分组的基础上进行的。复合分组的目的是为了更加深入、细致地研究总体的情况。例如，为了认识我国高校学生的构成，我们可以同时采用学科、本科或专科、性别三个标志进行分组。首先按学科分组，在此基础上再按本科或专科分组，接着按性别进行分组。

并列分组就是对总体按两个或两个以上的标志进行的不重叠的多种分组。例如，将教师按性别分成两组，按年龄分成若干组。

复合分组		并列分组	
理科	文科	按性别分组	按年龄分组
本科	本科	男性	30 岁以下
男	男	女性	30~40 岁
女	女		40~50 岁
专科	专科		50~60 岁
男	男		60 岁以上
女	女		

3. 品质分组和数量分组

按分组标志的性质，统计分组可分为品质分组和数量分组。

品质分组是按品质标志进行的分组。例如，人口按性别、民族、文化程度、职业等标志分组。一般来说，按品质标志分组，概念比较明确，分组也相对稳定，能直接反映事物性质上的差异。

数量分组是按数量标志进行的分组。按数量标志进行分组是统计整理中最常见的形式，也是实际工作中常用的统计方法。例如，人口按年龄分组，企业按职工人数分组，企业按生产能力、劳动生产率分组。这种分组的目的，不仅是要确定各组在数量上的差异，而且还要通过数量上的变化来区分各组的不同类型和性质。

三、分组标志的选择

所谓分组标志，就是将统计总体划分为各个性质不同的组的标准或依据。正确选择分组标志是进行统计分组的关键，分组标志选择是否恰当，直接影响到统计整理的准确性和统计分析的真实性。为了正确选择分组标志，必须遵循以下几条原则。

1. 要符合统计研究的目的和要求

统计分组是为统计研究服务的，统计研究的目的不同，选作分组的标志也不同。例如，在某继续教育学院中，全体学生是一个总体，每个学生是总体单位，学生有年龄、身高、性别、民族、学习成绩等许多标志，如果要分析该院学生的年龄结构，就要选择年龄作为分组标志；如果要了解男女学生的人数，就要选择性别作为分组标志；如果要反映学生的学习成绩情况，就要选择每门课程的平均成绩作为分组标志。

2. 必须选择最重要的标志作为分组依据

统计标志多种多样，有些标志是带有根本性的、主要的标志，能够反映事物的性质，而有的则是非本质的、次要的标志。因此，在进行统计分组时，要从研究目的出发，选择其中最重要的、最能反映事物本质特征的主要标志进行分组。例如，在研究人民生活水平的变动情况时，可供选择的分组标志有很多，如家庭人口数、就业人数、家庭总收入、人均收入等。而其中最能反映人民生活水平变动的标志是人均收入。因此，应选择人均收入这一标志作为分组标志。

3. 要考虑到社会经济现象所处的具体历史条件

社会经济现象是经常变化的，同一分组标志，在过去适用，在现在就不一定适用；在这一场合适用，在另一场合就不一定适用。所以要具体情况具体分析，根据事物的不同条件来选择分组标志。例如，同样是划分企业规模的大小，对于劳动密集型企业，应采用职工人数作为分组标志；对于技术密集型企业，就要选用固定资产价值或产值作为分组标志。

四、组数和组距

1. 品质分组的组数

品质分组组数的确定，主要取决于两个因素：一是统计研究的任务，二是事物的特点。例如，将人口按性别分组，就只能分为两组，这是由人口本身的特点决定的；将企业按经济类型分组，也只能分为国有、集体、个体、私营、外资等几组。但是，有些事物构成比较复杂，组数可多可少，这时，到底将总体分为几组，就需要考虑统计研究任务的具体要求。例如，将人口按职业分组，组数可多可少，此时应根据统计研究的任务来确定。如果要求较细时，组数可以多一些；反之，组数可以少一些。

2. 数量分组的组数和组距

一般来说，组数的多少则直接取决于两个因素，一个是全距，另一个是组距。在等距分组的条件下，组数等于全距除以组距。

全距是总体中的最大变量值与最小变量值之差。在表 3 - 4 中，全距 = 39 - 30 = 9（个）。在表 3 - 5 中，全距 = 100 - 50 = 50（分）。

表 3 - 4 某企业工人日产量完成情况表

按日产量分组/个	工人数/人	比重/%
30	34	17
32	42	21
34	50	25
36	44	22
39	30	15
合　　计	200	100

表 3 - 5 某班学生计算机考试成绩次数分布表

按成绩分组/分	人数/人	频率/%
50 ~ 60	4	8
60 ~ 70	12	24
70 ~ 80	20	40
80 ~ 90	10	20
90 ~ 100	4	8
合　　计	50	100

在表 3 - 5 中，组数有 5 个组。组距是各组的最大变量值与最小变量值之差。在表 3 - 5 中，组距是 10 分。组距和组数二者有着密切的联系，在全距既定的条件下，组距大，则组

数少；组距小，则组数多。

按数量标志分组的目的，不仅是要确定各组在数量上的差异，而且还要通过数量上的变化来区分各组的不同类型和性质。因此，确定组数和组距时，要能够将总体单位分布的特点充分反映出来，要充分考虑总体单位分布的集中程度和趋势，以及被研究现象的特点和实际情况，把相同质的单位划分在一组内，不同质的单位区别开来，尽可能地区分出组与组之间在性质上的差异。另外，分组不宜过多，过多则容易将属于同一类的单位划分在不同的组，从而显示不出类型的特点；也不宜过少，过少则容易使不同类型的单位归在一组，从而掩盖了质的差异，达不到反映客观事实的目的。

五、组限和组中值

1. 组限

组限是指每组两端的数值，其中每组的最大变量值称为该组的上限，最小变量值称为该组的下限。在表 3 - 9 中的 70～80 一组，70 是本组的下限，80 是本组的上限。

组限是决定现象总体质量的数量界限。确定组限时要考虑下列主要几点：一是最小组的下限应低于最小变量值，最大组的上限应高于最大变量值；二是组限的确定应当有利于表现总体单位分布的规律性；三是对于等距数列，设定的组距最好是 5 和 10 的倍数。

由于变量有连续变量和离散变量之分，所以组限的表示方法一般有两种：重合式和不重合式。如果分组标志是连续变量，组限一般用重合式；如果分组标志是离散变量，组限一般用不重合式。

所谓重合式，就是在相邻两组中，前一组的上限与后一组的下限数值重合，如表 3 - 9 中的 50～60 分、60～70 分、70～80 分、80～90 分、90～100 分。但是，重合式只是形式上重合，实际上两组之间是不重合的，一般按"含下限不含上限"或"上限不在本组之内"的原则处理。例如，"60～70 分"是指从含 60 分到不含 70 分，"70～80 分"是指从含 70 分到不含 80 分，依此类推。

所谓不重合式，是指前一组的上限与后一组的下限数值紧密相连而又不相重复。例如，学生按人数分为 59 人以下、60～69 人、70～79 人、80～89 人以及 90 人以上各组。在这里，69 与 70、79 与 80、89 与 90 等，都是紧密相连的。

遇到特大或特小的变量值时，为了不使组数增加或组距不必要地扩大，可用开口组。开口组是指只有下限而无上限的组或只有上限而无下限的组。如表 3 - 10 所示就是一个开口组。

在实际工作中，为了简单方便，保证不重复、不遗漏总体单位，离散变量也经常采用重合式的组限的表示方法。

2. 组中值

组中值是各组的上限与下限之间的中点值，它代表组内各变量值的一般水平。其计算方法如下。

$$闭口组的组中值 = (上限 + 下限)/2$$

开口组的组中值：

$$缺下限的最小组的组中值 = 上限 - 邻组组距/2$$

$$缺上限的最大组的组中值 = 下限 + 邻组组距/2$$

例如，对表 3 – 6 中的组中值的计算如下。

表 3 – 6 某班学生英语考试成绩次数分布表

按考分分组/分	人数/人	频率/%
60 以下	2	5
60 ~ 70	8	20
70 ~ 80	16	40
80 ~ 90	10	25
90 以上	4	10
合　　计	40	100

注：第三组（闭口组）的组中值 =（上限 + 下限）/2 =（70 + 80）/2 = 75（分）

缺下限的最小组的组中值 = 上限 – 邻组组距/2 = 60 –（70 – 60）/2 = 55（分）

缺上限的最大组的组中值 = 下限 + 邻组组距/2 = 90 +（90 – 80）/2 = 95（分）

第三节 次 数 分 布

一、次数分布的概念

在统计分组的基础上，把总体的所有单位按组归并排列，形成总体中各个单位在各组间的分布，称为次数分布或次数分配。分布在各组的总体单位数，称为次数。由于各组次数实际上表现了具有各组标志值的现象在总体中"频繁"出现的次数多少，因此也称为频数。各组次数占总体单位总数的比重，称为频率、比重或比率。它说明具有某组标志值的现象在总体中"频繁"出现的程度，反映总体的构成。次数分布实质上是反映统计总体中所有单位在各组间的分布状态和分布特征的一个数列，因此也可以称为次数分布数列，简称分布数列。例如，人口按性别分组后形成的人口数在各组分布情况的数列，学生按年龄分组后形成的学生人数在各组分布情况的数列等，都是次数分布数列。

分布数列包括两个要素。一是各组的名称（或各组变量值），常用 x 表示；二是各组单位数（次数），常用 f 表示，有时候也可把频率（比重）列入分布数列中。各组的次数愈大，则表示该组的标志值对于全体标志水平所起的作用愈大；反之，次数愈小，则表示该组的标志值所起的作用愈小。因此，在整理和分析分布数列的时候，不但要注意各组标志值的变动范围，而且要注意各组标志值的作用大小，也就是次数的大小。次数分布数列的形成虽然简单，但它是统计整理的一种重要表现形式，也是统计分析的一种重要方法。它可以表明总体单位的分布特征和结构状况，并在此基础上进一步研究某种标志的构成、平均水平及其变动规律性。

二、分布数列的种类

1. 品质数列

品质数列是指按品质标志分组所形成的分布数列，它由各组名称和次数构成。各组的次数可以用绝对数表示，即频数；也可以用相对数表示。如表 3 – 7 所示为以品质数列组成的某大学学生性别构成表。

表3-7　某大学学生性别构成表

性　　别	人数/人	比重/%
男	6 000	30
女	14 000	70
合　　计	20 000	100

这个品质数列是按"性别"这一标志分组形成的,表中的"男""女"是组名称,人数6 000、14 000、20 000是次数,比重30、70、100是频率。

2. 变量数列

变量数列是指按数量标志分组所形成的分布数列,它由变量和次数构成。作为分组标志的那个数量标志称为变量。变量数列是一种典型的分配数列。如表3-7和表3-8所示都是常见的变量数列。

变量数列按其变量值的表示方法不同,可分为单项数列和组距数列两种。

单项数列是指数列中每个组只用一个变量值表示,即一个变量值只代表一组。

单项数列一般在总体中的变量值不多,且变动幅度较小,变量呈离散型,总体单位数又不多的情况下采用。如表3-4所示中工人的日产量最高为39个,最低为30个,最大相差数仅9个,变量值只有5个,总体单位数只有200人。因此,适合采用单项数列来反映。

组距数列是指各组都由两个变量值界定的变量区间(组距)来表示的数列,一般在总体中变量值较多,且变动幅度较大的情况下采用。

组距数列分为等距数列和不等距数列。在组距数列中,各组组距相等的,叫做等距数列,如表3-5所示就是一个等距数列。组距不相等的叫做不等距数列。如表3-8所示就是一个不等距数列。如果数据分布比较均衡,宜采用等距数列;如果数据分布很不均衡,应采用不等距数列。

表3-8　某市人口年龄构成

人口按年龄分组	人口数/万人
1 岁以下	18.5
1~6 岁	53.4
6~18 岁	60.8
18~55 岁	80.2
55 岁以上	50.1
合　　计	263.0

组距变量数列的次数分布还可以用次数分布图来表示。次数分布图是一种简单的统计图。绘制次数分布图时,一般是绘制直方图或曲线图。直方图是以横轴表示各组组限,纵轴表示次数,各组组距为宽度,各组次数的高度,绘出各组所对应的直方图。将表3-5中的资料绘制成直方图,如图3-1所示。在直方图的基础上,将各直方图上端的中点连成一条

折线，就形成次数分布曲线图（也称为折线图），如图3-1所示。从面积的角度看，曲线图所覆盖的面积与直方图的面积恰好相等。

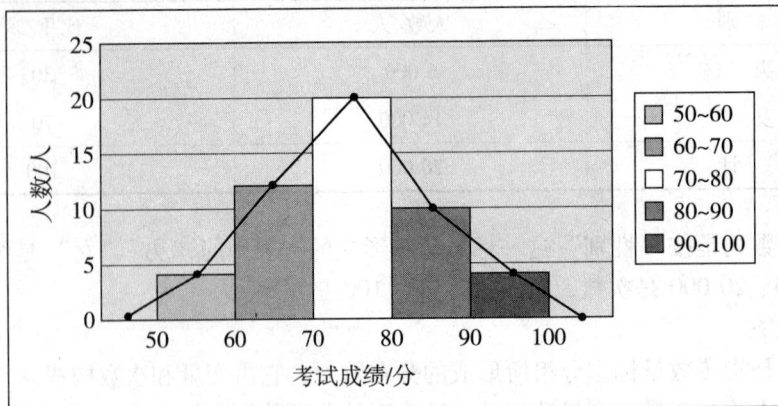

图3-1 某班学生计算机考试成绩分布的直方图

上述次数分布图的画法，适用于等距数列。由于等距分组更具有直观、可比的优势，所以在选择组距时，能采用等距分组反映现象中的数值变化就不采用不等距的分组方法。

对于不等距数列，需要计算次数密度，也就是各组次数除以各组组距，然后根据频数密度和组距来绘制次数分布图。具体的换算公式如下。

标准组距次数 = 某组单位组距次数 × 标准组距（标准组距通常是组距数列中的最小组距）

= 某组次数某组组距 × 标准组距 = 某组频数密度 × 标准组距

再以横轴代表各组的变量值，以纵轴代表各组的标准组距次数（或频数密度），就可以绘出正确反映总体次数分布状况的分布图。以表3-9为例，这是一个不等距数列，据此绘制出的次数分布图如图3-2所示。

表3-9 某市居民家庭人均月生活费收入次数分布表

按人均月收入分组/元	户数	频数密度 = 次数/组距	标准组距次数
2 000 ~ 2 200	10	0.05	5.0
2 200 ~ 2 300	8	0.08	8.0
2 300 ~ 2 400	10	0.10	10.0
2 400 ~ 2 500	12	0.12	12.0
2 500 ~ 2 600	10	0.10	10.0
合　计	50	—	—

三、编制变量数列

下面以等距数列为例，说明变量数列的编制方法。

【例3-1】根据下列资料编制变量数列。

对某班50名学生2008年7月的市场营销学成绩进行登记，得到以下原始资料。

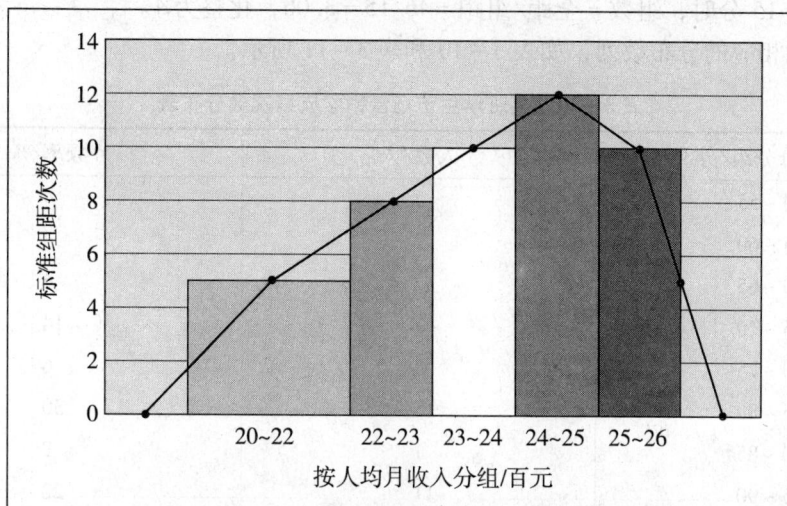

图3-2　某市居民家庭人均月生活费收入次数分布图

(单位：分)

62	74	85	96	87	52	54	64	56	97
56	85	86	94	66	68	69	60	70	90
98	96	86	88	87	78	79	88	86	70
78	86	76	84	66	77	76	68	78	79
78	77	79	68	78	69	76	77	78	88

1. 将原始资料按数值大小顺序进行排列（如下所示）

52	54	56	56	60	62	64	66	66	68
68	68	69	69	70	70	74	76	76	76
77	77	77	78	78	78	78	78	78	79
79	79	84	85	85	86	86	86	86	87
87	88	88	88	90	94	96	96	97	98

根据上述资料，计算全距为：

全距 = 最大变量值 - 最小变量值 = 98 - 52 = 46

从以上数据的排列和全距的计算可知，学生成绩的变化是有波动的，但这种波动并不完全是杂乱无章的，而是呈现出一定的规律性。首先，波动的范围在52～98分之间，其全距为46分；其次，大多数学生的成绩在68～88分之间，分数偏高或偏低的情形都比较少。

2. 确定组数和组距

组数与组距是相互制约的，二者呈反比例关系，在等距数列中，二者的计算关系如下：

组距 = 全距/组数

或

组数 = 全距/组距

本例中，我们先采用组距为5分和15分，这样相应的组数也就确定下了。

当组距为5分时，组数 = 全距/组距 = 46/5 = 9.2，化整为10。

当组距为15分时，组数 = 全距/组距 = 46/15 = 3.06，化整为4。

分别得到相应的分布数列，如表3-10和表3-11所示。

表3-10　某班学生市场营销学成绩次数分布表

按考分分组/分	人数/人	频率/%
50～55	2	4
55～60	2	4
60～65	3	6
65～70	7	14
70～75	3	6
75～80	15	30
80～85	1	2
85～90	11	22
90～95	2	4
95～100	4	8
合　计	50	100

表3-11　某班学生市场营销学成绩次数分布表

按考分分组/分	人数/人	频率/%
50～65	7	14
65～80	25	50
80～95	14	28
95～100	4	8
合　计	50	100

从表3-10中可以看出，组距为5分太小，组数太多，各组单位数分散，看不出分布规律。从表3-11中可以看出，组距为15分时，总体单位在各组的分布规律开始表现出来，但特征仍不很明显。若再将组距确定为10分，此时组数可定为5组（组数 = 全距/组距 = 46/10 = 4.6，化整为5），如表3-12所示。

表3-12　某班学生市场营销学成绩次数分布表

按考分分组/分	人数/人	频率/%
50～60	4	8
60～70	10	20
70～80	18	36
80～90	12	24
90～100	6	12
合　计	50	100

从表 3 – 12 中可见，50 名学生的市场营销学成绩的分布特征被明显地表现出来了，呈现出"两头小，中间大"的分布，规律性是很明显的。因此，采用组距为 10 分来编制该班学生学习成绩的分布数列最为适宜。

对于一组数据究竟可以分为多少组，很多时候取决于研究者的经验。对于不熟悉领域的数据，可以借鉴美国统计学家斯特吉斯提供的经验公式来确定组数。现在用 K 代表组数，N 代表分组数据的总数，则分组数目的计算公式如下：

$$K = 1 + \lg N / \lg 2$$

确定组数的目的是为了使数据恰当地分布在各组之中，如果组数太少，数据的分布就会过于集中；如果组数太多，数据的分布就会过于分散，这都不便于观察数据分布的特征和规律，不利于后续的分析研究。组数的确定应以能够显示数据的分布特征和规律为目的。计算组数的经验公式正是从这个角度出发，总结出的一个根据待分组数据的多少来计算组数的具体方法。但是，经验公式计算出来的组数只是一个参考数值，不是必分的组数。在实际应用时，组数的确定还要根据数据的多少和特点，以及研究对象的实际情况，具体问题具体分析，因地制宜地加以确定。例如，根据例 3 – 1 的资料，当 N 为 50 时，采用 $K = 1 + \lg N / \lg 2$ 这个公式计算出组数为 $K \approx 7$，可以考虑分为 7 组。但是，在对考试成绩进行分析时，人们习惯将其分为优（90 分以上）、良（80 ~ 90 分）、中（70 ~ 80 分）、及格（60 ~ 70 分）和不及格（60 分以下）5 组，因此应分成 5 组较为适宜。

3. 累计次数分布

在研究次数和频率分布的时候，我们常常还需要编制累计次数分布数列和累计频率分布数列。如表 3 – 15 所示，次数分布数列只能表示每一组的次数，如学生考分在"70 ~ 80"一组的有 18 人，但要知道 80 分以下的学生有多少人，频率是多少，80 分以上的学生有多少人，频率是多少，这就需要使用累计次数分布数列和累计频率分布数列。

累计次数分布的计算方法有两种：一种是以下累计，也就是由变量值低的组向变量值高的组累计，此时每组的累计次数或累计频率表示该组上限以下的次数或频率共有多少。当我们所关心的是标志值比较小的现象的次数分布情况时，一般是采用次数以下累计，以表明在这些数值以下的次数和频率是多少。另一种是以上累计，也就是由变量值高的组向变量值低的组累计，此时每组的累计次数或累计频率表示该组下限以上的次数或频率共有多少。当我们所关心的是标志值比较大的现象的次数分布情况时，一般是采用次数以上累计，以表明在这些数值以上的次数和频率是多少。如表 3 – 13 所示为某班学生市场营销学成绩的次数分布表。在表中，80 分以下的学生有 32 人，频率是 64%；80 分以上的学生有 18 人，频率是 36%。由此可以看到累计次数分布的特点——同一数值的以下累计次数和以上累计次数之和等于总体总次数，频率之和等于 100%，最后一组的累计频率等于 100%。

表 3 – 13　某班学生市场营销学成绩次数分布表

考分分组（分）	人数（次数）	频率（%）	以下累计		以上累计	
			人数（人）	频率（%）	人数（人）	频率（%）
50 ~ 60	4	8	4	8	50	100
60 ~ 70	10	20	14	28	46	92
70 ~ 80	18	36	32	64	36	72

考分分组（分）	人数（次数）	频率（%）	以下累计		以上累计	
			人数（人）	频率（%）	人数（人）	频率（%）
80~90	12	24	44	88	18	36
90~100	6	12	50	100	6	12
合计	50	100	—	—	—	—

累计次数和累计频率可以更简便、更清晰地概括总体各单位的分布特征。

根据累计次数分布表的资料，还可以绘制累计次数分布图，如图3-3所示是根据表3-13绘制的累计次数分布图。图中由左下角至右上角的曲线为以下累计曲线，由左上角至右下角的曲线为以上累计曲线。累计次数分布是确定位置平均数的依据。

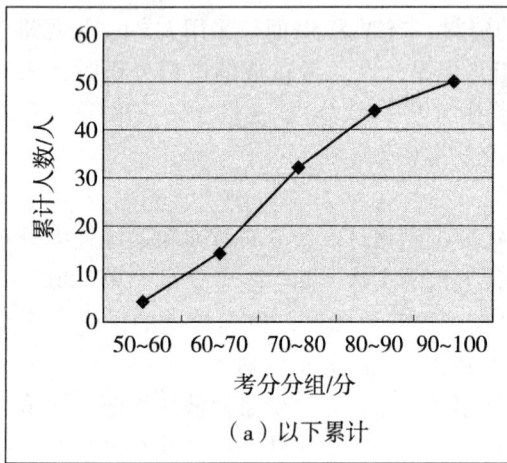

（a）以下累计

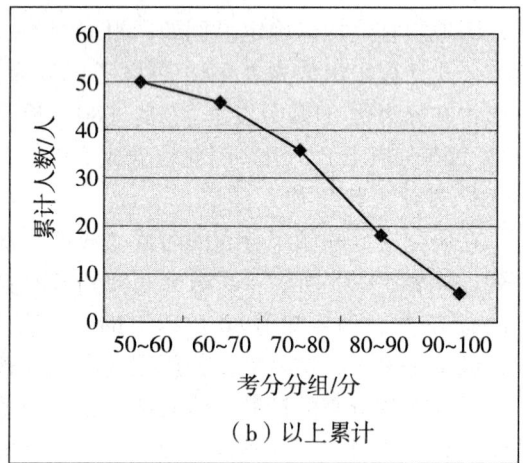

（b）以上累计

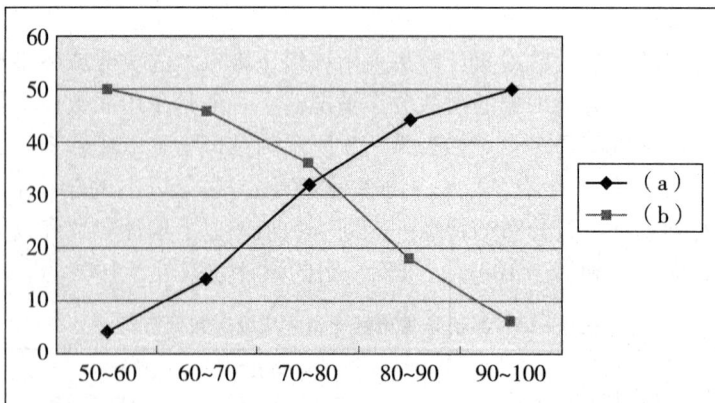

图3-3　学生考试分数累计次数分布图

第四节 统 计 表

一、统计表的意义和结构

1. 统计表的意义

统计表是指集中而有序地显示统计资料的表格。统计表是统计用数字说话的一种最常用的形式，它能够有条理、有系统地排列大量的统计资料，能够清晰地表述统计的内容，不仅通俗易懂，而且便于阅读、对比和分析，是统计资料积累和保存的主要形式。一张好的统计表，往往比文字叙述更能生动、深刻、鲜明地说明问题。因此，在统计实际工作中，统计表被广泛地采用。

2. 统计表的结构

从形式上看，统计表主要由总标题、横行标题、纵栏标题、数字资料四部分组成。总标题是统计表的名称，概括说明统计表中全部统计资料的内容，一般写在表的上端中央；横行标题是统计表横行的名称，用来说明统计资料反映的总体及其分组名称，一般位于表的左方；纵栏标题是统计表的纵栏名称，用来说明统计指标的名称，一般位于统计表的上方；数字资料在各横行标题与各纵栏标题的交叉处，用来说明各种综合指标值。此外，统计表还应该有必要的附注，注明资料来源、填表时间、填表单位等，此部分内容一般列在表体的下方。统计表的样式如表3-14所示。

表3-14 2006年我国国内生产总值

产　业	国内生产总值（亿元）	比重（%）
第一产业	24 700.0	11.8
第二产业	102 004.0	48.8
第三产业	82 702.8	39.4
合　计	209 406.8	100.0

资料来源：中国统计摘要［M］. 中国统计出版社，2007。

总标题：2006年我国国内生产总值。

横行标题：国内生产总值（亿元）、比重（%）。

纵栏标题：第一产业、第二产业、第三产业。

指标数值：24 700.0（亿元）、11.80%、…、209 406.8（亿元）、100.0%。

从内容上看，统计表由主词和宾词两部分组成。主词就是统计表所要说明的对象，包括总体单位的名称、总体的分组等，一般都在表的左端；宾词就是用来说明主词的各个统计指标，包括指标名称和指标数值，通常都在表的右端。当然，有时为了合理编排或阅读方便，主词和宾词也可以互换位置。如在表3-17中，主词为第一产业、第二产业、第三产业；宾词为国内生产总值（亿元）、比重（%）以及它们的全部指标数值。

二、统计表的种类

1. 调查表、整理表和分析表

按用途不同，统计表可分为调查表、整理表和分析表。

1）调查表

调查表是指在统计调查阶段用于登记、搜集原始资料的统计表，其样式如表 3 – 15 所示。调查表只记录调查单位的特征，表中的数字是未经综合的各个单位的标志值，不能综合反映统计总体的数量特征。严格地讲，调查表不应视为统计表，因为统计表是记载大量单位数量特征的综合结果。但从另一方面看，登记调查表确实也是统计过程的一部分，而且有些统计表就是许多调查表的汇总，因此，也可把调查表视为一种统计表。

表 3 – 15 2008 年年末教职员工家庭就业人口调查表

姓名	与户主关系	性别	年龄	工作单位	职业	职务职称

被调查户主姓名　　　　　填表人　　　　　填表日期

2）整理表

整理表是指在统计整理中用于表现整理过程和结果的表格。整理表是标准的统计表。表中的数字是经过汇总的总量指标，能综合说明统计总体的数量特征。因此，整理表也称为汇总表、综合表。其样式如表 3 – 16 所示。

表 3 – 16 某年某省甲、乙两市从业人数、国内生产总值

按地域分组	从业人数（万人）	国内生产总值（万元）
甲市	52.4	9 170 000
乙市	58.5	9 828 000

3）分析表

分析表是指在统计分析过程中用于对整理所得的统计资料进行定量分析的表格。分析表通常是整理表的延续。表中的数字既有总量指标，也有在总量指标的基础上计算的各种相对指标和平均指标。如表 3 – 17 就是在表 3 – 16 的基础上，用"从业人数"除"国内生产总值"得出的"人均国内生产总值"指标，从而更加深刻地反映了某年某省甲、乙两市的经济效益。

表 3 – 17 某年某省甲、乙两市人均国内生产总值

按地域分组	从业人数（万人）	国内生产总值（万元）	人均国内生产总值（万元）
甲市	52.4	9 170 000	175 000
乙市	58.5	9 828 000	168 000

2. 简单表、简单分组表和复合分组表

按分组情况不同，统计表可分为简单表、简单分组表和复合分组表。

1）简单表

简单表是指统计总体未经任何分组的统计表，它只将总体单位依顺序排列或将现象的指

标按时间顺序排列，其样式如表 3 – 18 和表 3 – 19 所示。

表 3 – 18 2006 年我国四个直辖市的年末人口数

直辖市	人口数（万人）
北京市	1 581
上海市	1 815
天津市	1 075
重庆市	2 808

表 3 – 19 2004—2006 年广东省国内生产总值

年　　份	国内生产总值（亿元）
2004	18 864. 6
2005	22 366. 5
2006	25 968. 6

2）简单分组表

简单分组表是指统计总体按一个标志进行分组的统计表，其样式如表 3 – 16 所示。

3）复合分组表

复合分组表是指总体按两个或两个以上标志进行复合分组的统计表，其样式见表 3 – 20。

例如，为了研究 2008 年某市的企业利润和职工人数的情况，可以同时采用经济类型、产业这两个标志进行分组。首先按经济类型分组，在此基础上再按产业进行分组。

表 3 – 20 2008 年某市企业利润和职工人数统计表

按经济类型和产业分组	利润（万元）	职工人数（人）
合　　计		
一、国有企业		
1. 第一产业		
2. 第二产业		
3. 第三产业		
二、集体企业		
1. 第一产业		
2. 第二产业		
3. 第三产业		
三、其他企业		
1. 第一产业		
2. 第二产业		
3. 第三产业		

三、编制统计表的注意事项

编制统计表的总原则是：科学、实用、简明、美观。具体要注意以下几点。

（1）统计表的总标题、横行标题、纵栏标题要能准确、简明扼要地反映统计资料的基本内容。总标题还应该标明资料所属的地点和时间。

（2）根据统计表的内容，通盘考虑表的布局，合理安排主词和宾词，使表的大小适度，比例恰当，主题突出，醒目美观，易懂。

（3）统计表的纵、横栏的排列内容要对应，并尽量反映它们之间的逻辑关系。如果表中只列示出部分重要项目，则合计栏应列在项目的最前面，下加"其中"后，列示出重要项目。

（4）字迹要清楚规范，数字对齐，数位对准，同栏数据要有同等的精确度。统计表中上、下、左、右有相同数字的，应该全部照写，不能用"同上""同左"等字样替代。表中不能留有空格，无数字的地方用"—"表示；当数字为0或因数字小可忽略不计时，要在相应栏内写0；当缺乏某项资料时，用符号"……"表示。

（5）统计表上、下用粗线或双线封口，左右两端不封口，纵栏之间要用细线分开，纵、横标题与数字栏也用细线分开，横行之间则不必画线。

（6）当统计表的栏数较多时，要统一编写序号，以便于阅读。主词栏常用甲、乙、丙、丁等文字编号；宾词栏则用（1），（2），（3）等阿拉伯数字编号。各栏的统计数字之间有一定的计算关系时，也可用计算式表示。

（7）统计表的计量单位必须标写清楚。当全表只有一个统一的计量单位时，可以把该计量单位写在表头的右上方。当横行的计量单位不同时，应在横行每一标题后专门列出计量单位栏；当纵栏的计量单位不同时，要将计量单位与纵栏标题写在一起，用略小的字体写。

（8）必要时，统计表可加注说明或注解，以说明表的资料来源、制表人或制表单位、制表日期以及个别需要说明的指标或数据。说明或注解一般写在表的下端。

思考与练习题

一、思考题

1. 解释下列统计整理中的基本概念。

（1）统计分组与统计汇总。

（2）次数分布与变量数列。

（3）次数与频率。

（4）全距与组距。

（5）组限与组中值。

（6）直方图与曲线图。

2. 什么是统计整理？它分哪几个步骤？

3. 统计分组有什么作用？如何正确选择分组标志？

4. 单项式分组和组距式分组分别在什么条件下运用？

5. 组数和组距的关系如何？什么情况下用等距分组？什么情况下用不等距分组？

6. 统计表由哪几个主要部分组成？编制统计表应注意哪些问题？

二、单项选择题

1. 统计整理阶段最关键的问题是（ ）。

A. 对调查资料的审核

B. 统计分组

C. 统计汇总

D. 编制统计表

2. 统计分组的关键在于（ ）。

A. 分组标志的正确选择

B. 按品质标志分组

C. 运用多个标志进行分组，形成一个分组体系

D. 分组形式的选择

3. 在进行组距分组时，凡遇到某单位的标志值刚好等于相邻两组上下限的数值时，一般是（ ）。

A. 将此值归入上限所在组

B. 将此值归入下限所在组

C. 将此值归入上限所在组或下限所在组均可

D. 另行分组

4. 划分连续型变量的组限时，相邻组的组限宜采用（ ）。

A. 交叉   B. 不等   C. 重叠   D. 间断

5. 某连续变量数列，其末组为开口组，下限为500，相邻组的组中值为480，则末组的组中值为（ ）。

A. 520   B. 510   C. 500   D. 540

6. 某一离散型的统计资料，变量值少，变化幅度小，适于做（ ）。

A. 单项式分组

B. 组距式分组

C. 相邻的组限重叠式分组

D. 不等距分组

7. 某单位职工工资收入表用以上累计法累计到月工资为2 000元一组时，其累计人数为310人，这说明该单位的职工（ ）。

A. 有310人的月工资在2 000元以下

B. 有310人的月工资在2 000元以上

C. 有310人的月工资为2 000元

D. 有310人的月工资在2 000元以上和以下

8. 下列分组中，按品质标志分组的是（ ）。

A. 企业按年生产能力分组

B. 产品按品种分组

C. 家庭按收入水平分组

D. 人口按年龄分组

9. 次数分配数列是（ ）。

A. 按数量标志分组形成的数列

B. 按品质标志分组形成的数列

C. 按数量标志或品质标志分组形成的数列

D. 按总体单位数分组形成的数列

10. 对总体按照一个标志进行分组后，形成的统计表称为（　　　）。

A. 简单表

B. 简单分组表

C. 复合分组表

D. 整理表

三、多项选择题

1. 统计分组的作用是（　　　）。

A. 划分社会经济现象的不同类型

B. 说明总体的基本情况

C. 反映现象总体的内部结构

D. 说明总体单位的特征

E. 分析现象之间的相互依存关系

2. 下列分组按品质标志分组的是（　　　）

A. 职工按文化程度分组

B. 固定资产按用途分组

C. 工人按工龄分组

D. 人口按民族分组

E. 企业按生产计划完成程度分组

3. 下面的数列类型属于（　　　）。

按成绩分组（分）	人数（人）
50～60	4
60～70	12
70～80	20
80～90	10
90～100	4
合　　计	50

A. 品质分布数列

B. 变量分布数列

C. 组距变量数列

D. 等距数列

E. 单项变量数列

4. 从形式上看，统计表主要组成部分有（　　　）。

A. 总标题

B. 填表说明

C. 横行标题

D. 数字资料

E. 纵栏标题

5. 将统计总体进行分组时，采用等距分组还是不等距分组，取决于（　　　）。

A. 现象的特点

B. 变量值的多少

C. 次数的大小

D. 数据分布是否均匀

E. 组数的多少

四、计算题

1. 某班组25个工人看管机器的台数分别为：5，6，4，5，4，3，4，4，4，3，4，3，2，6，4，4，2，2，3，4，5，3，5，4和3。试根据所给资料编制分布数列。

2. 请根据下表，计算表中的组距和组中值。

月工资额/元	组　　距	组中值
1 000 以下		
1 000 ~ 1 200		
1 200 ~ 1 400		
1 400 ~ 1 600		
1 600 以上		

3. 某工业局 2008 年的产值计划完成程度次数分配表如下所示。

产值计划完成 程度（%）	企业数 （个）	频率（%）	以下累计		以上累计	
			企业数（个）	频率（%）	企业数（个）	频率（%）
80 ~ 90	2					
90 ~ 100	6					
100 ~ 110	14					
110 ~ 120	6					
120 ~ 130	4					
合　　计	32					

请根据资料，计算相应的数值，填入表中相应空格处。

4. 某班 40 名学生某次《统计学》的考试成绩（单位：分）如下所示。

90　78　68　62　75　86　84　93　64　69
75　56　67　78　87　89　63　88　74　76
78　75　66　53　94　83　78　85　76　88
69　71　76　83　73　82　77　75　78　79

要求：

（1）根据上面的资料进行适当分组，编制变量数列。

（2）绘制直方图和折线图。

第四章　总量指标和相对指标

综合指标是指通过统计调查和统计整理所得到的反映社会经济现象总体特征的统计指标。统计指标按其作用和表现形式的不同，可以分为总量指标、相对指标和平均指标。本章分别阐述了总量指标和相对指标的概念、作用、种类及计算方法，计算和运用相对指标的原则。

第一节　总量指标

一、总量指标的概念和作用

总量指标是反映社会经济现象在一定时间、地点、条件下所达到的总规模或总水平的统计指标。如一个国家的人口总数、国土面积、粮食总产量、国内生产总值、钢铁产量等。它的表现形式是绝对数，因此也称为绝对指标或绝对数。例如，2004 年国家统计公报资料显示：我国国内生产总值为 136 515 亿元，国家外汇储备为 6 099 亿美元。

总量指标是综合指标中最基本的指标，在统计分析中具有重要的意义。

（1）它可以用来反映一个国家、地区、部门或单位的基本状况。例如，一个国家的国内生产总值、粮食总产量、进出口额等总量指标可以表明该国家的经济发展水平和经济实力；一个企业的职工人数、产值、固定资产、利税总额等总量指标可以表明该企业的生产能力。

（2）它是制定政策、编制计划、实行科学管理的重要依据之一。一个国家或地区要想更有效地指导经济建设，就必须从客观实际出发，分析各部门之间的经济关系，而作为分析的重要参考依据就是相关的总量指标。例如，要制定我国的人口政策，就必须知道我国的人口总数；要制定货币发行量、存贷款利率、存贷款额度等金融政策，就必须掌握城乡居民储蓄存款余额、全社会固定资产投资总额、货币流通量等总量指标。

（3）它是计算相对指标和平均指标的基础。相对指标和平均指标一般是由两个有联系的总量指标相对比得出的结果，它们是总量指标的派生指标，如企业的劳动生产率、职工的平均工资等。

二、总量指标的种类

1. 总体单位总量和总体标志总量

总量指标按其反映的内容不同，分为总体单位总量和总体标志总量。

总体单位总量，简称总体总量，即总体内所包含的总体单位总数，它反映总体本身的规模大小，由每个总体单位加总而得到，如职工人数、企业总数等。

总体标志总量，简称标志总量，是总体各单位某种数量标志值的总和，是说明总体特征的总数量，如工资总额、工业增加值和利税总额等。

一个总量指标究竟属于总体单位总量还是总体标志总量，应根据研究的目的不同和研究对象的变化而确定。例如，当调查全国工业企业生产经营状况时，全国工业企业职工总数就是总体标志总量；当研究全国工业企业职工的工资水平时，全部工业企业的职工总数就是总体单位总量。

2. 时期指标和时点指标

总量指标按其反映的时间状况不同，分为时期指标和时点指标。

时期指标反映现象在一定时期内发展过程中的总数量，如一定时期的产品的产值、商品销售总额、工资总额等。它有两个基本特点：① 时期指标可以累计相加。时期指标是连续登记所得，各期数值相加可以说明某一现象在较长时间内发生的总量。例如，一个月的销售额是这个月每天的销售额之和。② 时期指标的数值与计算指标的时期的长短有关。一般情况下，时期越长，指标数值越大；时期越短，指标值越小。例如，一年的销售额大于一个月的销售额。

时点指标反映现象在某一时点（瞬间）上所处状态的总量，如人口数、商品库存数、年末银行存款余额等。它的特点有：① 各时点指标不能累计相加。时点指标的数值是间断登记取得的，累加结果无实际意义。例如，不能把某工厂每月月末的人数累计相加作为该企业全年的职工人数。② 时点指标的数值大小与时点的间隔长短无直接关系。例如，某工厂年末的职工人数不一定比某月月末的职工人数多。

3. 实物指标、价值指标和劳动量指标

总量指标按计量单位不同，分为实物指标、价值指标和劳动量指标。

实物指标是指以实物单位计量的总量指标，即以事物的自然属性和特点来计量的指标。如人口数用人、长度用米、质量用千克、用电量用千瓦时等。实物指标可以直接反映产品的实用价值，但不同属性和计算单位的实物指标不能直接汇总，因此，实物指标不能反映复杂现象的总规模或总水平。

价值指标是指以货币为计量单位的总量指标，如国内生产总值、外汇储备金、利税总额、工农业总产值等，都是以货币为计量单位的总量指标。

劳动量指标是指以劳动时间来计量的总量指标，如工时、工日等。工时通常是指一个人做一个小时的工作，工日通常是指一个人做一天（通常是 8 h）的工作。不同类型、不同经营水平的企业的劳动量指标不能直接相加。

三、计算和运用总量指标应遵循的原则

总量指标的计算方法很简单，但在实际操作的过程中并不是一个简单的汇总过程。要想能正确反映一定历史条件下某一社会经济现象的规模和水平，在计算总量指标时应遵循以下原则。

1. 要明确规定指标的含义和计算范围

统计总量指标首先要明确规定总量指标的含义。例如，要计算工业企业的利税总额，就必须分清哪些企业是工业企业，且只计算各企业的利税；要计算职工工资总额，就要明确哪些是职工的工资收入。

2. 在计算实物指标时，要注意现象的同质性

只有同质的现象才能计算实物指标的总量。同质性是由事物的性质或用途决定的。对于不同类产品或商品的实物指标，由于其各自的性质不同，不能直接相加汇总。例如，粮食和煤炭的性质不同，不可以将其指标直接相加。

3. 要统一计量单位

计算同一总量指标时，计量单位要一致。具体采用哪一种计量单位，要根据被研究现象的性质、特点及统计研究的目的而定。同时要注意与国家统一规定的计量单位一致。

第二节 相对指标

一、相对指标的概念和作用

1. 相对指标的概念

相对指标也称相对数，是两个有联系的指标的比值，用以反映现象的发展程度、结构、强度或比例关系。例如，人口的性别比例、出生率，商业网点密度等。相对指标的表现形式有两种：一种是无名数，通常用系数、倍数、成数、百分数和千分数表示；另一种是有名数，通常采用复合单位计量。例如，人口密度的计量单位为"人/平方千米"等。

2. 相对指标的作用

相对指标的作用主要表现在以下几个方面。

（1）相对指标可以更清楚地反映现象的内部结构、发展变化程度、速度、密度和强度等，能更深刻地说明事物的本质。

（2）相对指标可以把原来不能直接对比的现象找出共同比较的基础，从而进行更有效的分析。例如，有两个企业生产不同的产品，我们不能根据这两个企业的生产水平直接评价它们经营的好坏，但可以通过产值计划的完成程度、产值利润率等相对指标来进行比较。

二、相对指标的种类及计算方法

1. 计划完成程度相对指标

计划完成程度相对指标，又称计划完成相对数，是现象在某一段时间内实际完成数与计划完成数对比的值，常用来检查、监督计划的执行情况。该指标通常以百分数表示。其计算公式如下：

$$计划完成相对指标 = \frac{实际完成数}{计划完成数} \times 100\% \qquad (4-1)$$

注意，该公式中的分子和分母不能互换。

1）根据总量指标计算计划完成相对指标

【例4-1】某企业计划2007年销售收入800万元，实际销售收入840万元。则：

$$计划完成相对指标 = \frac{840}{800} \times 100\% = 105\%$$

计算结果表明，该企业的销售计划完成程度为105%，超额完成计划5%。

在对一项计划的完成情况进行评价分析时，要注意计划任务的性质，具体情况具体分

析。如果计划是以最低限额规定的，如产品常量、产值和利润等指标，其计划完成相对指标高于100%，则表明超额完成计划；低于100%，则表明未完成计划。如果计划任务数是以最高限额规定的，如产品成本、原材料消耗量等指标，其计划完成相对指标高于100%，则表明未完成计划；计划完成相对指标低于100%，则表明超额完成计划。

2）根据相对指标计算计划完成相对指标

当计划任务以提高（或降低）百分数表示时，不能直接用实际提高（或降低）的百分数与计划提高（或降低）的百分数直接进行对比。其计算公式应为

$$计划完成相对指标 = \frac{100\% + 实际提高（\%）}{100\% + 计划提高（\%）} \times 100\% \qquad (4-2)$$

$$计划完成相对指标 = \frac{100\% - 实际降低（\%）}{100\% - 计划降低（\%）} \times 100\% \qquad (4-3)$$

【例4-2】某企业计划将劳动生产率提高8%，实际提高10%，则劳动生产率计划完成相对指标为

$$计划完成相对指标 = \frac{100\% + 10\%}{100\% + 8\%} \times 100\% = 101.85\%$$

计算结果表明，该企业劳动生产率超额完成1.85%。

【例4-3】某企业计划降低产品单位成本6%，实际减低8%，则计划完成相对指标为

$$计划完成相对指标 = \frac{100\% - 8\%}{100\% - 6\%} \times 100\% = 97.87\%$$

计算结果表明，该企业降低产品单位成本计划完成较好，超额完成2.13%。

3）中长期计划完成相对指标的计算

中长期计划一般指超过一年的计划。检查其计划完成情况的方法有两种，即水平法和累计法。

（1）水平法。水平法是指按计划期最后一年应达到的水平来规定计划任务。其计算公式为

$$计划完成相对指标 = \frac{计划期末年实达水平}{计划期末年应达水平} \times 100\% \qquad (4-4)$$

按水平法检查计划的完成情况时，只要在连续一年（只要是连续的12个月即可，可以跨年度）的时间内，达到了计划规定的最后一年应达到的水平，就算完成了任务，剩下的时间就是提前完成任务的时间。

【例4-4】某企业在2001—2005期间规定甲产品的产量在计划期最后一年应达到500万吨，实际执行结果如表4-1所示。

表4-1 某企业甲产品计划完成情况

万吨

时间	2001年	2002年	2003年		2004年				2005年			
			上半年	下半年	第1季	第2季	第3季	第4季	第1季	第2季	第3季	第4季
产量	280	300	154	168	102	105	109	115	121	128	136	145

则
$$计划完成相对指标 = \frac{121 + 128 + 136 + 145}{500} \times 100\% = 106\%$$

计算结果表明，该企业在计划期间，甲产品的产量计划完成程度相对指标为106%，超额完成6%。从计划期的第四年的第4个季度到第五年的第3个季度这一年期间，甲产品的产量就已经达到了500万吨，提前3个月完成了计划。

（2）累计法。累计法是指按整个计划期内累计应达到的水平来规定计划任务。其计算公式为

$$计划完成相对指标 = \frac{计划期内实际累计完成数}{计划期内规定的累计数} \times 100\% \qquad (4-5)$$

【例4-5】某地区的某五年计划规定在整个计划期内基建投资总额为800亿元，实际执行情况如表4-2所示。

表4-2　某地区某五年基建投资计划执行情况　　　　　　　　　　　　亿元

时间	第1年	第2年	第3年	第4年	第5年				5年合计
					第1季	第2季	第3季	第4季	
投资额	180	200	180	150	50	40	20	16	836

则　　　　　　　　　　$$计划完成相对指标 = \frac{836}{800} \times 100\% = 104.5\%$$

计算结果表明，该地区在计划期间，基建投资总额计划完成相对指标为104.5%，超额完成4.5%。截止到计划期的第五年的第2个季度，该地区基建投资总额就已经累计达到了800亿元，提前6个月完成了计划。

4）计划执行进度相对指标的计算

检查计划的执行情况时，既可以检查计划期全期的计划完成情况，也可以检查计划执行过程中的计划执行进度情况。其计算公式为

$$计划执行进度 = \frac{累计到某一时期的实际完成数}{计划期内规定的累计数} \times 100\% \qquad (4-6)$$

【例4-6】某企业计划2007年一年使A产品的产量达到200万吨，到2007年9月为止，该产品的产量累计达到了150万吨，则：

$$计划执行进度 = \frac{150}{200} \times 100\% = 75\%$$

计算结果表明，到2007年9月为止，计划完成了75%。如果在10~12月期间，该企业仍然保持这种生产水平，则到年末一定可以完成计划。

2. 结构相对指标

结构相对指标是指在分组的基础上，总体内部的各个组成部分在总体中所占比重的相对指标，一般用百分数表示。总体各部分的结构相对指标之和是100%。其计算公式为

$$结构相对指标 = \frac{总体某部分数值}{总体全部数值} \times 100\% \qquad (4-7)$$

式中，结构相对指标的分子、分母不能交换。

结构相对指标主要用来反映总体的内部结构。通过结构相对指标可以分析总体的内部构成情况，了解事物的性质和特点，认识事物的发展规律。

【例4-7】我国第五次人口普查的资料显示，居住在城镇的人口为45 594万人，占总人

口的 36.09%，居住在乡村的人口为 80 739 万人，占总人口的 63.91%。

19 世纪的德国统计学家恩格尔根据统计资料，对消费结构的变化总结出一个规律：一个家庭收入越少，家庭收入中（或总支出中）用来购买食物的支出所占的比例就越大，随着家庭收入的增加，家庭收入中（或总支出中）用来购买食物的支出所占的比例会下降；一个国家越穷，每个国民的平均收入中（或平均支出中）用于购买食物的支出所占的比例就越大，随着国家的富裕，这个比例呈下降趋势。我们称这一规律为恩格尔定律。其公式为

$$\text{恩格尔系数（\%）} = \frac{\text{食品支出总额}}{\text{家庭或个人消费支出总额}} \times 100\%$$

国际上常常用恩格尔系数来衡量一个国家和地区人民生活水平的状况。根据联合国粮农组织提出的标准，恩格尔系数在 59% 以上为贫困，50%～59% 为温饱，40%～50% 为小康，30%～40% 为富裕，低于 30% 为最富裕。

3. 比例相对指标

比例相对指标是反映总体内部各个部分之间的比例关系的相对指标，是总体中的某一部分数值与同一总体中的另一部分数值的比值。其计算公式为

$$\text{比例相对指标} = \frac{\text{总体某部分数值}}{\text{总体另一部分数值}} \times 100\% \qquad (4-8)$$

式中，比例相对指标的分子、分母可以互换。

比例相对指标反映总体内部各个部分之间的数量联系和内在的比例关系。通过对比例关系进行研究，可以分析现象内部的比例关系是否合理，发展是否均衡、协调。社会经济生活中有许多重要的比例关系，如国内生产总值中第一产业、第二产业、第三产业产值的比例关系等。

4. 比较相对指标

比较相对指标是指同一时期、同一指标值在不同地区、部门、单位之间的对比，表明同类现象在不同空间的条件下的差异程度或相对状态。其计算公式为

$$\text{比较相对指标} = \frac{\text{某条件下的某类指标数值}}{\text{另一条件下的同类指标数值}} \times 100\% \qquad (4-9)$$

式中，比较相对指标的分子、分母可以互换。比较相对指标可以用总量指标对比计算，也可以用相对指标或平均指标对比计算。

比较相对指标可以揭示现象之间的差异程度，它既可以用于不同国家、地区、单位之间的比较，也可用于先进与落后的比较，还可用于和平均水平或标准水平的比较。通过比较，可以揭示同类现象之间先进与落后的差异程度。例如，某地区甲企业的职工人均月收入为 2 800 元，乙企业的职工人均月收入为 2 500 元，则甲企业的职工人均月收入是乙企业的职工人均月收入的 1.12 倍，说明甲企业的职工人均月收入明显高于乙企业的职工人均月收入。

5. 动态相对指标

动态相对指标是指某类现象在不同时期的数值的对比。一般用百分数表示。动态相对指标主要用来反映现象在时间上的发展变化方向和速度。其计算公式为

$$\text{动态相对指标} = \frac{\text{报告期水平}}{\text{基期水平}} \times 100\% \qquad (4-10)$$

作为比较标准的时期称为基期，与基期相比较的时期称为报告期。

【例 4-8】广州市 2005 年国内生产总值为 5 154.23 亿元，2006 年国内生产总值为

6 073.83 亿元，则：

$$动态相对指标 = \frac{6\ 073.83}{5\ 154.23} \times 100\% = 117.8\%$$

动态相对指标在经济分析中应用很广，本书将在后面的章节中详细介绍。

6. 强度相对指标

强度相对指标是指两个性质不同但又有相互联系的指标的比值。它可以表明现象的强度、密度和普遍程度的综合指标。其计算公式为

$$强度相对指标 = \frac{某一总量指标数值}{另一有联系而性质不同的总量指标数值} \qquad (4-11)$$

式中，强度相对指标的分子、分母可以互换，形成正指标与逆指标。正指标是指指标数值越大，强度或密度越大；逆指标是指指标数值越大，强度或密度越小。

强度相对指标的表现形式一般为有名数，由分子和分母指标原有的计量单位构成。例如，人口密度以"人/平方千米"为单位，人均国内生产总值以"元/人"为单位。有的强度相对指标也可以用无名数来表示。例如，人口出生率用千分数表示，流通费用率用百分数表示等。

【例4-9】某市2006年年平均人口为600万人，零售商业网点为30 000个，则：

$$零售商业网点密度 = \frac{30\ 000\ 个}{600\ 万人} = 50\ 个/万人（正指标）$$

$$零售商业网点密度 = \frac{600\ 万人}{30\ 000\ 个} = 0.02\ 万人/个（逆指标）$$

强度相对指标在经济工作中的应用十分广泛。在计算强度相对指标时必须注意社会经济现象之间的内在的本质联系，这样两个指标的比值才有实际意义。

三、计算和应用相对指标的原则

1. 可比性原则

相对指标是将两个有联系的统计指标进行比较，以反映事物之间的数量对比关系。因此，可比性是计算相对指标的基本原则。可比性包括对比指标的经济内容、总体范围、计算时间、计算方法、计量单位、计算价格等的可比。例如，因行政区划、组织机构、隶属关系的变更，或因统计制度方法的改变，各个时期的统计数字会有所不同，这样就不可以直接进行对比，而要做相应的调整以后才可以进行对比。

2. 相对指标和总量指标相结合的原则

多数相对指标是两个有联系的总量指标的对比，是把现象的绝对水平抽象化了，不能反映事物在绝对量方面的差别。因此，在应用相对指标进行分析的同时，要与总量指标结合起来，这样才能更全面、更正确地反映现象的实质。例如，甲企业2005年的总产值为2 000万元，2006年的总产值为2 200万元，比上年增加了10%；而乙企业2005年的产值为150万元，2006年的产值为180万元，比上年增加了20%。从相对指标分析，乙企业产值的增长速度高于甲企业；而从总量指标分析，甲企业产值的增加值为200万元，而乙企业产值的增加值只有30万元。因此，要正确分析两个企业的产值情况，必须将这两个指标结合起来。

3. 多种相对指标结合运用的原则

各种相对指标的作用是不同的，它们从不同侧面反映事物的特征。为了正确、全面地认

识事物，必须把各种相对指标结合起来运用。例如，为了研究企业的生产情况，既要研究企业的生产计划完成情况指标，又要分析生产发展的动态指标，还要分析相应的利润率指标，如销售利润率、成本利润率、资金利润率等，还可以把企业的发展水平与同行业的平均水平比较等。由此可见，要想正确认识事物的实质，必须把各种相对指标结合起来运用。

思考与练习题

一、思考题

1. 什么是总量指标？它的作用是什么？

2. 什么是时期指标和时点指标？它们各有什么特点？

3. 什么是相对指标？相对指标有哪几种？各有什么特点？

4. 计算和运用相对指标应遵循哪些原则？

5. 某商店计划销售额比上季度提高 10%，实际提高了 12%，则该商店计划完成程度相对指标为多少？

6. 某企业某产品成本计划为去年的 95%，实际比去年降低 8%，则该企业计划完成相对指标是多少？

二、单项选择题

1. 按照反映现象的时间状态不同，总量指标可以分为（   ）。

A. 单位总量和标志总量　　　　　　　　B. 数量指标和质量指标

C. 时期指标和时点指标　　　　　　　　D. 实物指标和价值指标

2. 下列指标属于时期指标的是（   ）。

A. 商品销售额　　　　　　　　　　　　B. 商品库存额

C. 商品库存量　　　　　　　　　　　　D. 职工人数

3. 将不同地区、部门、单位之间同类指标进行对比所得到的综合指标称为（   ）。

A. 动态相对指标　　　　　　　　　　　B. 结构相对指标

C. 比例相对指标　　　　　　　　　　　D. 比较相对指标

4. 下列指标属于时点指标的是（   ）。

A. 国内生产总值　　　　　　　　　　　B. 流动费用率

C. 人均利税　　　　　　　　　　　　　D. 商店总数

5. 我国第五次人口普查结果，从总体看，我国每 10 万人中具有大学学历的为 3 611 人。这个数字资料是（   ）。

A. 绝对数　　　　　　　　　　　　　　B. 比较相对指标

C. 强度相对指标　　　　　　　　　　　D. 结构相对指标

6. 某企业计划提高产值 6%，实际提高 8%，则该企业计划完成程度相对指标为（   ）。

A. 75%　　　　　　B. 101.89%　　　　　C. 133.33%　　　　　D. 98.15%

7. 下列指标不属于强度相对指标的是（   ）。

A. 人口死亡率　　　　　　　　　　　　B. 人均国民生产总值

C. 职工平均工资　　　　　　　　　　　D. 人口密度

8. 反映总体各构成部分之间数量关系程度和比例关系的综合指标称为（   ）。

A. 比较相对指标   B. 比例相对指标

C. 强度相对指标   D. 结构相对指标

9. 某地区 2010 年年底有 1 500 万人口，零售商店数有 6 万个，则商业网点密度指标为（   ）。

A. 0.25 千人/个   B. 4 个/千人   C. 250 个/人   D. 0.25 个/千人

10. 反映同类事物在不同时间条件下对比结果的综合指标称为（   ）。

A. 动态相对指标   B. 比较相对指标   C. 比例相对指标   D. 强度相对指标

三、计算分析题

1. 某企业 2007 年甲产品的单位成本为 500 元，计划规定 2008 年成本降低 5%，实际降低了 6%。试计算：（1）甲产品 2008 年单位成本的计划数与实际数；（2）甲产品 2008 年降低成本计划完成程度相对指标。

2. 某企业产量计划完成 104%，实际比去年增长了 7%，则该企业计划完成相对指标是多少？

3. 某企业某五年计划生产情况资料如习题表 4-1 所示。

习题表 4-1   某企业某五年计划生产情况   万吨

时间	第1年	第2年	第3年 上半年	第3年 下半年	第4年 第1季	第4年 第2季	第4年 第3季	第4年 第4季	第5年 第1季	第5年 第2季	第5年 第3季	第5年 第4季	5年合计
产量	30	35	20	24	12	13	14	15	13	16	18	20	230

（1）若计划规定在计划期的最末一年产量应达到 58 万吨，分析该企业的五年计划完成情况及提前完成计划时间。

（2）若计划规定在该五年计划期间总产量应达到 210 万吨，分析该企业计划完成情况及提前完成计划时间。

4. 某企业下属的三个工厂 2008 年上半年的产值资料如习题表 4-2 所示。

习题表 4-2   某企业下属的三个工厂 2008 年上半年的产值

工厂	第一季度产值（万元）	第二季度 计划 产值/万元	第二季度 计划 比重/%	第二季度 实际 产值/万元	第二季度 实际 比重/%	计划完成百分比/%	第二季度为第一季度的百分比/%
甲	500					105	
乙		600		620			110
丙		550				95	
合计	1 650	1 850					

请填写表中空格内各项指标值，并指出表中各相对指标为何种相对指标。

5. 某地区总人口为 1 500 万人，医疗机构 3 800 个，试计算强度相对指标的正指标和逆指标。

第五章 平均指标和变异指标

平均指标也叫平均数，反映某种事物的一般水平，它是统计分析和经济分析中广泛应用且非常重要的统计指标之一。而变异指标是反映统计数列中以平均数为中心，总体各单位标志值的差异大小或离差程度的指标。

本章主要阐述平均指标的概念和作用，各种平均指标的计算方法及变异指标的作用、计算方法等。

第一节 平均指标的概念和作用

一、平均指标的概念

平均指标是指同一总体各单位某一数量标志在一定时间、地点、条件下所达到的一般水平，其数值表现为平均数，如人口的平均身高、职工的平均工资、商品的平均价格等。平均指标一般是具有单位名称的数值，它的计量单位与标志值的计量单位是一致的。平均指标是社会经济统计中常用的综合指标之一。

平均指标的显著特点是：平均指标把同一总体各单位某一数量标志值的差异抽象化了，从而反映被研究对象在一定时期内或一定时点上所达到的一般水平或集中趋势，掩盖了数量差异；平均指标代表总体单位标志值的一般水平，不代表总体某一单位的具体数值。

二、平均指标的作用

平均指标反映所研究现象在一定条件下的一般水平。其作用表现在以下几点。

（1）利用平均指标可以将同类现象的一般水平在不同单位、地区间进行比较，反映各单位、各地区工作的质量和效果。例如，在比较生产同一种产品的两个企业的工作质量和成绩时，不能用产品的总成本进行比较，而要用单位产品成本进行比较，只有这样才可以反映不同企业生产水平的好坏，才能综合反映各企业工作的成效。

（2）利用平均指标可以将同类现象的一般水平在不同时期进行对比，反映现象在不同时期的发展变化的规律。例如，将各个时期的全国职工的平均工资进行对比，可以反映我国职工的工资水平的发展趋势和规律。

（3）利用平均指标可以分析现象之间的依存关系。很多现象之间都是相互联系、相互依存的。例如，将某种农作物按施肥量进行分组，然后按照这种分组方式，计算各组的平均亩产量，从而可以看出施肥量与平均亩产量之间的相互依存关系。

（4）利用平均指标可以进行数量上的估计和推断。例如，可以利用样本的平均指标来推断总体的平均指标或总体的总量指标。

第二节　数值平均数

在各种平均指标中，有些是根据总体中的各单位标志值计算而得到的，这种平均数叫数值平均数，主要有算术平均数、调和平均数和几何平均数三种。

一、算术平均数

1. 算术平均数的基本计算公式

算术平均数是统计中最基本、最常用的一种平均数。它是总体标志总量与总体单位总量之比。其计算公式为

$$算术平均数 = \frac{总体标志总量}{总体单位总量}$$

在运用该公式计算算术平均数时，应该注意公式中的分子和分母是属于同一个总体，总体标志总量随总体单位数的变动而变动。同时，要注意算术平均数与强度相对指标之间的区别。强度相对指标中的分子和分母不属于同一个总体。例如，一个家庭有3口人，父母有经济收入，则这个家庭的人均月收入就是一个强度相对指标，而这个家庭中的父母的人均月收入就是一个平均指标。

2. 简单算术平均数

在计算算术平均数时，如果统计资料没有分组，则直接将总体各单位标志值简单相加，除以总体单位数，从而得到平均数。计算公式为

$$\bar{x} = \frac{x_1 + x_2 + \cdots + x_n}{n} = \frac{\sum\limits_{i=1}^{n} x_i}{n} \tag{5-1}$$

式中，$\bar{x}$ 代表算术平均数；x_i 代表总体各单位标志值；n 代表总体单位数；$\sum$ 为求和符号。

【例5-1】 某生产班组有8名工人，生产同一种零件。每个工人的日产量分别为18件、22件、19件、23件、24件、20件、25件、26件。则该班组工人平均日产量为

$$\bar{x} = \frac{\sum\limits_{i=1}^{n} x_i}{n} = \frac{18 + 22 + 19 + 23 + 24 + 20 + 25 + 26}{8} \approx 22.1 \text{（件）}$$

3. 加权算术平均数

在计算算术平均数时，如果资料已经分组，则不能直接将各组标志值相加，而是要用加权算术平均数的方法。

1）根据单项分组数列计算加权算术平均数

如果掌握的资料是单项分组资料，则要将各组标志值乘以相应的各组单位数或权数，求出各组标志总量，然后将其加总，得出总体的标志总量，同时把各组单位数或权数相加，求出总体单位总量，再用总体标志总量除以总体单位总量，即求得平均数。其计算公式为

$$\bar{x} = \frac{x_1 f_1 + x_2 f_2 + \cdots + x_n f_n}{f_1 + f_2 + \cdots + f_n} = \frac{\sum\limits_{i=1}^{n} x_i f_i}{\sum\limits_{i=1}^{n} f_i} \tag{5-2}$$

式中，$\bar{x}$ 代表算术平均数；x_i 代表各组标志值；f_i 代表各组的次数。

【例 5 - 2】某车间有 100 名工人，其日生产零件资料如表 5 - 1 所示。

表 5 - 1　某车间工人日产量

日产量（件） x_i	工人数（人） f_i	各组总产量（件） $x_i f_i$
18	10	180
19	18	342
20	24	480
21	26	546
22	16	352
23	6	138
合　计	100	2 038

则该车间工人平均日产量为

$$\bar{x} = \frac{\sum_{i=1}^{n} x_i f_i}{\sum_{i=1}^{n} f_i} = \frac{2\,038}{100} = 20.38 \text{（件）}$$

从上面的计算可以看出，加权算术平均数的大小，受两个因素的影响，一个是总体各组标志值 x 的大小，另一个是总体各组次数 f 的多少。次数多的标志值对平均值的影响大些，次数少的标志值对平均值的影响小些。因此，各组变量值出现的次数的多少，对平均数数值的大小有权衡轻重的作用，所以也将次数称为权数。这种平均数也叫加权算术平均数。而权数的影响，主要体现在权重系数上，即体现在各组单位数在总体单位数中所占的比重上。哪组的权重系数大，哪组的标志值对平均数的影响就大；反之，影响就小。当各组权重系数相等，即各组出现的次数相等时，权数的作用就没有了，此时的加权算术平均数就等于简单算术平均数了，即把各组的标志值相加，再除以组数，即

$$f_1 = f_2 = \cdots = f_n = A$$

$$\bar{x} = \frac{x_1 f_1 + x_2 f_2 + \cdots + x_n f_n}{f_1 + f_2 + \cdots + f_n} = \frac{A \sum_{i=1}^{n} x_i}{nA} = \frac{\sum_{i=1}^{n} x_i}{n}$$

式中，x_i 代表各组标志值；n 代表总体的组数。

当各组出现的次数不相等时，加权算术平均数可以用下面的公式计算：

$$\bar{x} = \frac{x_1 f_1 + x_2 f_2 + \cdots + x_n f_n}{f_1 + f_2 + \cdots + f_n} = \sum_{i=1}^{n} x_i \cdot \frac{f_i}{\sum_{i=1}^{n} f_i} \tag{5-3}$$

式中，$\dfrac{f_i}{\sum_{i=1}^{n} f_i}$ 代表各组次数在总体单位数中所占的比重，即权重系数。

现将例 5 - 2 的资料用权重系数形式计算加权算术平均数，如表 5 - 2 所示。

表 5 - 2　某车间工人日产量表

日产量（件） x_i	工人数（人） f_i	权重系数（％） $\dfrac{f_i}{\sum\limits_{i=1}^{n} f_i}$
18	10	10
19	18	18
20	24	24
21	26	26
22	16	16
23	6	6
合　　计	100	100

$$\bar{x} = \sum_{i=1}^{n} x_i \cdot \frac{f_i}{\sum\limits_{i=1}^{n} f_i} = 18 \times 0.10 + 19 \times 0.18 + 20 \times 0.24 + 21 \times 0.26 + 22 \times 0.16 + 23 \times 0.06$$

$$= 20.38$$

2）根据组距数列计算加权算术平均数

在计算组距数列的算术平均数时，要首先计算出各组的组中值，然后以组中值作为变量值，利用公式（5 - 2）或公式（5 - 3）来计算。

【例 5 - 3】某月某企业工人工资资料如表 5 - 3 所示，求该企业工人月平均工资。

表 5 - 3　某企业工人工资资料

按月工资额分组（元）	工人数（人） f_i	组中值（元） x_i	各组工人工资额（元） $x_i f_i$
1 000 以下	30	900	27 000
1 000 ~ 1 200	90	1 100	99 000
1 200 ~ 1 400	100	1 300	130 000
1 400 ~ 1 600	160	1 500	240 000
1 600 ~ 1 800	80	1 700	136 000
1 800 ~ 2 000	25	1 900	47 500
2 000 以上	15	2 100	31 500
合　　计	500	—	711 000

工人月平均工资为

$$\bar{x} = \frac{\sum_{i=1}^{n} x_i f_i}{\sum_{i=1}^{n} f_i} = \frac{711\,000}{500} = 1\,422 \text{（元）}$$

在计算组距数列的算术平均数时，由于是使用了各组的组中值代替各组的标志值，因此，这种计算方法带有一定的假定性，即假定各组的标志值在组内是均匀分布的。但实际上各组内的标志值往往不是均匀分布的，因此，根据组距数列计算的算术平均数，只能是个近似值。

另外，在计算算术平均数时，经常会受到极端值的影响。在总体中，如果有极大值或极小值存在，计算出来的算术平均数的代表性就会减小。因此，在实际应用时，经常采取去掉极端值以后再计算算术平均数的方法，以增强算术平均数的代表性。

4. 算术平均数的数学性质

（1）各个变量值与算术平均数的离差之和等于零，即

简单算术平均数 $\sum_{i=1}^{n}(x_i - \bar{x}) = 0$；

加权算术平均数 $\sum_{i=1}^{n}(x_i - \bar{x})f_i = 0$。

（2）各个变量值与算术平均数离差的平方之和为最小值，即

简单算术平均数 $\sum_{i=1}^{n}(x_i - \bar{x})^2 = \min$；

加权算术平均数 $\sum_{i=1}^{n}(x_i - \bar{x})^2 f_i = \min$。

二、调和平均数

调和平均数就是总体各单位标志值倒数的算术平均数的倒数，也叫倒数平均数。调和平均数分为简单调和平均数和加权调和平均数。

1. 简单调和平均数

简单调和平均数就是总体各单位标志值倒数的简单算术平均数，即

$$H = \frac{1}{\dfrac{\dfrac{1}{x_1} + \dfrac{1}{x_2} + \cdots + \dfrac{1}{x_n}}{n}} = \frac{n}{\sum_{i=1}^{n} \dfrac{1}{x_i}} \qquad (5-4)$$

式中，H 代表调和平均数；x_i 代表总体各单位标志值；n 代表总体单位数。

【例 5-4】某种蔬菜在甲市场的价格为每 500 克 1.8 元，在乙市场的价格为每 500 克 2.0 元，在丙市场的价格为每 500 克 2.5 元。如果在各市场各买一元钱的蔬菜，求该种蔬菜平均每 500 克的价格是多少。

平均每 500 克的价格 = 总金额/购买的总量，则：

$$H = \frac{1+1+1}{\dfrac{1}{1.8} + \dfrac{1}{2.0} + \dfrac{1}{2.5}} \approx 2.05 \text{（元/斤）}$$

2. 加权调和平均数

加权调和平均数就是总体单位标志值倒数的加权算术平均数，即

$$H = \cfrac{1}{\cfrac{\cfrac{1}{x_1 m_1} + \cfrac{1}{x_2 m_2} + \cdots + \cfrac{1}{x_n m_n}}{\sum\limits_{i=1}^{n} m_i}} = \cfrac{\sum\limits_{i=1}^{n} m_i}{\sum\limits_{i=1}^{n} \cfrac{1}{x_i} m_i} \qquad (5-5)$$

【例5-5】 某商场分三批购进某种产品，每批购进价格和购进金额如表5-4所示。求该商品的平均购进价格。

表5-4　某商场采购某产品情况

批　　次	购进价格 （元/千克） x_i	采购金额（元） m_i	购进数量（千克） $\dfrac{m_i}{x_i}$
第一批	16	6 400	400
第二批	18	9 000	500
第三批	20	12 000	600
合计	—	27 400	1 500

平均价格 = 采购总金额/购进总数量，则：

$$H = \frac{\sum\limits_{i=1}^{n} m_i}{\sum\limits_{i=1}^{n} \dfrac{m_i}{x_i}} = \frac{27\ 400}{1\ 500} = 18.27\ （元/千克）$$

从以上的例子可以看出，调和平均数是算术平均数的变形，二者都是总体标志总量除以总体单位总量，只是因掌握的资料不同，使计算的形式有所不同而已。

3. 由相对数或平均数计算平均数

1）由相对数计算平均数

【例5-6】 某企业有三个工厂，已知其计划完成情况和计划产值情况资料如表5-5所示。求该企业的平均计划完成程度。

表5-5　某企业计划完成程度

工　　厂	计划完成程度（%） x_i	计划产值（万元） f_i	实际产值（万元） $x_i f_i$
甲	90~100	500	475
乙	100~110	3 000	3 150
丙	110~120	1 500	1 725
合计	—	5 000	5 350

则平均计划完成程度为

$$\bar{x} = \frac{\sum\limits_{i=1}^{n} x_i f_i}{\sum\limits_{i=1}^{n} f_i} = \frac{5\,350}{5\,000} \times 100\% = 107\%$$

在例5-6中已知计划产值，因此在计算平均计划完成程度时，用算术平均数；如果有实际产值资料，则在计算平均计划完成程度时，要用调和平均数。资料如表5-6所示。

表5-6　某企业计划完成程度

工　厂	计划完成程度（%） x_i	实际产值（万元） m_i	计划产值（万元） $\dfrac{m_i}{x_i}$
甲	90~100	475	500
乙	100~110	3 150	3 000
丙	110~120	1 725	1 500
合　计	—	5 350	5 000

则平均计划完成程度为

$$\bar{x} = \frac{\sum\limits_{i=1}^{n} m_i}{\sum\limits_{i=1}^{n} \dfrac{m_i}{x_i}} = \frac{5\,350}{5\,000} \times 100\% = 107\%$$

由于所掌握的资料不同，以上两种计算的方法也不同，但计算的结果是相同的。

2）由平均数计算平均数

【例5-7】某商店某月的销售情况如表5-7所示。求该商店平均每人的销售额。

表5-7　某商店某日销售情况

商品类别	人均销售额（元） x_i	售货员数（人） f_i	总销售额（元） $x_i f_i$
棉布类	1 000	10	10 000
化纤类	1 500	6	9 000
其他	800		43 200
合计	—	20	22 200

根据掌握的资料，计算该商店人均销售额时，应该用算术平均数，即

$$\text{总人均销售额}\ \bar{x} = \frac{\sum\limits_{i=1}^{n} x_i f_i}{\sum\limits_{i=1}^{n} f_i} = \frac{22\,200}{20} \times 100\% = 1\,110\ (\text{元})$$

如果例5-7中的资料如表5-8所示。

表5-8　某商店某日销售情况

商品类别	人均销售额（元）x_i	总销售额（元）m_i	售货员数（人）$\dfrac{m_i}{x_i}$
棉布类	1 000	10 000	10
化纤类	1 500	9 000	6
其他	800	3 200	4
合　计	—	22 200	20

则计算该商店的人均销售额时，应该用加权算术平均数，即

$$\text{总人均销售额 } \bar{x} = \frac{\sum\limits_{i=1}^{n} m_i}{\sum\limits_{i=1}^{n} \dfrac{m_i}{x_i}} = \frac{22\ 200}{20} = 1\ 110\ (\text{元})$$

从以上计算可以看出，在用相对数或平均数计算平均数时，如果掌握的资料是分母的数值，则直接用算术平均数计算；如果掌握的资料是分子的数值，则要用调和平均数计算。

三、几何平均数

几何平均数是 n 个变量值连乘积的 n 次方根，用 G 表示。它是计算平均比率和平均速度常用的一种方法。

1. 简单几何平均数

简单几何平均数就是 n 个变量值连乘积的 n 次方根。计算公式为

$$G = \sqrt[n]{x_1 \cdot x_2 \cdot \cdots \cdot x_n} = \sqrt[n]{\prod_{i=1}^{n} x_i} \tag{5-6}$$

式中，G 代表几何平均数；x_i 代表各个变量值；n 代表变量值项数；$\prod$ 代表连乘符号。

【例5-8】某地区某五年经济发展速度如表5-9所示，求该地区在此五年间的平均发展速度。

表5-9　某地区某五年经济发展速度

年份	第一年	第二年	第三年	第四年	第五年
发展速度（%）	108.6	110.2	115.0	118.5	120.0

根据资料可知：

$$\text{平均发展速度 } G = \sqrt[n]{\prod_{i=1}^{n} x_i} = \sqrt[5]{1.086 \times 1.102 \times 1.15 \times 1.185 \times 1.2}$$
$$= 1.143 \text{ 或 } 114.3\%$$

几何平均数在计算过程中，可以利用对数计算。公式为

$$\lg G = \frac{1}{n}(\lg x_1 + \lg x_2 + \cdots + \lg x_n) = \frac{\sum\limits_{i=1}^{n} \lg x_i}{n} \qquad (5-7)$$

将本例中的数据代入对数公式（5-7）中，计算得

$$\lg G = \frac{1}{5}(\lg 1.086 + \lg 1.102 + \lg 1.15 + \lg 1.185 + \lg 1.2)$$

$$= \frac{1}{5}(0.036 + 0.042 + 0.061 + 0.074 + 0.079)$$

$$\approx 0.058$$

$$G = 1.143 \text{ 或 } 114.3\%$$

即该地区五年的平均发展速度为 114.3%。

2. 加权几何平均数

当计算几何平均数的每个变量值的次数不相同时，则应用加权几何平均法，其计算公式为

$$G = \sqrt[\sum\limits_{i=1}^{n} f_i]{x_1^{f_1} \cdot x_2^{f_2} \cdot \cdots \cdot x_n^{f_n}} = \sqrt[\sum\limits_{i=1}^{n} f_i]{\prod_{i=1}^{n} x_i^{f_i}} \qquad (5-8)$$

也可利用对数计算，公式为

$$\lg G = \frac{f_1 \lg x_1 + f_2 \lg x_2 + \cdots + f_n \lg x_n}{\sum\limits_{i=1}^{n} f_i} = \frac{\sum\limits_{i=1}^{n} f_i \lg x_i}{\sum\limits_{i=1}^{n} f_i} \qquad (5-9)$$

【例 5-9】某地区近 25 年来的经济发展速度如表 5-10 所示。求该地区 25 年中经济的平均发展速度。

表 5-10 某地区近 25 年经济发展速度

发展速度（%）x_i	年数（次数）f_i	$\lg x_i$	$f_i \lg x_i$
102	1	2.008 6	2.008 6
103	4	2.012 8	8.051 2
105	10	2.021 2	20.212 0
108	6	2.033 4	12.200 4
110	4	2.041 4	8.165 6
合　　计	25	—	50.637 8

根据资料可知：

$$\lg G = \frac{\sum\limits_{i=1}^{n} f_i \lg x_i}{\sum\limits_{i=1}^{n} f_i} = \frac{50.637\ 8}{25} \approx 2.025\ 5$$

$$G = 106.05\%$$

所以该地区近 25 年平均经济发展速度为 106.05% 。

第三节　位置平均数

第二节中介绍的算术平均数、调和平均数和几何平均数都是根据总体各单位的标志值计算出来的，所以叫数值平均数。除此以外，还有另外一种根据处于特殊位置上的标志值计算出来的平均数，即位置平均数。常用的位置平均数有众数和中位数。

一、众数

众数是指总体中出现次数最多的标志值，一般以符号 M_0 表示。在实际工作中，众数被广泛应用，有时可利用众数代替算术平均数，用以近似地表明现象的一般水平。例如，市场上消费者需求的鞋、服装等产品的最普遍的尺码，集贸市场上某种商品最普遍的价格水平等，都可以采用众数来表示。

众数只有在总体的单位数较多，而且总体各单位标志值的次数分配有明显的集中趋势时才存在。如果总体单位数较少，或者总体单位标志值的次数分配没有明显的集中趋势时，就无所谓众数了。

1. 未分组和单项式数列众数的确定

未分组和单项式数列众数的确定比较简单，就是指出现次数最多的变量值就是众数。

【例 5 –10】某车间工人日加工零件资料如表 5 –11 所示。

表 5 –11　某车间工人日加工零件情况

日加工零件数 （件）x_i	工人数 （人）f_i
18	8
19	12
20	20
21	60
22	13
23	7
合　计	120

则该车间工人日加工零件的众数 M_0 是 21 件，代表该车间工人日加工零件数的一般水平。

2. 组距数列众数的确定

由组距数列计算众数，先确定众数所在的组，然后通过公式计算众数的近似数值。其计算公式为

下限公式
$$M_0 = L + \frac{\Delta_1}{\Delta_1 + \Delta_2} \times d \tag{5 –10}$$

上限公式
$$M_0 = U - \frac{\Delta_2}{\Delta_1 + \Delta_2} \times d \qquad (5-11)$$

式中，L 代表众数组的下限；U 代表众数组的上限；Δ_1 代表众数组次数与前一组次数之差；Δ_2 代表众数组次数与后一组次数之差；d 代表众数组的组距。

【例 5-11】某月某企业工人工资资料如表 5-12 所示。计算该企业工人工资的众数。

表 5-12　某企业工人某月工资资料

按月工资额分组（元）	工人数（人）f_i
1 000 以下	30
1 000～1 200	60
1 200～1 400	100
1 400～1 600	200
1 600～1 800	70
1 800～2 000	25
2 000 以上	15
合　　计	500

首先确定众数所在的组。次数最多的是 200，因此众数一定在 1 400～1 600 这一组。然后用公式计算众数的近似值。

按下限公式有

$$M_0 = L + \frac{\Delta_1}{\Delta_1 + \Delta_2} \times d$$
$$= 1\,400 + \frac{200 - 100}{(200 - 100) + (200 - 70)} \times 200$$
$$= 1\,486.96(元)$$

按上限公式有

$$M_0 = U - \frac{\Delta_2}{\Delta_1 + \Delta_2} \times d$$
$$= 1\,600 - \frac{200 - 70}{(200 - 100) + (200 - 70)} \times 200$$
$$= 1\,486.96(元)$$

计算结果表明，无论是用上限公式还是用下限公式，计算的众数是完全相同的。另外，由于众数是位置平均数，只受出现次数最多的变量值的影响，而不受极端值和开口组数列的影响，从而加强了众数对变量数列的一般水平的代表性。

二、中位数

将总体中各单位标志值按大小顺序排列，处在中间位置的那个单位的标志值就是中位数，通常用符号 M_e 表示。

中位数将总体各单位的某一标志的全部数值均等地分成两部分，一半标志值比中位数大，一半标志值比中位数小。由于中位数是根据标志值所处的中点位置来确定的，不受极端值的影响，因此，在实际工作中，经常采用中位数代替算术平均数来反映现象的一般水平。

1. 未分组资料的中位数的确定

在资料未分组的情况下，将总体各单位标志值按大小顺序排列，然后按下列公式确定中位数位置。

$$中位数位置 = \frac{n+1}{2}$$

式中，n 代表总体单位数。

如果总体单位数是奇数，则居于中间位置的那个单位的标志值就是中位数；如果总体单位数是偶数，则居于中间位置的两项数值的算术平均数是中位数。

【例 5 – 12】某生产小组有 7 个人，日加工零件数（件）按从小到大顺序排列如下：

$$18, 20, 22, 24, 26, 27, 28$$

则

$$中位数位置 = \frac{n+1}{2} = \frac{7+1}{2} = 4$$

$$日加工零件数的中位数 M_e = 24（件）$$

本例中，若生产工人有 8 个人，日加工零件数排序为

$$18, 20, 22, 24, 26, 27, 28, 30$$

则

$$中位数位置 = \frac{n+1}{2} = \frac{8+1}{2} = 4.5$$

中位数是第 4 个人与第 5 个人加工零件数的算术平均数，即

$$日加工零件数的中位数 M_e = \frac{24+26}{2} = 25（件）$$

2. 单项式分组数列中位数的确定

由单项式分组数列确定中位数，首先计算中位数的位置，其公式为

$$中位数位置 = \frac{\sum_{i=1}^{n} f_i}{2}$$

式中，f_i 表示各组的次数。

其次计算单项数列的累计次数。

再根据中位数的位置和累计次数的分布，看中位数的位置在数列累计次数的哪一组，则那一组的标志值就是中位数。

【例 5 – 13】某车间工人日加工零件数资料如表 5 – 13 所示，求该车间工人日加工零件数的中位数。

表 5 – 13　某车间工人日加工零件数资料

日加工零件数（件）	工人数（人）	以下（向上）累计	以上（向下）累计
22	10	10	96
25	12	22	86
28	18	40	74

日加工零件数（件）	工人数（人）	以下（向上）累计	以上（向下）累计
30	25	65	56
32	14	79	31
35	10	89	17
38	7	96	7
合　计	96	—	—

中位数的位置 $= \dfrac{\sum\limits_{i=1}^{n} f_i}{2} = \dfrac{96}{2} = 48$ ，即在第四组。

$$M_e = 30 \text{（件）}$$

3. 由组距数列确定中位数

由组距数列计算中位数，首先根据中位数位置 $= \dfrac{\sum\limits_{i=1}^{n} f_i}{2}$（式中，$f_i$ 表示各组的次数），确定中位数位置，从而确定中位数所在的组，方法与单项式数列确定中位数所在组的方法相同。再根据公式计算中位数的近似值，其计算公式为

下限公式（以下累计时用）　　$M_e = L + \dfrac{\dfrac{\sum\limits_{i=1}^{n} f_i}{2} - S_{m-1}}{f_m} \times d$ 　　　　（5 – 12）

上限公式（以上累计时用）　　$M_e = U - \dfrac{\dfrac{\sum\limits_{i=1}^{n} f_i}{2} - S_{m+1}}{f_m} \times d$ 　　　　（5 – 13）

式中，L 代表中位数所在组的下限值；U 代表中位数所在组的上限值；f_m 代表中位数所在组的次数；S_{m-1} 代表中位数所在组前面各组的累计次数；S_{m+1} 代表中位数所在组后面各组的累计次数；d 代表中位数所在组的组距。

仍以例 5 – 11 为例，计算中位数。其资料如表 5 – 14 所示。

表 5 – 14　某车间工人工资资料

按月工资额分组（元）	工人数（人）f_i	以下累计次数	以上累计次数
1 000 以下	30	30	500
1 000 ~ 1 200	60	90	470
1 200 ~ 1 400	100	190	410
1 400 ~ 1 600	200	390	310
1 600 ~ 1 800	70	460	110

续表

按月工资额分组（元）	工人数（人）f_i	以下累计次数	以上累计次数
1 800~2 000	25	485	40
2 000 以上	15	500	15
合　计	500	—	—

根据资料可知：

$$中位数位置 = \frac{\sum_{i=1}^{n} f_i}{2} = \frac{500}{2} = 250$$

由此可判断中位数应该在 1 400~1 600 这一组。然后按照公式求中位数的近似值，计算结果如下。

按下限公式计算有

$$M_e = L + \frac{\dfrac{\sum_{i=1}^{n} f_i}{2} - S_{m-1}}{f_m} \times d$$

$$= 1\,400 + \frac{\dfrac{500}{2} - 190}{200} \times 200$$

$$= 1\,400 + 60$$

$$= 1\,460 \ （元）$$

按上限公式计算有

$$M_e = U - \frac{\dfrac{\sum_{i=1}^{n} f_i}{2} - S_{m+1}}{f_m} \times d$$

$$= 1\,600 - \frac{\dfrac{500}{2} - 110}{200} \times 200$$

$$= 1\,600 - 140$$

$$= 1\,460 \ （元）$$

从计算结果可以看出，用上限公式和用下限公式计算的结果是相同的。中位数是位置平均数，不受极端值的影响。但在计算中位数时，是以假定中位数所在组内的各个标志值是均匀分布为前提的。

第四节　计算和运用平均指标的原则

在计算和运用平均指标时应遵循以下几个原则。

一、在计算平均数时要注意总体的同质性

平均数是反映现象的一般水平的指标。只有在同质总体中，总体各单位才具有共同的特征，从而才能按某一数量标志计算其平均数，才能反映现象的一般水平。反之，如果将不同性质的各个单位混合在一起计算平均数，只能给人以假象，就会掩盖现象的本质。

二、要用组平均数补充说明总平均数

总平均数是在同质总体的前提下计算出来的，代表总体各个单位的一般水平。但是，只看总平均数并不能全面说明总体的特征。总体内部结构不同，会对总平均数产生很大的影响。因此在利用总平均数进行统计分析时，还要计算组平均数，以补充说明总平均数。例如，甲、乙两村的粮食产量情况如表5-15所示。

表5-15　甲、乙两村的粮食产量情况

按地势条件分组	甲　村			乙　村		
	播种面积（亩①）	总产量（千克）	平均亩产量（千克）	播种面积（亩）	总产量（千克）	平均亩产量（千克）
平原	30	18 000	600	100	50 000	500
丘陵	50	20 000	400	30	10 500	350
山地	70	14 000	200	20	3 000	150
合计	150	52 000	347	150	63 500	423

注① 1 亩 = 0.067 公顷。

从表5-15中可以看出，从总平均数来看，甲村的平均亩产量是347千克，乙村的平均亩产量是423千克，甲村低于乙村。但从组平均数来看，甲村的每一组的组平均数都高于乙村。从而可知，总平均数与组平均数存在差异，导致这一现象的原因在于，各种土地生产水平存在差异，而甲、乙两村各种土地的比例结构相差很大，导致甲村的总平均亩产低于乙村。因此，必须把总平均数与组平均数结合起来，才能全面、正确、客观地反映现象的实质。

三、用分布数列补充说明平均数

平均数反映总体的一般水平，掩盖了总体各单位的数量差别和分配状况。因此，为了更全面地说明问题，在应用平均数时，要按被平均标志对总体进行分组，用分布数列补充说明总平均数。例如，某工业部门100个企业生产计划完成程度资料如表5-16所示。

表5-16　某工业部门100个企业计划完成程度情况

按计划完成程度分组（%）	企业数（个）	比重数（%）
80 以下	6	6
80 ~ 90	8	8
90 ~ 100	12	12

按计划完成程度分组（%）	企业数（个）	比重数（%）
100～110	62	62
110～120	10	10
120 以上	2	2
合　　计	100	100

根据上表可计算出，平均计划完成程度为 102%。但结合表 5－16 则可以看出，有 26% 的企业没有达到平均标准，有 12% 的企业超额完成了计划。这样，就能更全面地反映出各企业的计划完成情况。

第五节　标志变异指标

平均指标能反映事物的一般水平，但同时也掩盖了总体各单位之间的数量差异。有些总体内部各单位标志值之间存在很大的差异，这种差异在统计上称为变异。

一、标志变异指标的概念和作用

1. 标志变异指标的概念

标志变异指标也叫标志变动度，是指总体中各单位标志值差异大小的程度或离差程度的指标。标志变异指标是社会经济现象数量关系所具有的重要特征之一，在统计研究中具有重要意义。

平均指标把总体各单位的标志值差异抽象化，通过平均指标可以看出总体各单位某一标志值的集中趋势。但同时也要看到总体某一标志值的离中趋势。因此，在研究某种经济现象时，既要分析平均指标，又要分析总体各单位的差异程度，即标志变异指标。

2. 标志变异指标的作用

标志变异指标在作用上主要表现为以下几点。

1）标志变异指标可以衡量平均数的代表性

平均指标代表总体某一数量标志的一般水平，其代表性的强弱与总体各单位标志值差异程度有直接关系，即标志变异指标值越大，平均数的代表性越弱；反之，标志变异指标值越小，平均数的代表性越强。

【例 5－14】某车间甲、乙两个生产班组各有 7 名工人，每人日产零件数资料如下。

甲组：18，19，20，21，22，23，24

乙组：10，12，14，16，25，30，40

可计算出：$\bar{x}_{甲} = 21$（件）；$\bar{x}_{乙} = 21$（件）。

从计算结果上可以看出，甲、乙两组的平均每人日产量相等，但甲组各工人的日产量分布相对比较集中，而乙组各工人日产量分布比较分散。因此，虽然两组工人的平均日产量相等，但相比较而言，甲组的平均数代表性强些，乙组的平均数的代表性相对弱些。

2）标志变异指标可以衡量现象的均衡性和稳定性

在一个统计总体中，如果各单位标志值之间的差异程度比较小，则说明总体的稳定性和均衡性比较好；如果各单位标志值之间的差异程度比较大，则说明总体的稳定性和均衡性比较差。例如，在检查计划执行情况时，除了计算平均完成计划时间以外，还要计算变异指标，以此来检查计划执行过程中是否有前紧后松或前松后紧等现象，从而更准确地反映计划执行过程中的均衡性。又如，在产品质量检查中，经常采用标志变异指标。如果变异指标比较大，则说明此产品的质量不够稳定；反之，变异指标比较小，说明产品的质量比较稳定。

二、标志变异指标的种类和计算方法

常用的标志变异指标有全距、平均差、标准差、方差和标准差系数等。

1. 全距

全距，也称极差，是指总体各单位标志值中最大值与最小值之差，一般以 R 表示。计算公式为

$$R = x_{max} - x_{min} \tag{5-14}$$

式中，x_{max} 表示最大标志值；x_{min} 表示最小标志值。

【例 5-15】承例 5-14，甲、乙两组的平均数都是 21，但各组的全距分别为

$$R_甲 = x_{max} - x_{min} = 24 - 18 = 6（件）$$

$$R_乙 = x_{max} - x_{min} = 40 - 10 = 30（件）$$

由此可看出，乙组的全距远远大于甲组的全距，因此，乙组平均数的代表性小于甲组。

如果掌握的资料是组距式分组资料，则全距的近似值计算公式为

$$R = 最高组的上限 - 最低组的下限$$

当组距式数列中有开口组时，如果不知道极端数值，则无法求全距。

【例 5-16】某企业工人某月工资资料如表 5-17 所示。

表 5-17　某企业工人某月工资情况

按月工资额分组（元）	工人数（人）f_i
1 000 ~ 1 200	60
1 200 ~ 1 400	100
1 400 ~ 1 600	200
1 600 ~ 1 800	70
1 800 ~ 2 000	20
合　　计	450

根据资料可知：

$$工资全距 R = 2\ 000 - 1\ 000 = 1\ 000（元）$$

全距的优点是计算方法简单、直观，容易被人理解。但是，全距只是最大值与最小值的差值，因此容易受极端值的影响，而且在计算过程中也没有考虑中间其他变量值的差异程度，因此不能全面反映单位标志值之间的差异程度。

2. 四分位差

将总体各单位标志值顺序排列后四等分，形成三个分割点（Q_1、Q_2、Q_3），这三个分割

点的数值称为四分位数。四分位差就是第三个四分位数与第一个四分位数的差。一般用 $Q.D.$ 表示。

1）未分组资料的四分位差的计算

$$Q.D. = Q_3 - Q_1 \tag{5-15}$$

式中，Q_1 为第一个四分位数，Q_1 的位置 $= \dfrac{n+1}{4}$；Q_3 为第三个四分位数，Q_3 的位置 $= \dfrac{3(n+1)}{4}$；n 为变量值的项数。

【例5-17】某班14名学生某次统计学考试的成绩（分）分别为60，65，68，70，75，78，79，80，82，85，86，88，90，93。求其四分位差。

$$Q_1 \text{ 的位置} = \frac{n+1}{4} = \frac{14+1}{4} = 3.75，\text{ 则 } Q_1 = \frac{68+70}{2} = 69 \text{（分）}$$

$$Q_3 \text{ 的位置} = \frac{3(n+1)}{4} = \frac{3 \times (14+1)}{4} = 11.25，\text{ 则 } Q_3 = \frac{86+88}{2} = 87 \text{（分）}$$

$$\text{四分位差 } Q.D. = Q_3 - Q_1 = 87 - 69 = 18 \text{（分）}$$

计算结果表明，该组学生中有50%的人的成绩是在69~87分之间，且他们之间的最大差异是18分。四分位差反映的是数列中段占总体50%的单位之间的差异程度，比全距小很多。

2）单项式分组数列的四分位差的计算

由单项式分组数列计算四分位差，首先确定 Q_1 和 Q_3 的位置，其公式为：

$$Q_1 \text{ 的位置} = \frac{\sum\limits_{i=1}^{n} f_i}{4}；Q_3 \text{ 的位置} = \frac{3\sum\limits_{i=1}^{n} f_i}{4}$$

式中，f_i 为各组的次数。

其次，用以下累计法计算各组的累计次数，在累计次数中找到 Q_1 和 Q_3 所在组，则 Q_1 和 Q_3 所在组的标志值就是 Q_1 和 Q_3 的数值。

【例5-18】某车间110名工人日加工零件数资料如表5-18所示，计算该车间工人日加工零件数的四分位差。

表5-18 某车间工人日加工零件数

日加工零件数（件）	工人数（人）	以下累计
15	5	5
18	8	13
19	14	27
22	28	45
26	35	80
28	10	90
30	6	96
32	4	100
合　计	110	—

$$Q_1 \text{ 的位置} = \frac{\sum_{i=1}^{n} f_i}{4} = \frac{110}{4} = 27.5 \text{，即在第三组}$$

$$Q_3 \text{ 的位置} = \frac{3 \sum_{i=1}^{n} f_i}{4} = \frac{3 \times 110}{4} = 82.5 \text{，即在第五组。}$$

则　　　　　　　　四分位差 Q. D. $= Q_3 - Q_1 = 26 - 19 = 7$（件）

3）组距式分组数列的四分位差的计算

首先确定 Q_1 和 Q_3 的位置，其公式为

$$Q_1 \text{ 的位置} = \frac{\sum_{i=1}^{n} f_i}{4}; \quad Q_3 \text{ 的位置} = \frac{3 \sum_{i=1}^{n} f_i}{4}$$

式中，f_i 为各组的次数。

其次，用以下累计法计算各组的累计次数，在累计次数中找到 Q_1 和 Q_3 所在的组，然后用以下公式求近似值

$$Q_1 = L_{Q_1} + \frac{\frac{\sum_{i=1}^{n} f_i}{4} - S_{Q_1-1}}{f_1} \times d_1 \qquad (5-16)$$

$$Q_3 = L_{Q_3} + \frac{\frac{3 \sum_{i=1}^{n} f_i}{4} - S_{Q_3-1}}{f_3} \times d_3 \qquad (5-17)$$

式中，L_{Q_1}，L_{Q_3} 代表 Q_1 与 Q_3 所在组的下限；f_1，f_3 代表 Q_1 与 Q_3 所在组的次数；d_1，d_3 代表 Q_1 与 Q_3 所在组的组距；S_{Q_1-1}，S_{Q_3-1} 代表 Q_1 与 Q_3 所在组以前一组的累计次数；

【例 5-19】某车间工人日产量资料如表 5-19 所示。

表 5-19　某车间工人日产量

日产量（千克）	工人数（人）	以下累计
100 以下	8	8
100～120	20	28
120～140	30	58
140～160	56	114
160～180	25	139
180～200	16	155
200 以上	5	160
合　　计	160	—

$$Q_1 \text{ 的位置} = \frac{\sum_{i=1}^{n} f_i}{4} = \frac{160}{4} = 40 \text{，即在第三组。}$$

$$Q_3 \text{ 的位置} = \frac{3 \sum_{i=1}^{n} f_i}{4} = \frac{3 \times 160}{4} = 120 \text{，即在第五组。}$$

$$Q_1 = L_{Q_1} + \frac{\frac{\sum_{i=1}^{n} f_i}{4} - S_{Q_1-1}}{f_1} \times d_1 = 120 + \frac{\frac{160}{4} - 28}{30} \times 20 = 128 \text{（kg）}$$

$$Q_3 = L_{Q_3} + \frac{\frac{3 \sum_{i=1}^{n} f_i}{4} - S_{Q_3-1}}{f_3} \times d_3 = 160 + \frac{3 \times \frac{160}{4} - 114}{25} \times 20 = 164.8 \text{（kg）}$$

则　　　　　　　　四分位差 Q. D. $= Q_3 - Q_1 = 164.8 - 128 = 36.8$（件）

计算结果表明，有一半工人的产量在 128 ~ 164.8 kg 之间，且产量之间最大的差异为 36.8 kg。四分位差不受两端 25% 数值的影响，它反映的只是次数分配中一半的差异程度，不反映所有标志值的差异程度，是一个比较粗略的指标。

3. 平均差

平均差是指总体各单位标志值对其算术平均数的离差的绝对值的算术平均数。平均差能综合反映各单位标志值的变动程度。平均差越大，表示标志变动度越大；反之，平均差越小，标志变动度越小。平均差通常用 A. D. 表示。

1）未分组资料的平均差的计算

未分组资料的平均差的计算公式为

$$A. D. = \frac{\sum_{i=1}^{n} |x_i - \bar{x}|}{n} \tag{5-18}$$

例如，以【例 5-14】中的资料计算甲、乙两组工人日产量的平均差，如表 5-20 所示。

表 5-20　甲、乙两组工人日产量情况

甲　组			乙　组		
日产量（件）x_i	离差 $x_i - \bar{x}$	离差绝对值 $|x_i - \bar{x}|$	日产量（件）x_i	离差 $x_i - \bar{x}$	离差绝对值 $|x_i - \bar{x}|$
18	-3	3	10	-11	11
19	-2	2	12	-9	9
20	-1	1	14	-7	7
21	0	0	16	-5	5
22	1	1	25	4	4

续表

甲 组			乙 组		
日产量（件）x_i	离差 $x_i - \bar{x}$	离差绝对值 $\lvert x_i - \bar{x} \rvert$	日产量（件）x_i	离差 $x_i - \bar{x}$	离差绝对值 $\lvert x_i - \bar{x} \rvert$
23	2	2	30	9	9
24	3	3	40	19	19
合计	—	12	合计	—	64

甲组：
$$A.D. = \frac{\sum_{i=1}^{n} \lvert x_i - \bar{x} \rvert}{n} = \frac{12}{7} = 1.7（件）$$

乙组：
$$A.D. = \frac{\sum_{i=1}^{n} \lvert x_i - \bar{x} \rvert}{n} = \frac{64}{7} = 9.1（件）$$

由计算结果可以看出，甲组的平均差为 1.7 件，而乙组的平均差为 9.1 件，大于甲组，所以其平均数的代表性小于甲组，这与用全距分析的结果相同。

2）分组资料的平均差的计算

如果资料是分组资料，则平均差的计算要用加权平均差，其计算公式为

$$A.D. = \frac{\sum_{i=1}^{n} \lvert x_i - \bar{x} \rvert \cdot f_i}{\sum_{i=1}^{n} f_i} \qquad (5-19)$$

【例 5-20】某车间 50 个工人日产量资料如表 5-21 所示。

表 5-21 某车间 50 名工人日产量资料

日产量/件	工人数 f_i（人）	组中值 x_i	$x_i f_i$	$\lvert x_i - \bar{x} \rvert$	$\lvert x_i - \bar{x} \rvert f_i$
20~30	6	25	150	19.6	117.6
30~40	10	35	350	9.6	96.0
40~50	20	45	900	0.4	8.0
50~60	8	55	440	10.4	83.2
60~70	6	65	390	20.4	122.4
合计	50	—	2 230	—	427.2

根据表 5-21 计算可得

$$\bar{x} = \frac{\sum_{i=1}^{n} x_i f_i}{\sum_{i=1}^{n} f_i} = \frac{2\,230}{50} = 44.6（件）$$

$$A.D. = \frac{\sum\limits_{i=1}^{n} |x_i - \bar{x}| \cdot f_i}{\sum\limits_{i=1}^{n} f_i} = \frac{427.2}{50} \approx 8.54 \text{（件）}$$

平均差的意义明确，计算简捷，能充分反映总体各单位标志值与算数平均数的离差程度。在平均差的计算过程中，采用了离差的绝对值，这样就避免了总体各单位标志值与算术平均数离差之和等于零的情况。但这种方法不利于进一步进行代数运算。

4. 标准差和方差

标准差，就是总体各单位标志值与其算术平均数离差的平方的算术平均数的平方根，又称为均方根差。通常以 σ 表示。

标准差的平方即为方差，以 σ^2 表示。

1）未分组资料的标准差的计算方法

未分组资料采用简单平均法，其公式为

$$\sigma = \sqrt{\frac{\sum\limits_{i=1}^{n} (x_i - \bar{x})^2}{n}} \qquad (5-20)$$

方差为：

$$\sigma^2 = \frac{\sum\limits_{i=1}^{n} (x_i - \bar{x})^2}{n} \qquad (5-21)$$

【例5-21】以表5-20中的资料计算标准差和方差。

表5-22　甲、乙两组工人日产量情况

甲　组			乙　组		
日产量 x_i/（件）	离差 $x_i - \bar{x}$	离差平方 $(x_i - \bar{x})^2$	日产量 x_i/（件）	离差 $x_i - \bar{x}$	离差平方 $(x_i - \bar{x})^2$
18	-3	9	10	-11	121
19	-2	4	12	-9	81
20	-1	1	14	-7	49
21	0	0	16	-5	25
22	1	1	25	4	16
23	2	4	30	9	81
24	3	9	40	19	361
合　计	—	28	合　计	—	734

根据表5-22计算可得

$$\sigma_{甲} = \sqrt{\frac{\sum\limits_{i=1}^{n} (x_i - \bar{x})^2}{n}} = \sqrt{\frac{28}{7}} = 2 \text{（件）}$$

$$\sigma_乙 = \sqrt{\frac{\sum\limits_{i=1}^{n}(x_i - \bar{x})^2}{n}} = \sqrt{\frac{734}{7}} = 10.24 \text{（件）}$$

$$\sigma_甲^2 = \frac{\sum\limits_{i=1}^{n}(x_i - \bar{x})^2}{n} = 4 \text{（件）}$$

$$\sigma_乙^2 = \frac{\sum\limits_{i=1}^{n}(x_i - \bar{x})^2}{n} = 104.86 \text{（件）}$$

2）分组资料的标准差的计算方法

分组资料的标准差采用加权平均法，其公式为

$$\sigma = \sqrt{\frac{\sum\limits_{i=1}^{n}(x_i - \bar{x})^2 f_i}{\sum\limits_{i=1}^{n} f_i}} \tag{5-22}$$

方差为

$$\sigma^2 = \frac{\sum\limits_{i=1}^{n}(x_i - \bar{x})^2 f_i}{\sum\limits_{i=1}^{n} f_i} \tag{5-23}$$

【例 5-22】以表 5-21 的资料计算标准差和方差。

表 5-23　某车间 50 名工人日产量情况

日产量/件	工人数 f_i（人）	组中值 x_i	$x_i f_i$	$(x_i - \bar{x})^2$	$(x_i - \bar{x})^2 f_i$
20~30	6	25	150	384.16	2 304.96
30~40	10	35	350	92.16	921.60
40~50	20	45	900	0.16	3.20
50~60	8	55	440	108.16	865.28
60~70	6	65	390	416.16	2 496.96
合　计	50	—	2 230	—	6 592.00

根据表 5-23 计算可得

$$\sigma = \sqrt{\frac{\sum\limits_{i=1}^{n}(x_i - \bar{x})^2 f_i}{\sum\limits_{i=1}^{n} f_i}} = \sqrt{\frac{6\ 592}{50}} = 11.48 \text{（件）}$$

$$\sigma^2 = \frac{\sum\limits_{i=1}^{n}(x_i - \bar{x})^2 f_i}{\sum\limits_{i=1}^{n} f_i} = 131.84 \text{（件）}$$

在实际计算中，有时可将标准差的计算公式进行变形。

对于未分组资料：

$$\sigma = \sqrt{\frac{\sum_{i=1}^{n}(x_i - \bar{x})^2}{n}} = \sqrt{\frac{\sum_{i=1}^{n}x_i^2}{n} - (\bar{x})^2} \qquad (5-24)$$

对于分组资料：

$$\sigma = \sqrt{\frac{\sum_{i=1}^{n}(x_i - \bar{x})^2 f_i}{\sum_{i=1}^{n}f_i}} = \sqrt{\frac{\sum_{i=1}^{n}x_i^2 f_i}{\sum_{i=1}^{n}f_i} - (\bar{x})^2} \qquad (5-25)$$

3）是非标志的平均数与标准差

在统计研究中，经常把统计总体单位可分成两部分，一部分具有某种属性，另一部分不具有某种属性。例如，在产品质量检查中，全部产品的质量可分为合格品和不合格品两部分；在射击结果中，可分为中靶和不中靶两种情况，等等。这种将总体单位分为"是"与"否"或"有"与"无"的两类标志，叫是非标志或交替标志。是非标志主要反映总体单位间属性或性质上的区别。要想计算是非标志的平均数，必须先将它们过渡到量的差异上。通常用1表示具有某种属性的单位标志值，用0表示不具有某种属性的单位标志值，并用 P 表示具有某种属性的那部分总体单位数占全部总体单位数的比重，即成数。不具有某种属性的总体单位数占全部总体单位数的比重（成数）用 Q 表示。

若全部总体单位数为 N，具有某种属性的总体单位数为 N_1，不具有某种属性的总体单位数为 N_2，则：

$$P = \frac{N_1}{N}$$

$$Q = \frac{N_2}{N}$$

$$P + Q = 1$$

是非标志的平均数为

$$\bar{x}_p = \frac{\sum_{i=1}^{n}x_i f_i}{\sum_{i=1}^{n}f_i} = \frac{1 \times N_1 + 0 \times N_2}{N} = 1 \times P + 0 \times Q = P \qquad (5-26)$$

是非标志的标准差为

$$\sigma = \sqrt{\frac{\sum_{i=1}^{n}(x_i - \bar{x})^2 f_i}{\sum_{i=1}^{n}f_i}} = \sqrt{\frac{(1-P)^2 N_1 + (0-P)^2 N_2}{N}} = \sqrt{(1-P)^2 P + P^2 Q}$$

$$= \sqrt{(1-P)^2 P + P^2(1-P)}$$

$$= \sqrt{P(1-P)} \qquad (5-27)$$

【例 5 -23】某厂 2008 年生产的产品中, 合格品占 96% , 不合格品占 4% 。则该厂产品的平均合格率为

$$\bar{x}_P = 1 \times P + 0 \times Q = 1 \times 96\% + 0 \times 4\% = 96\%$$

$$\sigma_P = \sqrt{P(1-P)} = \sqrt{0.96 \times 0.04} = 0.19 = 19\%$$

即该厂产品的平均合格率就是该厂产品的合格品的成数, 即 96% , 标准差为 19% 。由此可以看出, 是非标志的加权算术平均数就是某一总体中具有某种属性的成数。

4) 标准差的应用——计算标准分

通过计算标准差, 可以反映总体各单位标志值与其算术平均数之间的离散程度, 但对于来自不同均值和标准差的个体的数据, 往往不可以直接进行比较, 而需要将数据进行标准化处理以后, 再进行对比, 即计算标准分, 其计算公式为

$$标准分 = \frac{x_i - \bar{x}}{\sigma}$$

其中, x_i 为变量数列中的原始变量值。标准分实质上是将不同总体的各个单位的变量值转换成在各自总体中的相对位置。

例如, 某同学在一次综合考试中, 数学成绩是 90 分, 物理成绩是 80 分, 而这次考试中, 他所在班级的数学成绩的平均分和标准差分别为 85 分和 10 分, 物理成绩的平均分和标准差分别为 75 分和 5 分。相对于全班同学而言, 能不能据此判断: 该同学此次考试中的数学成绩比物理成绩好?

由数据上可以看出, 此次考试中, 数学和物理两科的平均分和标准差都不相同, 因此, 不能简单地根据数学和物理两科的成绩来直接判断该同学哪科成绩更好, 而是要将两科成绩先标准化, 转换成标准分以后再进行比较。

数学的标准分为 $\frac{x_i - \bar{x}}{\sigma} = \frac{90 - 85}{10} = 0.5$, 物理的标准分为 $\frac{x_i - \bar{x}}{\sigma} = \frac{80 - 75}{5} = 1.0$。所以, 对全班同学而言, 在此次考试中, 该同学的物理成绩更好些。

5. 标准差系数

平均差、标准差等变异指标, 其数值的大小不仅受标志值变动程度的影响, 而且受平均水平高低的影响。因此, 在对比分析不同平均水平的总体的标志变动程度时, 不能直接用平均差或标准差来比较, 必须用反映标志变异程度的相对指标即变异系数来比较。最常用的变异系数是标准差系数。

标准差系数就是标准差与算术平均数的比值, 用 V_σ 表示。其计算公式为

$$V_\sigma = \sigma \times 100\% \tag{5 -28}$$

标准差系数越小, 说明平均数代表性越强; 标准差系数越大, 说明平均数代表性越弱。

【例 5 -24】某次数学考试中, 甲班的平均分为 70 分, 标准差为 10 分, 乙班的平均分为 88 分, 标准差为 12 分。两个班成绩哪个班更稳定?

从题中可知, 甲班数学成绩的标准差小于乙班数学成绩的标准差, 但是不能据此来判断甲班的成绩分布比乙班的稳定, 而要看标准差系数。

$$V_{\sigma甲} = \frac{\sigma_甲}{\bar{x}_甲} \times 100\% = \frac{10}{70} \times 100\% = 14.29\%$$

$$V_{\sigma Z} = \frac{\sigma_Z}{\bar{x}_Z} \times 100\% = \frac{12}{88} \times 100\% = 13.64\%$$

可以看出，$V_{\sigma甲} > V_{\sigma乙}$，因此，可以判断乙班的成绩分布更稳定，即乙班的平均成绩更具有代表性。

三、偏度

平均指标和变异指标可以揭示变量数列的集中趋势和离中趋势，是描述次数分布主要特征的指标。它从指标值的角度反映总体各单位标志值的差异程度和次数分布的变异程度，但对次数分布曲线的对称情况却无法反映，因此要测定数列分布曲线的非对称状况来计算偏度。

1. 偏度的含义

偏度是指次数分布非对称的偏斜方向和程度。在分布数列中，如果次数分布是完全对称的，则称为对称分布；如果次数分布不完全对称，则称为非对称分布或偏态分布。

偏态分布有右偏分布和左偏分布两种。在对称分布中，曲线的峰部在正中间，左右次数对称，此时平均数、中位数和众数三者合而为一；在右偏分布中，分布曲线呈右偏状态，这时算术平均数在右边，众数在左边；在左偏分布中，分布曲线呈左偏状态，这时算术平均数在左边，众数在右边。分布曲线如图5－1和图5－2所示。

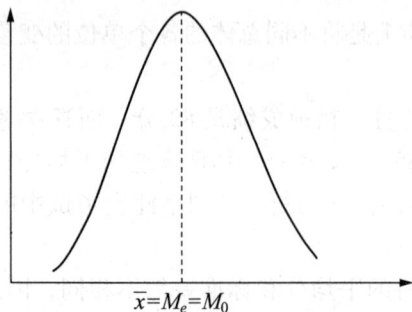

图5－1 对称分布

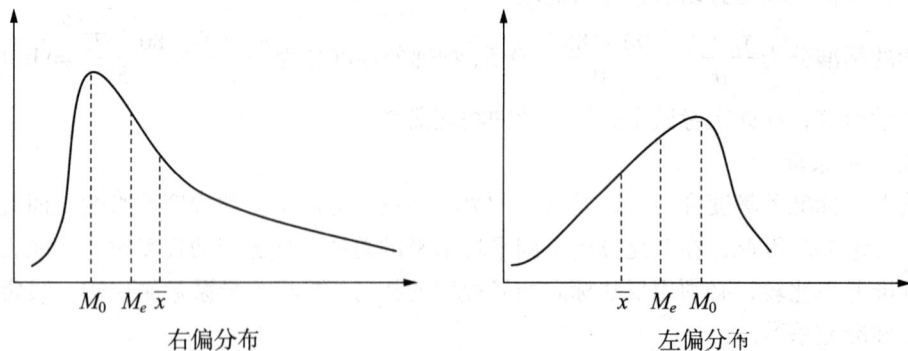

右偏分布   左偏分布

图5－2 偏态分布

2. 偏度的测定

计算偏度有很多不同的方法，下面介绍其中一种比较简单的方法：算术平均数与众数比较法。

在对称分布条件下，$\bar{x} = M_e = M_0$，偏度为零。在非对称分布中，三者的数量存在差异，其中中位数居中，算术平均数与众数分别在它的两侧，因此，偏度可用算术平均数与众数之间的绝对差额（距离）来表示，即：

$$偏度 = 算术平均数 - 众数 = \bar{x} - M_0 \tag{5-29}$$

上式表示算术平均数与众数的绝对差额。此值若为正值，则总体为右偏分布；若为负值，则为左偏分布。而且，此数值越大，说明偏斜程度越大；反之，此数值越小，说明偏斜程度越小。由于偏度是以绝对数表示的，因此不能直接比较不同的分布数列的偏斜程度。为了比较不同的分布数列的偏斜程度，要计算偏度的相对数指数，即偏态系数。

偏态系数是偏度与总体标准差的比值，反映不同分布数列的相对偏斜程度，通常以 SK_p 表示。其计算公式为

$$SK_p = \frac{\bar{x} - M_0}{\sigma} = \frac{3(\bar{x} - M_e)}{\sigma} \quad\quad (5-30)$$

【例 5 – 25】某企业 400 名职工工资资料如表 5 – 24 所示。

表 5 – 24　某企业 426 名职工工资资料

按月工资分组（元）	职工数 (f_i)（人）	组中值 x_i（元）	$x_i f_i$	$(x_i - \bar{x})^2 f_i$	累计次数（以下）
100 ~ 200	6	150	900	1 325 400	6
200 ~ 300	10	250	2 500	1 369 000	16
300 ~ 400	20	350	7 000	1 458 000	36
400 ~ 500	30	450	13 500	867 000	66
500 ~ 600	40	550	22 000	196 000	106
600 ~ 700	240	650	156 000	216 000	346
700 ~ 800	60	750	45 000	1 014 000	406
800 ~ 900	20	850	17 000	1 058 000	426
合　计	426	—	263 900	7 503 400	—

根据表 5 – 24 计算可得：

$$\bar{x} = \frac{\sum\limits_{i=1}^{n} x_i f_i}{\sum\limits_{i=1}^{n} f_i} = \frac{263\,900}{426} = 620 \text{（元）}$$

$$\sigma = \sqrt{\frac{\sum\limits_{i=1}^{n} (x_i - \bar{x})^2 f_i}{\sum\limits_{i=1}^{n} f_i}} = \sqrt{\frac{7\,503\,400}{426}} = 132.7 \text{（元）}$$

$$M_0 = L + \frac{\Delta_1}{\Delta_1 + \Delta_2} \times d$$

$$= 600 + \frac{240 - 40}{(240 - 40) + (240 - 60)} \times 100$$

$$= 652.6 \text{（元）}$$

$$SK_p = \frac{\bar{x} - M_0}{\sigma} = \frac{620 - 652.6}{132.7} = -0.25$$

计算结果表明，该企业职工工资的分布是左偏分布，偏斜程度是 0.25。

如果用中位数计算，则结果为：

$$M_e = L + \frac{\dfrac{\sum\limits_{i=1}^{n} f_i}{2} - S_{m-1}}{f_m} \times d$$

$$= 600 + \frac{213 - 106}{240} \times 100$$

$$= 644.6(元)$$

$$SK_p = \frac{3(\bar{x} - M_e)}{\sigma} = \frac{3(620 - 644.6)}{132.7} = -0.56$$

可以看出，用中位数计算的结果与用众数计算的结果有一些偏差。

思考与练习题

一、思考题

1. 什么是平均指标？它有哪些特点？

2. 平均指标与强度相对指标有什么不同？

3. 什么是权数？有何意义？

4. 什么是数值平均数？主要有哪几种？

5. 什么是位置平均数？主要有哪几种？

6. 什么是变异度指标？有何作用？

7. 什么是标准差？如何计算标准差？

8. 什么是标准差系数？它有什么作用？

9. 什么是是非标志？如何计算是非标志的算术平均数和标准差？

二、单项选择题

1. 平均指标反映了总体（　　　）。

A. 分布的集中趋势　　　　　　　　B. 分布的离中趋势

C. 分布的变动趋势　　　　　　　　D. 分布的可比程度

2. 加权算术平均数的大小受各组（　　　）。

A. 次数 f 的影响最大　　　　　　　B. 标志值 x 的影响最大

C. 权数 $\dfrac{f}{\sum f}$ 的影响最大　　　　　D. 标志值 x 和次数 f 的共同影响

3. 在同一变量数列中，当标志值比较大的次数比较多时，计算出来的平均数（　　　）。

A. 接近标志值小的一方　　　　　　B. 接近标志值大的一方

C. 接近次数少的一方　　　　　　　D. 无法判断接近哪一方

4. 当只有总体标志总量和各标志值，而缺少总体单位资料时，计算平均数应采用（　　　）。

A. 加权算术平均数公式　　　　　　B. 简单算术平均数公式

C. 调和平均数公式　　　　　　　　D. 几何平均数公式

5. 若单项式变量数列每一组的标志值都增加二倍，而权数都减小二倍，则其算术平均数将（　　）。

A. 不变　　　　　　　　　　　　B. 增加二倍

C. 减小二倍　　　　　　　　　　D. 增加三倍

6. 众数就是所研究的变量数列中（　　）。

A. 具有最多次数的变量值　　　　B. 具有最少次数的变量值

C. 具有中等次数的变量值　　　　D. 具有平均次数的变量值

7. 某企业的三个车间，计划规定产量分别为 200 件、300 件和 400 件，实际计划完成程度分别为 105%，104% 和 95%，则该企业的三个车间的平均计划完成程度为（　　）。

A. $\sqrt[3]{105\% \times 104\% \times 95\%}$

B. $\dfrac{105\% + 104\% + 95\%}{3}$

C. $\dfrac{200 + 300 + 400}{\dfrac{200}{105\%} + \dfrac{300}{104\%} + \dfrac{400}{95\%}}$

D. $\dfrac{200 \times 105\% + 300 \times 104\% + 400 \times 95\%}{200 + 300 + 400}$

8. 标志变异指标说明变量的（　　）。

A. 变动趋势　　　　　　　　　　B. 集中趋势

C. 离中趋势　　　　　　　　　　D. 一般趋势

9. 标准差指标数值越小，则反映变量（　　）。

A. 越分散，平均数代表性越弱　　B. 越集中，平均数代表性越强

C. 越分散，平均数代表性越强　　D. 越集中，平均数代表性越弱

10. 如果两个总体的平均数相等，则（　　）。

A. 它们的代表性相同

B. 标准差大的，其平均数的代表性强

C. 标准差小的，其平均数的代表性强

D. 标准差系数大的，其平均数的代表性强

三、计算分析题

1. 某地甲、乙两个农贸市场三种主要蔬菜价格及销售额资料如下表所示。

品　种	价格（元/千克）	销售额（万元）	
		甲市场	乙市场
甲	3.0	3.0	6.0
乙	3.6	7.2	4.3
丙	4.0	3.6	3.2

请根据资料计算哪个市场蔬菜平均价格高，为什么？

2. 某厂生产某种零件，要经过三道工序。各工序的合格率分别为 96.27%，95.36% 和

94.25%，试求该种零件的平均合格率。

3. 某乡的粮食生产情况如下表所示。

按耕地自然条件分组	平均亩产量［（千克/亩）］	粮食总产量（千克）
山地	180	18 000
丘陵	220	44 000
平原	500	250 000
合　计	—	312 000

根据资料计算该乡粮食的平均亩产量。

4. 某工业系统所属企业产值计划完成程度的资料如下表所示。

企业	按产值计划完成程度分组（%）	计划产值（万元）
甲	80～90	300
乙	90～100	400
丙	100～110	500
丁	110～120	450
合　计	—	1 650

根据资料计算该系统四个企业产值的平均计划完成程度。

5. 某车间工人日产量资料如下表所示。

按日产量分组（千克）	职工人数（人）
8 以下	5
8～10	10
10～12	16
12～14	24
14～16	35
16～18	14
18～20	10
20 以上	6
合　计	120

根据资料计算：

（1）该车间工人日产量的算术平均数、众数和中位数的大小；

（2）平均差、四分位差和标准差。

6. 某厂某车间生产某种产品 1 000 件，其中合格品为 950 件，试求该产品的平均合格率及标准差。

7. 某地对两种不同品种的玉米分别在 4 块田里播种，其产量资料如下表所示。

甲品种		乙品种	
田地面积（公顷）	总产量（千克）	田地面积（公顷）	总产量（千克）
1.2	980	1.1	990
0.8	650	0.9	750
1.5	1 280	1.3	1 200
0.4	320	0.5	400

要求：根据资料，分别计算两个品种的玉米的平均单位面积产量，并确定哪一个品种具有较好的稳定性。

8. 某学校对学生身高进行抽样调查，资料如下表所示。

按身高分组（厘米）	学生人数（人）
150 以下	5
150～160	20
160～170	50
170～180	18
180 以上	7
合　　计	100

根据资料计算该学校学生身高分布的偏度。

第六章 抽 样 估 计

抽样估计是统计推断的内容之一，它包含有统计调查的方法，又是统计分析的方法，二者的有机结合即为抽样估计法。本章的主要内容有：抽样估计的基本原理、如何抽取样本和如何依据样本估计推断总体。

第一节 抽样估计的基本概念

一、抽样和抽样估计

统计的目的是通过统计数据寻找关于现象总体的数量规律。如果可以收集到关于总体的全面资料，便可直接据此进行统计分析，得到关于总体的数量特征。但是，在许多场合下是无法取得全部总体单位的资料的。例如，要了解车的抗撞性能、产品的使用寿命、海洋的污染等。这时可以采用抽样估计，即从总体中按随机原则抽取一部分单位，作为样本进行调查，并根据样本资料对总体进行有一定可信程度的估计，达到认识现象总体的目的。

抽样估计的基本出发点是随机抽样，一是总体中每个单位可能被抽中的概率已知，二是按随机原则抽取样本，旨在排除主观因素的影响，保证每个总体单位被抽到与否均是随机的。

抽样估计是以部分来认识总体，虽然样本源于总体，但由于样本的内部结构与总体的结构一定是有差异的，样本仅是作为总体的代表，并不能完全代替总体。因此，当根据样本资料对总体进行推断的结果与真实总体总会存在偏差时，我们称其为抽样误差。显然，抽样误差是不可避免的，但可以事先控制或事后计算，使抽样估计的结果有一定的可靠性。这是抽样估计方法的最大优点。

二、样本

在抽样估计方法中，是依据抽取的样本来认识总体的，故样本将是本章以及第七章讨论的主要对象。

1. 样本数与抽样方法

从总体所有 N 个单位中抽取的部分单位 x_1，x_2，$\cdots$，x_n（$n \leqslant N$）的全体称为总体的一个样本。样本所包含个体单位的数目称为样本容量，记作 n。

若要从总体中抽取一个容量为 n 的样本，由于是随机抽样，因此样本的构成就不是唯一的，而是有多种可能性。样本所有可能的构成方式数目称为样本数，记作 M。

【例 6-1】假设要从 3 支饮料中抽出 2 支作为样本，如表 6-1 所示为样本所有可能的构成方式。

表 6 - 1　样本抽取可能构成方式表

总体 $N=3$	样本 $n=2$					
	可能样本	可能样本	可能样本	可能样本	可能样本	可能样本
Ⓐ	Ⓐ	Ⓐ	Ⓐ	Ⓑ	Ⓑ	Ⓒ
Ⓑ	Ⓑ	Ⓒ	Ⓒ	Ⓐ	Ⓑ	Ⓒ
Ⓒ	样本可能的方式数 $M=6$					

由此可见，对于特定总体（N 确定），样本数的多少与样本容量及具体抽样方法有关。在抽样调查中有两种抽样方法。

1）重复抽样

重复抽样也称放回抽样，是指同一总体单位有可能被重复抽中。具体操作过程是：每次从总体中抽取一个总体单位并记录，然后将该总体单位放回总体，重新参与下一次抽样，以同样方式连续抽取 n 次。此方式的特点是每个单位被抽中的概率相同。例 6 - 1 采用的即为重复抽样方法。

2）不重复抽样

不重复抽样也称不放回抽样，即同一总体单位不可能被重复抽中。具体操作过程是：每次从总体中抽取一个单位后不放回，以同样方式连续抽取 n 次，相当于一次从总体中同时抽取 n 个单位。不重复抽样方法中，每一个总体单位被抽中的概率是不同的。

显然，不重复抽样样本对总体的代表性优于重复抽样样本。在统计调查的实际抽样中，多采用不重复抽样方法取样，不过为简单起见，讨论时常以重复抽样为例。

2. 样本随机变量与样本统计量

样本单位的某数量标志记作 x，称为样本变量。对于一次抽样结果而言，只对应一组确定的变量值。不过因抽取样本是随机的，可能组成的样本有 M 个，相应样本变量有 M 组可能的观测值，进行抽样估计时采用哪一组样本值完全是随机的，故样本变量是随机变量。

在抽样估计中还有一类随机变量——样本统计量。它是由样本变量构造的，并且不包含未知参数，样本统计量是样本随机变量函数。常用的样本统计量有样本平均数、样本成数、样本方差、样本标准差等样本指标。例如，要调查一批袋装食品的重量是否达标，从中随机抽取 50 袋构成样本，由于这批食品中的任意 50 袋都可能被抽到组成样本，某一次采用的一组 50 个重量值只是所有可能组成结果中的一种，可见袋装食品的重量是一个随机变量。那么，由样本重量计算所得的样本平均重量自然也是随机变量。

三、抽样估计的理论基础

不仅是抽样估计，整个统计推断都是建立在概率论和数理统计基础上的，这里仅介绍其中的大数定理和中心极限定理。这样有助于理解样本估计总体的依据是什么、抽样分布与总体的关系以及现实问题所服从的分布等问题。

1. 大数定理

1）独立同分布大数定理

独立随机变量 x_1，x_2，$\cdots$ 具有相同分布，且存在数学期望 $E(X_i) = \bar{X}$ 和方差 $D(X_i) = $

σ^2，则对任意小的正数 ε，有

$$\lim_{n\to\infty} P\left\{ \left| \frac{1}{n}\sum_{i=1}^{n} x_i - E(x_i) \right| < \varepsilon \right\} = 1$$

独立同分布大数定理的意义在于：若总体存在平均数和方差，则随着样本容量 n 的增多，样本平均数 $\bar{x}$ 的期望趋近于总体平均数 $\bar{X}$。此为以样本平均数估计总体平均数的理论依据。

2）贝努利大数定理

设 m 是 n 次独立随机试验中事件 A 发生的次数，p 是事件 A 在每次试验中发生的概率，则对任意小的正数 ε，有

$$\lim_{n\to\infty} P\left\{ \left| \frac{m}{n} - p \right| < \varepsilon \right\} = 1$$

即当样本足够大时，事件的发生频率接近其发生概率，因此，贝努利大数定理的意义在于：为大样本提供了用事件 A 的发生频率 $\frac{m}{n}$ 代替其发生概率的理论依据。

2. 中心极限定理

1）独立同分布中心极限定理

设随机变量 x_1，x_2，$\cdots$ 相互独立且同分布，若存在有限的数学期望 $E(X_i) = \bar{X}$ 和方差 $D(X_i) = \sigma^2$，那么，当 $n\to\infty$ 时，其平均数和总数则分别服从：

$$\bar{x} \sim N(\bar{X},\sigma^2/n) \ ; \ \sum_{i}^{n} x_i \sim N(n\bar{X},n\sigma^2)$$

该定理是说，不论总体服从何种分布，只要总体平均数和方差存在，则当样本足够大时，样本平均数 $\bar{x}$ 近似服从平均数为 $\bar{X}$，方差为 $\frac{\sigma^2}{n}$ 的正态分布；样本总值 $\sum x_i$ 近似服从平均数为 $n\bar{X}$，方差为 $n\sigma^2$ 的正态分布。

此定理的意义在于：虽然某些单一现象未必服从正态分布，但大量同类现象的集合或平均值近似服从正态分布。例如，每一户居民的年用电量不一定呈正态分布，但所有城市居民年用电总量或平均每户用电量则近似服从正态分布，这使得很多现实问题都可以利用正态分布解决。

2）德莫夫—拉普拉斯中心极限定理

设随机变量 $x_1,\cdots,x_n$ 服从二项式分布 $B(n,p)$，当 $n\to\infty$ 时，x_i 趋近于均值为 np，方差为 npq 的正态分布，即 $x \sim N[np, np(1-p)]$。

此定理表明，对于服从二项式分布的品质数列，当 n 足够大时，可利用正态分布近似计算。

大数定理和中心极限定理是统计中大样本的理论基础，前者讨论了大样本条件下样本均值与总体均值、事件频率和概率的关系；后者讨论了大样本条件下随机变量的概率分布。

3. 抽样分布的概念

所谓抽样分布是指样本统计量的每个可能取值的概率形成的分布，反映样本统计量的取值规律。若已知样本指标的抽样分布，可确定其取值的概率；或者可以根据取值概率的大小，确定样本指标的相应取值。抽样估计的可靠程度、允许误差等均和抽样分布有关。

不同样本指标在不同条件下服从的分布不同，常用抽样分布有正态分布、t 分布、χ^2 分布等抽样分布理论请参阅数理统计书籍。

四、全及指标与样本指标

对于样本前文已有叙述，这里还需与总体一起再对某些概念做进一步的讨论。

1. 全及总体与样本总体

在抽样估计中，会涉及两类总体：全及总体和样本总体。

全及总体即统计总体，简称总体，是抽样估计中要认识的对象。在统计调查实践中，虽然很多单个现象不一定服从正态分布，但根据中心极限定理可知，大量同类现象的集合近似服从正态分布。故在本书以后的叙述中，如无特别说明，总体均为正态总体。

样本总体简称样本，是抽样估计中所要研究的对象，是采集数据、计算其指标的对象。实用中，通常将样本容量 $n \geqslant 30$ 称为大样本；$n < 30$ 称为小样本。为简便起见，如无特别说明，本书以后讨论的均为简单随机样本，即来自正态总体的样本 $x_1, x_2, \cdots, x_n$ 是一组相互独立，且与总体有相同分布的随机变量，取样过程不会对总体分布有任何影响。随机变量 $x_1, x_2, \cdots, x_n$ 的和或差也与总体有相同分布。

2. 全及指标与样本指标

全及指标是根据所有总体单位的标志值计算，为描述总体特征的指标，也称总体参数，是唯一确定的。全及指标在抽样估计中是未知的。常用的全及指标有总体平均数 $\bar{X}$、总体总值 $N\bar{X}$、总体方差 σ^2、总体标准差 σ 等。

样本指标是由样本随机变量构造而成的样本统计量，也称样本估计量，是用于描述样本某种数量特征的综合指标。常用样本指标如下。

1）样本平均数相关指标

样本平均数
$$\bar{x} = \frac{\sum\limits_{i=1}^{n} x_i}{n}$$

样本总值
$$\tilde{x} = \sum\limits_{i=1}^{n} x_i = n\bar{x}$$

样本方差
$$s_{n-1}^2 = \frac{\sum\limits_{i=1}^{n} (x_i - \bar{x})^2}{n-1}$$

2）样本成数相关指标

样本成数
$$p = \frac{n_1}{n}$$

样本方差
$$s_{n-1}^2 = \frac{np(1-p)}{n-1}$$

注意，这里样本方差的定义与数理统计中的略有不同，分母为样本容量减一，并非

$s_n^2 = \dfrac{\sum\limits_{i=1}^{n} (x_i - \bar{x})^2}{n}$。因为 n 个样本变量在样本平均值确定后就只有 $n-1$ 个变量可以自由取

值，即只有 $n-1$ 个量是独立的。若 $n \gg 1$ ，则有 $s_{n-1}^2 \approx s_n^2$ 。对于样本成数问题，这里仅讨论大样本问题，故使用时采用 $s_n^2 = p(1-p)$ 计算方差。

比较总体和样本可知，对给定的总体，样本的构成是随机的有多种可能；总体指标是唯一确定的，但在抽样估计中是未知的，需要通过样本指标进行推断估计；而样本指标是随机变量，是估计总体参数的估计量。

五、简单随机抽样组织形式

1. 简单随机抽样的概念

简单随机抽样又称纯随机抽样，是按随机原则直接从总体 N 个单位中抽取 n 个单位作为样本，以保证总体中每个单位皆有相同的中选机会。简单随机抽样是各抽样组织形式中最简单、最基本的一种，是其他抽样组织形式的基础。这种形式适用于均匀总体的情况，即具有某种标志的单位均匀地分布于总体。

2. 取样方法

这里介绍两种简单随机抽样的取样方法。

（1）直接抽取法，即直接从调查总体的各单位中抽取样本。

（2）随机数表法，即利用随机数表抽取样本单位。随机数表是将 $0 \sim 9$ 这 10 个数字按随机原则排列而成的数表（见附表 1《随机数表》）。使用的具体步骤是：首先将总体全部单位编号，根据编号的位数 k 从表中随机选 k 列；然后在确定的 k 列数字中随机选一组数字为起点，由该数字开始可向任意方向查找，凡查到数字小于或等于总体单位编号最大数字的，即入样，遇到大于编号或重复数字则跳过继续查找，直到找够 n 个样本单位为止。

例如，要从某批 60 个零件中抽检 15 个，先将全部零件编号，最大位数是两位，因此，任选 13、14 两列；从 13、14 列的第五组数字开始依次向下选，第一个 54 入样，第二个重复舍去，第三个 24 入样，第四个 95 大于 60 舍去，依此类推，直到选够 15 个样本单位。

显然此方法对总体单位数较大时会较为烦琐。

除简单随机抽样外，常用的抽样组织方式还有分层抽样、等距抽样和整群抽样等。本书以最基本的简单随机抽样为例，介绍抽样估计的基本原理和基本概念，也即各种抽样组织方式的共性部分，最后再分别介绍其他抽样组织方式下的抽样估计。

第二节 抽样平均误差

一、抽样误差的概念

抽样误差是指在抽样估计中用样本指标估计总体时产生的与总体指标真值的偏差，也称代表性误差。抽样误差按其产生的原因，可分为系统误差和随机误差。系统误差是指由于在抽样过程中没有严格遵照随机原则而引起的误差；随机误差是指由于所抽取的样本与总体或多或少总存在内部结构上的差异，使得样本不能完全代替总体，只是总体的代表。当利用样本推断总体时，不可避免地会发生偏差，我们称此偏差伪随机误差。一般所说的抽样误差大多指随机误差。随机误差按描述误差的角度不同，分为抽样平均误差和抽样极限误差。本节先讨论抽样平均误差。

二、抽样平均误差

1. 抽样平均误差的概念

设从容量为 N 的总体中抽取容量为 n 的样本，设样本数为 M，相应有 M 个样本平均数：$\bar{x}_1$，$\bar{x}_2$，$\cdots$，$\bar{x}_i$，$\cdots$，$\bar{x}_M$；M 个样本成数：p_1，p_2，$\cdots$，p_i，$\cdots$，p_M。据此可分别求得样本平均数的平均为

$$E(\bar{x}) = \frac{\sum\limits_i \bar{x}_i}{M}$$

样本成数的平均为

$$E(p) = \frac{\sum\limits_i p_i}{M}$$

样本平均数的平均也称作抽样平均数，样本成数的平均也称作抽样成数。

显然，每一个可能样本的样本平均数（样本成数）与抽样平均数（抽样成数）的偏差：$\bar{x}_i - E(\bar{x})(p_i - E(p))$ 一般都不相同。因此，我们需要计算这些可能偏差的平均值——抽样平均误差，也称抽样标准差。样本平均数和样本成数的抽样标准差分别记作：$\mu_{\bar{x}}$，μ_p。

$$\mu_{\bar{x}} = \sqrt{\frac{\sum\limits_i^M \left[\bar{x}_i - E(\bar{x}) \right]^2}{M}}, \qquad \mu_p = \sqrt{\frac{\sum\limits_i^M \left[p_i - E(p) \right]^2}{M}} \qquad (6-1)$$

式（6-1）给出了样本平均数所有可能取值与抽样平均数的平均误差。

根据独立同分布极限定理，若样本数足够大，则抽样平均数趋近于总体平均数，抽样成数趋近于总体平均数。因此，通常将抽样平均误差定义为：样本指标相对总体指标的标准差，也称抽样标准差。据此，用总体平均数 $\bar{X}$ 和总体成数 P 取代式（6-1）中的抽样平均数 $E(\bar{x})$ 和抽样成数 $E(p)$，则，样本平均数的抽样平均误差可表示为

$$\mu_{\bar{x}} = \sqrt{\frac{\sum\limits_{i=1}^M \left[\bar{x}_i - \bar{X} \right]^2}{M}} \qquad (6-2)$$

样本成数的抽样平均误差为

$$\mu_p = \sqrt{\frac{\sum\limits_{i=1}^M \left[p_i - P \right]^2}{M}} \qquad (6-3)$$

式（6-2）反映了样本平均数的所有可能取值与总体平均数之间的平均误差；式（6-3）反映了样本成数的所有可能取值与总体成数之间的平均误差。总之，抽样平均误差给出了样本指标所有可能取值与总体指标之间的平均偏差。

2. 抽样平均误差的意义

若容量为 n 样本的样本数为 M，这意味着样本指标有 M 个可能取值。而采用哪一个样本指标值则是随机的。因此，度量样本指标估计总体指标时的偏差，就需要以样本指标的所有可能取值与总体指标的平均偏差，而不是某一个样本指标值和总体指标的具体偏差来度

量。这样，虽然以不同的取值估计总体时与总体指标的接近程度一般是不同的，但是可计算的。可认为无论抽取的是哪一个样本，样本均值与总体均值间的偏差就近似为 μ；样本成数与总体成数间的差异就近似为 μ_p。

抽样平均误差体现了样本指标对总体指标的代表程度，抽样平均误差越小，样本指标的变异越小，平均来说，样本指标就越接近总体指标的真值，对总体的代表性就越强。

三、抽样平均误差的计算

通常只将式（6-1）或式（6-2）、式（6-3）看做抽样平均误差的理论定义式，它们在实际抽样估计中难以用于计算抽样平均误差。一是因为总体参数在抽样估计中是未知的；二是样本数 M 往往是一个非常大的数，避免将 M 个样本指标一一计算出的麻烦。故实用中并不利用这两个公式计算抽样平均误差，而是采用统计理论中用于不同条件下的实际计算公式。

1. 在重复抽样条件下

在重复抽样条件下，样本平均数的抽样平均误差为

$$\mu_{\bar{x}} = \frac{\sigma}{\sqrt{n}} \qquad (6-4)$$

样本成数的抽样平均误差为：

$$\mu_p = \frac{\sqrt{P(1-P)}}{\sqrt{n}} \qquad (6-5)$$

式中，σ 为总体标准差；n 为样本容量；P 为总体成数。

式（6-4）和式（6-5）表明，抽样平均误差和总体标准差成正比，和样本容量的平方根成反比，即重复抽样时，抽样平均误差仅为总体标准差的 $\frac{1}{\sqrt{n}}$。就是说，当某总体的总体平均数的标准差为 σ，若从其中抽取容量为 100 的样本时，抽样标准差却只有 $\frac{\sigma}{10}$，这说明即使总体的某一标志变异度可能较大，但抽取若干样本单位加以平均后，抽样平均数的标准差相比总体标准差会大大地缩小了，故以抽样平均数作为总体平均数的估计量更有效。而且，n 越大，样本指标的变异越小，分布越集中，抽样标准差越小。

2. 在不重复抽样条件下

在不重复抽样条件下，样本平均数的抽样平均误差为

$$\mu_{\bar{x}} = \sqrt{\frac{\sigma^2}{n}\left(\frac{N-n}{N-1}\right)} \approx \sqrt{\frac{\sigma^2}{n}\left(1-\frac{n}{N}\right)} \qquad (6-6)$$

样本成数的平均误差为：

$$\mu_p = \sqrt{\frac{P(1-P)}{n}\left(\frac{N-n}{N-1}\right)} \approx \sqrt{\frac{P(1-P)}{n}\left(1-\frac{n}{N}\right)} \qquad (6-7)$$

与重复抽样平均误差比较，不重复抽样平均误差为重复抽样平均误差的 $\sqrt{\left(\frac{N-n}{N-1}\right)}$ 倍，$\left(\frac{N-n}{N-1}\right)$ 称为校正系数。由于 $\left(\frac{N-n}{N-1}\right)$ 大于 0 小于 1，所以，在相同条件下，不重复抽样平

均误差一定小于重复抽样平均误差。这说明在相同条件下不重复抽样样本比重复抽样样本对总体的代表性要好，实用中也多采用不重复抽样方法。若总体单位数 $N \gg 1$，校正系数近似为 $\left(1 - \dfrac{n}{N}\right)$。

一般情况下，都有 $\dfrac{n}{N} \gg 1$，这时，不重复抽样平均误差和重复抽样平均误差的结果十分接近，即使是采用不重复抽样方式，也可用重复抽样平均误差公式代替不重复抽样平均误差公式。对于无限总体，总可以用重复抽样公式计算平均误差。另外，当总体方差未知时，若有过去的总体方差数据，可用其代替，或也可用样本方差代替。同理，若总体成数未知，可用过去的总体资料或样本成数代替。

【例 6 - 3】 要估计某地区二十万家庭的电脑拥有率。随机抽取 100 户家庭的调查结果显示有 75 户拥有电脑。求电脑拥有率的抽样平均误差。

解： 样本家庭的电脑拥有率 $p = \dfrac{75}{100} = 0.75$

样本方差 $s^2 = p(1 - p) = 0.1875$

重复抽样条件下，$\mu_p = \sqrt{\dfrac{p(1-p)}{n}} = \sqrt{\dfrac{0.1875}{100}} = 0.0433$（台）

不重复抽样条件下，$\mu_p = \sqrt{\dfrac{p(1-p)}{n}\left(1 - \dfrac{n}{N}\right)} = 0.0433\sqrt{1 - \dfrac{100}{200\,000}} = 0.0433$（台）

结果表明，用 100 个家庭的电脑拥有率来代表二十万户家庭的拥有率时的平均误差为 4.33%。

第三节　参　数　估　计

一、优良估计标准

所谓参数估计是指用样本指标作为估计量来估计总体参数。但是，在估计参数时会遇到如何选择样本指标的问题。例如，要估计总体平均数，那么是选样本平均数还是样本中位数作为估计量呢？符合下述三个标准的为优良估计量。

1. 无偏性

无偏性要求作为估计量的样本指标的平均数等于被估计的总体参数。也就是说，虽然每一个样本指标值和被估计的总体参数真值都可能有差异，但要求样本指标所有可能取值的平均数应等于总体参数，即平均来说，作为估计量的样本指标和被估计的总体参数是没有偏差的。

可以证明，样本平均数的平均数是总体平均数的无偏估计量，即 $E(\bar{x}) = \bar{X}$；样本成数的平均数是总体成数的无偏估计量，即 $E(p) = P$；样本方差是总体方差的无偏估计量，即 $E(s_{n-1}^2) = \sigma^2$。而样本矩 s_n^2 是总体方差的有偏估计量，即 $E(s_n^2) \neq \sigma^2$。这也是我们定义样本方差为 s_{n-1}^2 而不是 s_n^2 的理由。

2. 有效性

作为无偏估计量估计总体指标时，方差较小的估计量更有效。因为无偏性只是保证了平均来说样本指标和总体参数无偏差，但每一个可能的样本指标值与总体参数的偏差是有大有小的。若估计量的方差较小，就可以保证样本指标的所有取值更集中在被估计的总体参数真值的附近，使得对总体参数的估计更可靠。

3. 一致性

当以样本指标作为估计量估计总体参数时，总体参数的真值是未知的，故无法找到与其相符的样本指标。当一致性要求当样本容量足够大时，样本指标充分趋近于总体参数真值。大数定理表明，以样本平均数和样本成数作为总体平均数和总体成数的估计量符合一致性标准。这也说明，大样本得到的估计量比小样本得到的估计量更接近总体参数真值。

二、点估计

点估计也称直接估计或定值估计，即直接以实际样本估计值作为相应被估计的总体指标估计值。

依据优良估计标准，样本均值 $\bar{x}$ 是总体均值 $\bar{X}$ 的点估计量；样本成数 p 是总体成数 P 的点估计量；样本方差 s_{n-1}^2 是总体方差 σ^2 的点估计量。统计证明，s_n^2 不是总体方差 σ^2 的无偏估计量，而是 σ^2 的渐进无偏估计量，故在大样本条件下，常用样本方差 s_n^2 作为总体方差 σ^2 的点估计量 s_n^2。

例如，某电视台为调查某电视剧的收视率，以电话调查方式调查了一千名居民，其中有150人表示看了该剧，占调查人数的15%，按点估计就可直接推断该电视剧的收视率为15%。

又如，对某企业产品的优质品率进行抽样调查，样本的优质率为80%。按点估计就可直接认为该企业产品的优良品质率为80%。

点估计方法的优点是简单易行，无须掌握总体的任何信息，所以为实际工作中所常用。该方法的缺点也很明显，即不能指出估计的误差，无法得知估计的精确度和可信程度。更精确的估计方法应是区间估计法。

三、区间估计

点估计和区间估计类似于日常生活中估计时间的不同说法，例如，说"估计现在是九点"，显然该估计的准确性是很小的。但如果说"估计现在时间是九点左右"或"九点到九点半之间"，则估计的准确性就大得多。简单地说，区间估计就是以一个范围来估计一个点。准确地说，参数的区间估计，是指在一定概率把握度下，根据样本指标和抽样极限误差来估计总体参数，即总体指标的可能区间。

1. 抽样极限误差与置信区间

抽样平均误差反映的是样本指标的所有可能取值与被估计的总体参数的平均偏差，而每个特定的样本指标与总体参数间的误差可能大于、小于或等于抽样平均误差，因此，还需要引入一个量，以度量样本指标与被估计的总体指标间可能的实际偏差：$|\bar{x}-\bar{X}|$（$|p-P|$），将在给定条件下可能偏差中的最大值称为抽样极限误差，样本平均数和样本成数的抽样极限误差分别记作：$\Delta_{\bar{x}}$，Δ_p。据此，无论采用哪一样本，样本指标与总体指标间实际的可能偏差均满足：

$$|\bar{x}-\bar{X}| \leqslant \Delta_{\bar{x}} \qquad (6-8)$$

$$|p - P| \leqslant \Delta_p \qquad (6-9)$$

式（6-8）和式（6-9）给出了样本指标与总体真值之间可能误差的允许范围，即抽样估计时，允许样本估计量与总体真值之间发生的最大可能误差就是抽样极限误差这么大，故极限误差也称允许误差。

为进一步讨论式（6-8）和式（6-9）的意义，现将两式分别展开为

$$\bar{X} - \Delta_{\bar{x}} \leqslant \bar{x} \leqslant \bar{X} + \Delta_{\bar{x}} \qquad (6-10)$$

$$P - \Delta_p \leqslant p \leqslant P + \Delta_p \qquad (6-11)$$

此两不等式给出了被估计量的可能区间，即被估计的总体指标可能包含在（样本估计量 ± 允许误差）所构成的区间内。在抽样估计中，称此估计区间为置信区间。则：一定概率度下，总体平均数的置信区间为 $(\bar{x} - \Delta_{\bar{x}}, \bar{x} + \Delta_{\bar{x}})$；总体成数的置信区间为 $(p - \Delta_p, p + \Delta_p)$。由此可见，置信区间是以样本估计量为中心，以极限误差为长度的估计区间。极限误差的大小决定了置信区间的大小，抽样极限误差越小，置信区间越小；抽样极限误差越大，置信区间越大。当然，估计的可靠性、把握性也越大。

我们将抽样估计的精度定义为

$$A = 1 - \frac{\Delta}{\theta} \ (\theta \text{——样本指标}) \qquad (6-12)$$

式（6-12）表明，估计的精度也是由允许误差决定的，随着允许误差的增大，抽样估计的精度减小。或者说置信区间越大，估计的精度越小，二者呈反向变动。

2. 置信度

置信区间是一个随机区间，它给出的是被估计的总体指标的可能区间，而非肯定区间，即是说所估计的区间可能包含了总体指标，也可能不包含。描述这种可能性的概率，在参数估计中称为置信度或置信水平，记作 $1 - \alpha$（$0 < \alpha < 1$）。置信度给出了估计的成功概率，反映了置信区间的概率保证度或概率把握度。α 则是估计时的不成功概率。

注意，置信度是指在大量反复抽样条件下，估计区间的可靠程度，而非对某个具体的估计区间而言。例如，置信度为 90% 的置信区间是表示：有把握在所有的样本估计区间中，有 90% 会把总体指标真值包含在区间中。当我们根据一个具体样本资料计算所得的特定区间就不再是随机区间，只是一个确定的数值区间，它要么包含总体参数，要么不包含。

由统计知，置信度等于概率分布曲线积分面积的大小，其与置信区间的关系如图 6-1 所示。

进行参数估计时，人们总是希望估计的置信度尽可能大，极限误差尽可能小，即置信区间尽可能小。事实上，置信度与极限误差是一对矛盾，提高估计的置信度必然会增大极限误差；而减少极限误差又会降低估计的可靠程度。因此，在实际应用中，通常是根据具体问题，或者先提出对估计可靠程度 $(1 - \alpha)$ 的要求，然后求允许误差，确定置信区间；或者先对估计值提出对允许误差范围的要求，然后再确定估计的置信度。

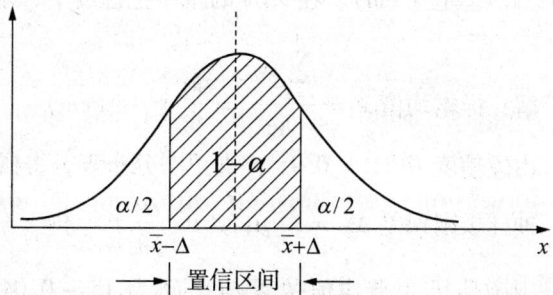

图 6-1 置信区间与置信度的关系

3. 极限误差与概率度

置信区间是由样本指标和抽样极限误差两个要素决定的。在抽样估计中，总体参数是未知的，无法直接利用此式计算极限误差。因此在统计中是以抽样平均误差 μ 作为标准单位对抽样极限误差进行度量的，将抽样极限误差与抽样平均误差 μ 的比称为概率度，记作 t，即

$$t = \frac{\Delta}{\mu} \tag{6-13}$$

该式表示对于特定总体容量为 n 的样本，μ 为定值，则概率度与极限误差成正比，概率度越大，极限误差越大，相应置信度也越大。

由式（6-13），有

$$\Delta = t\mu \tag{6-14}$$

相应的，样本均值和样本成数的抽样极限误差分别为：

$$\Delta_{\bar{x}} = t \cdot \mu_{\bar{x}} \tag{6-15}$$

$$\Delta_p = t \cdot \mu_p \tag{6-16}$$

抽样估计中，我们可以利用此结果计算抽样极限误差，为此需先对概率度的求法做一介绍。

统计证明：

（1）置信度是概率度的函数，记作 $F(t)$，即有

$$F(t) = 1 - \alpha \tag{6-17}$$

（2）概率度的大小与抽样分布有关。如果已知置信度 $F(t)$，则根据样本指标所服从的分布查相应的概率分布表（参阅附录），便可得出概率度 t 的值。

例如，已知置信度 $F(t) = 0.975$，若样本服从正态分布，则查正态分布概率表，可得 $t = 2.24$，则 $\Delta = 2.24\mu$。

四、总体平均数的区间估计

总体平均数的区间估计，就是用样本平均数作为估计量来估计总体平均数的可能区间，下面区分已知总体方差和未知总体方差两种情况进行讨论。

1. 已知总体方差 σ^2

因总体方差已知，来自正态总体的样本平均数服从正态分布。

【例6-4】某企业从以往的长期资料得出，其生产零件的尺寸服从标准差为 0.05 的正态分布。现从某日产品中随机抽取 6 个，测得其尺寸分别为 14.8，15.3，15.1，15.0，14.7 和 15.1（单位：cm）。在 95% 的概率把握度下，求产品尺寸平均值的置信区间。

解：样本均值 $\bar{x} = \dfrac{\sum\limits_{i=1}^{n} x_i}{n} = \dfrac{90}{6} = 15$（cm）

由置信度 $F(t) = 0.95$，查正态分布表，得概率度 $t = 1.96$

抽样极限误差 $\Delta_{\bar{x}} = t \cdot \mu_{\bar{x}} = t \cdot \dfrac{\sigma}{\sqrt{n}} = 1.96 \cdot \dfrac{0.05}{\sqrt{6}} = 0.04$（cm）

则产品尺寸平均值的置信区间为 $15 - 0.04 \leqslant \bar{X} \leqslant 15 + 0.04$（cm），即置信区间为 $[14.96，15.04]$ cm。

2. 未知总体方差 σ^2

当总体方差未知时，需用样本方差 σ^2 代替总体方差，用样本标准差 s 代替总体标准差进行计算。对于给定总体，总体方差是常数，而样本方差是随机变量，代替的结果是概率度含有两个随机变量，故服从自由度为（$n-1$）的 t - 分布为

$$t = \frac{\bar{x} - \bar{X}}{s/\sqrt{n}} \sim t_{\alpha/2}(n-1) \tag{6-18}$$

但如果大样本 $n \geqslant 30$，则近似服从正态分布。实际上，根据中心极限定理，只要是大样本（$n \geqslant 30$），无论总体服从何种分布，样本均服从正态分布。

【例 6 - 5】 为研究坚持长跑对体重的影响，采集到 10 名坚持长跑者前后体重变化的数据如下：5，0，0，0，8，1，1，4，0，1（单位：kg）。若以 90% 的概率保证度，则坚持长跑前后体重变化的置信区间是多少？

解： 因为总体方差未知，且为小样本，故服从 t - 分布。

样本平均数 $\bar{x} = \dfrac{\sum\limits_{i=1}^{n} x_i}{n} = \dfrac{20}{10} = 2$（千克）；

因为 $F(t) = 1 - \alpha = 0.90$

所以 $\alpha = 0.1$，查 t - 分布表 $t_{\alpha/2}(n-1) = t_{0.05}(10-1)$，得 $t = 1.833$；

样本标准差 $s = \sqrt{\dfrac{\sum\limits_{i=1}^{n}(x_i - \bar{x})^2}{n-1}} = \sqrt{\dfrac{68}{9}} = 2.75$（kg）；

抽样极限误差 $\Delta_{\bar{x}} = t \cdot \mu_{\bar{x}} = t \cdot \dfrac{s}{\sqrt{n}} = 1.833 \cdot \dfrac{2.75}{\sqrt{10}} = 1.59$（kg）。

则体重变化的置信区间为 $2 - 1.59 \leqslant \bar{X} \leqslant 2 + 1.59$（kg），即估计在 $[0.41, 3.59]$ kg 之间。

【例 6 - 6】 某企业甲车间有 1 000 名工人。为了解人均日产量，某日采用不重复抽样，随机抽取 100 人，计算出的人均产量为 55 件，标准差为 4.5 件。请以 95.45% 的置信度估计该车间人均日产量及日总产量的置信区间。

解： 未知总体方差，但为大样本，近似服从正态分布。

由 $1 - \alpha = 0.954\ 5$，查表得 $t = 2$，

抽样极限误差 $\Delta x_{\bar{x}} = t \cdot \dfrac{s}{\sqrt{n}} \cdot \sqrt{1 - \dfrac{n}{N}} = \dfrac{4.5}{\sqrt{1\ 000}} \cdot \sqrt{1 - \dfrac{100}{1\ 000}} \approx 0.86$（kg）。

则该车间人均日产量的置信区间为 $55 - 0.86 \leqslant \bar{X} \leqslant 55 + 0.86$（件），即估计在 $[54.14, 55.86]$ 件之间。

该车间日产量的置信区间为 $N \cdot 54.14 \leqslant N \cdot \bar{X} \leqslant N \cdot 55.86$（件），即估计在 $[54\ 140, 55\ 860]$ 件之间。

五、总体成数的区间估计

根据中心极限定理，在大样本条件下，样本成数近似服从均值为 P，方差为 $P \cdot (1-P)$ 正态分布。在实际应用中，若总体成数 P 未知，可用样本成数 p 或以前的资料代替。

【例 6 - 7】 2007 年，我国拟对五一黄金周假期进行改革。为了解民意，某调研机构在某

城市按居民固定电话号码随机抽取了 1 400 人，其中有 340 人赞同继续实施。求在 90% 的把握度下赞同继续实施五一黄金周的人数比例的置信区间。

解：由 $n = 1\ 400$（人）可知为大样本。

由置信度为 0.90，查正态分布表得 $t = 1.65$。

样本成数 $p = \dfrac{n_1}{n} = \dfrac{340}{1\ 400} = 0.243$；

抽样极限误差 $\Delta_p = t \cdot \mu_p = t \cdot \sqrt{\dfrac{p \cdot (1 - p)}{n}} = 1.65 \cdot \sqrt{\dfrac{0.243 \cdot (1 - 0.243)}{1\ 400}} = 0.019$。

则赞同继续实施五一黄金周人数比率的置信区间为 $24.3\% - 1.9\% \leqslant P \leqslant 24.3\% + 1.9\%$，即赞同人数比例估计在（22.4%，26.2%）之间。

【例 6 - 8】某地区对居民用于报刊费用的支出额进行了一次抽样调查。抽取了 400 户居民。调查得到平均每户年支出额为 350 元人民币，标准差为 47 元，支出额在 600 元以上的只有 40 户。试以 95% 的置信度估计：（1）平均每户支出额的区间；（2）支出额在 600 元以上的户数所占比例的区间。

解：由题意可知为大样本。

（1）因 $1 - \alpha = 0.95$，查正态分布表得 $t = 1.96$。

抽样极限误差 $\Delta_{\bar{x}} = t \cdot \mu_{\bar{x}} = t \cdot \dfrac{s}{\sqrt{n}} = 1.96 \cdot \dfrac{47}{\sqrt{400}} = 4.606$（元）

则平均每户支出额的估计区间为 $350 - 4.61 \leqslant \bar{X} \leqslant 350 + 4.61$（元），即 $[345.39, 354.61]$ 元。

（2）支出额大于 600 元的户数所占比例 $p = \dfrac{n_1}{n} = \dfrac{40}{400} = 10\%$；

抽样极限误差 $\Delta_p = t \cdot \mu_p = t \cdot \sqrt{\dfrac{p \cdot (1 - p)}{n}} = 1.96 \cdot \sqrt{\dfrac{0.1 \cdot (1 - 0.1)}{400}} = 0.029$。

则支出额在 600 元以上的户数所占比例的置信区间为 $10\% - 2.9\% \leqslant P \leqslant 10\% + 2.9\%$，即 $[7.1\%, 12.9\%]$。

对总体成数的区间估计，只讨论大样本情形。对于小样本，其概率度服从二项分布，不能用正态分布近似计算，这里不加讨论。

第四节　样本容量的确定

在前文所述的参数估计中，所抽取样本的容量都是作为已知的。但在实际问题中，抽取样本单位数的多少往往是需要根据具体要求再来确定的。一般来说，要求保证抽样估计能达到预期的置信度和估计的精确度。在同样的置信度和精确度下，不同的抽样方法，其必要的样本单位数不同。

1. 在重复抽样条件下

在重复抽样条件下，由式（6 - 4）和式（6 - 13）可得出样本均值的单位数为

$$n = \frac{t^2 \sigma^2}{\Delta_{\bar{x}}^2} \tag{6-19}$$

代入 $\sigma^2 = P(1 - P)$，可得样本成数的样本单位数为

$$n = \frac{t^2 P(1 - P)}{\Delta_p^2} \qquad (6 - 20)$$

2. 在不重复抽样条件下

在不重复抽样条件下，由式（6 - 6）和式（6 - 13）可得出样本均值的单位数为

$$n = \frac{t^2 N \sigma^2}{N \Delta_{\bar{x}}^2 + t^2 \sigma^2} \qquad (6 - 21)$$

样本成数的样本单位数为：

$$n = \frac{t^2 \cdot N \cdot P \cdot (1 - P)}{N \Delta_p^2 + t^2 P \cdot (1 - P)} \qquad (6 - 22)$$

由式（6 - 19）可知，抽取必要的抽样单位数目取决于概率度、总体方差和抽样极限误差。并且，样本单位数与总体方差 σ^2 成正比，可理解为：总体方差越大，说明总体的离散程度越大，则抽样调查时必要的样本单位数应相应增大，才能保证满足同样的抽样估计要求。样本单位数还与概率度 t 的平方成正比，因置信度随概率度增加而提高，所以如果要求估计的置信度越高，与之相应的样本单位数就越多。样本单位数与极限误差 Δ 的平方成反比。这说明当允许误差越小，即要求估计的精确度越大时，相应的样本数就越多。

实际应用中，若未知总体方差，可用以往的总体方差资料代替，或用样本方差资料代替；若有多个供参考的方差值，应选其中最大者；同理，若有多个供参考的成数值，应选最接近50%的；若缺少成数资料，可假设 $p = 0.5$，保证方差 $p(1 - p) = 0.25$ 为最大值。据此确定的样本单位数 n 既能使得抽样估计不会超出所确定的允许误差范围，又能达到所要求的置信水平。若计算的 n 有小数位，则要直接进位。需要说明的是，对于同一总体，依据样本平均数资料和样本成数资料，计算出的样本单位数可能不同，为避免出现因样本单位数不足而影响抽样误差的情况，通常取其中较大者作为共同的抽样单位数。

【例6 - 9】在95%的置信水平下，（1）以0.03的允许误差构造总体比例的置信区间时，应抽取多少样本单位数合适？（2）若在其他条件不变的情况下，将抽样误差缩小一半，应抽取多少样本单位数合适？

解：

（1）置信度为0.95，查表得 $t = 1.96$

因 p 未知，取 $p = 0.5$

则
$$n = \frac{t^2 p(1 - p)}{\Delta_p^2} = \frac{1.96^2 \times 0.25}{0.03^2} = 1\ 068$$

故在所要求的条件下，必要的样本容量为1 068。

（2）抽样误差缩小一半，即 $\Delta_p = \frac{0.03}{2} = 0.015$

则
$$n = \frac{t^2 p(1 - p)}{\Delta_p^2} = \frac{1.96^2 \times 0.25}{0.015^2} = 4\ 269$$

如果将抽样误差缩小一半，样本容量约增加4倍。所以在实际操作时，不能一味要求估计的精确度，还要考虑抽样估计的成本与精度的平衡。

第五节　其他抽样组织形式及其抽样估计

简单随机抽样虽然是最基本、最简单的抽样组织形式，但在较大规模的抽样调查或在总体单位较为复杂等情况下，简单随机抽样不太适宜，需考虑其他抽样组织形式。

在对简单随机抽样估计的讨论中可知，抽样平均误差的计算、样本单位数的确定等都与抽样组织形式有关。本节将分别介绍分层抽样、等距抽样和整群抽样等抽样组织形式，以及各形式下的抽样估计。

一、分层抽样及其抽样估计

1. 分层抽样的概念

分层抽样又称分类抽样、类型抽样。其基本操作过程是先按某个标志将容量为 N 的总体分成若干层，然后从各层中按随机原则分别抽取若干单位 n_i 构成容量为 n 的样本。例如，对某省大学毕业生就业情况进行调查，可按专业类别将全体毕业生分层，然后从各专业类别中分别抽取若干毕业生进行调查。简单地说，分层抽样就是统计分组加简单随机抽样。

分层抽样形式的特点使其具备如下优势：一是提高了样本的代表性。因为通过分层，总体被划分为若干个内部差异较小的子总体（层），按随机抽样原则从各子总体抽出的子样本构成的样本在结构上一般更接近总体结构，降低了抽样误差。在抽样误差一定的条件下，也将减少样本单位数，提高了估计效率。二是分层抽样不仅能依据样本指标推断总体指标，还可以利用各子样本估计各层的子总体指标。各量之间的关系如图 6-2 所示。

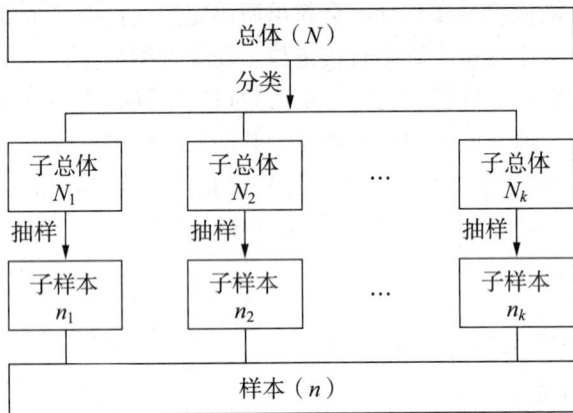

图 6-2　分层抽样示意图

2. 各层样本单位数的分配

在样本容量确定的前提下，各层子样本单位数的分配有按等比例分配和不等比例分配两种方式。

1）等比例分层抽样

所谓等比例分层抽样，是指样本单位数在各层的分配比例与总体单位数在各层的分配比例相同，即：

$$\frac{n_i}{n} = \frac{N_i}{N}(i = 1,2,\cdots k) \qquad (6-23)$$

式中，N，n 分别为总体容量和样本容量；N_i 为第 i 子总体的单位数，$N_1 + N_2 + \cdots + N_k = N$；$n_i$ 为第 i 个子样本的单位数，$n_1 + n_2 + \cdots + n_k = n$。

【例 6-10】为调查某乡的农作物产量，对其 1 300 亩农田按 10% 进行分类抽样调查。

解：先按农作物种类分组，再按式（6-23）等比例抽取样本，即 $n_i = 10\% N_i$，结果如表 6-2 所示。

表 6-2　某乡农作物等比例抽样分配表

按品种分组	面积 N_i（亩）	抽样面积 n_i（亩）
水稻	280	28
玉米	20	2
大豆	1 000	100
合计	1 300	130

2）不等比例分层抽样

按某一标志分层后，当各层的总体单位数相差较大，各组的组内变异程度较大时，按等比例抽样会影响样本的代表性，一般采用不等比例分层抽样，即从标准差大的组多抽一些样本单位，从标准差小的组少抽一些样本单位。样本单位数的确定可由下式计算：

$$n_i = \frac{N_i \cdot \sigma_i}{\sum_{i=1}^{k} N_i \cdot \sigma_i} \cdot n \qquad (6-24)$$

式中，σ_i 为第 i 个子总体的标准差。

在实用中，当各层子总体标准差未知时，可以用各层子样本标准差代替。

从抽样效果来说，不等比例分层抽样比等比例分层抽样的效果要好，但相应计算也较复杂。在实际调查中，若要求不高，多采用相对简便的等比例分层抽样。

3. 分层抽样的抽样平均误差

由简单随机抽样平均误差计算公式可知，若已知样本容量，则平均误差取决于总体方差。对于分层抽样，各层均存在层内方差 σ_i，各层的子总体单位数 N_i 一般也不同，因此，在分层抽样中，是用层内方差的加权平均数作为总体方差的。

1）样本平均数的抽样平均误差

在各层抽样时，可采用重复和不重复方法抽取样本。

在重复条件下，抽样平均误差为

$$\overline{\mu_{\bar{x}}} = \sqrt{\frac{\overline{\sigma^2}}{n}} \qquad (6-25)$$

式中，$\overline{\sigma^2}$ 为层内方差的加权平均数，即

$$\overline{\sigma^2} = \frac{\sum_{i=1}^{k} \sigma_i^2 \cdot N_i}{N} \qquad (6-26)$$

若为等比例抽样，则：

$$\overline{\sigma^2} = \frac{\sum_{i=1}^{k} \sigma_i^2 \cdot n_i}{n} \tag{6-27}$$

在不重复条件下，每一层的层内方差是重复抽样的 $\left(\dfrac{N_i - n_i}{N_i - 1}\right)$ 倍。因此，层内方差的加权平均数为

$$\overline{\sigma^2}' = \frac{\sum_{i=1}^{k} \sigma_i^2 N_i}{N} \left(\frac{N_i - n_i}{N_i - 1}\right)$$

若为等比例抽样，且 $N_i \gg 1$ ，则：

$$\overline{\sigma^2}' = \frac{\sum_{i=1}^{k} \sigma_i^2 N_i}{N} \left(1 - \frac{n_i}{N_i}\right) = \overline{\sigma^2}\left(1 - \frac{n}{N}\right) \tag{6-28}$$

因此，在不重复抽样的条件下，等比例抽样时的抽样平均误差为：

$$\overline{\mu_{\bar{x}}} = \sqrt{\frac{\overline{\sigma^2}}{n}\left(1 - \frac{n}{N}\right)} \tag{6-29}$$

在实用中，若未知各层内子总体方差，可用相应层子样本方差代替。若各子样本单位数 $n_i \geqslant 30$，则各层样本指标皆服从或近似服从正态分布。

4. 分层抽样的置信区间

在 $1 - \alpha$ 置信度下，总体平均数和总体成数的置信区间的形式和简单随机抽样相同。即

$$(\bar{x} - \Delta_{\bar{x}}, \bar{x} + \Delta_{\bar{x}}), \quad (\bar{p} - \Delta_{\bar{p}}, \bar{p} + \Delta_{\bar{p}})$$

其中样本平均数和样本成数分别为 $\Delta_{\bar{x}} = t\overline{\mu_{\bar{x}}}$，$\Delta_{\bar{p}} = t\overline{\mu_{\bar{p}}}$。

【例6-11】设【例6-10】中样本资料计算结果如表6-3所示，根据资料，在 95.45% 的概率把握度下：（1）估计该乡农作物的平均亩产量的区间；（2）估计该乡农作物总产量的区间范围。

表6-3 某乡农作物样本资料计算结果

按品种分组	面积 N_i（亩）	抽样面积 n_i（亩）	平均亩产量 $\bar{x}_i$（千克）	亩产量标准差 σ_i（千克）
水稻	280	28	700	90
玉米	300	30	500	85
大豆	1 000	100	400	40
合计	1 580	158	—	—

解：（1）样本平均数 $\bar{x} = \dfrac{\sum_{i=1}^{k} \bar{x}_i n_i}{n} = \dfrac{700 \times 28 + 500 \times 30 + 400 \times 100}{158} = 472.15\,(\text{kg})$

样本方差 $\overline{\sigma^2} = \dfrac{\sum_{i=1}^{k} \sigma_i^2 \cdot n_i}{n} = \dfrac{90^2 \times 28 + 85^2 \times 30 + 40^2 \times 100}{158} = 3\,819.94$

抽样平均误差 $\overline{\mu_{\bar{x}}} = \sqrt{\dfrac{\sigma^2}{n}\left(1 - \dfrac{n}{N}\right)} = \sqrt{\dfrac{3\,819.94}{158}(1 - 10\%)} = 4.66(\text{kg})$

因为 $1 - \alpha = 95.45\%$，$t = 2$

所以抽样极限误差 $\Delta_{\bar{x}} = t\overline{\mu_{\bar{x}}} = 2 \times 4.66 = 9.32(\text{kg})$

在 95.45% 的可靠度下，估计该乡农作物的平均亩产量的区间为（462.83，481.47）kg。

（2）估计农作物总产量的区间为（N462.83，N481.47）kg，即在（731 271.4，760 722.6）kg 之间。

（2）样本成数的抽样平均误差

对于样本成数，由于每层的层内方差 $\sigma_i^2 = P(1 - P)$，这里只需将此式代入式（6-26）、式（6-27）和式（6-28）即可得到样本成数的抽样平均误差。

在重复条件下：

$$\overline{\mu_{\bar{p}}} = \sqrt{\frac{\overline{P(1 - P)}}{n}} \tag{6-30}$$

其中，$\overline{P(1 - P)} = \dfrac{\sum\limits_{i=1}^{k} P_i(1 - P_i)N_i}{N}$。

在不重复条件下：

$$\overline{\mu_{\bar{p}}} = \sqrt{\frac{\overline{P(1 - P)}}{n}\left(1 - \frac{n}{N}\right)} \tag{6-31}$$

在应用不重复抽样的平均误差公式时，要注意两个条件，一是每层总体单位数 N_i 应大于大于1；二是抽样方式为等比例抽样。

在实际工作中，若未知各层即子总体成数 P_i，则可用相应层内样本成数代替。若各层样本单位数 $n_i \geqslant 30$，则各层样本指标均服从或近似服从正态分布。

对于一给定总体，其总体方差是一定的。在分层情况下：

总体方差 = 组内方差的平均数 + 组间方差

而分层抽样的抽样平均误差只取决于组内方差平均数，与组间方差无关。因此分层抽样比简单随机抽样的估计效率要高。

5. 分层抽样样本单位数的确定

这里只给出重复抽样条件下必要样本单位数的计算方法。

样本平均数的必要单位数为

$$n = \frac{t^2\,\overline{\sigma^2}}{\Delta_{\bar{x}}^2}$$

样本成数的必要单位数为

$$n = \frac{t^2\,\overline{P(1 - P)}}{\Delta_p^2}$$

由于层内方差平均数 $\overline{\sigma^2}$ 小于总体方差，因此，在同样的抽样精确度和置信度下，分层抽样的必要样本单位数比简单随机抽样要少些。

综上可知，提高分层抽样效率的关键在分层。层内差异越小，层间差异越大，抽样误差就越小，则必要样本数越少。

二、等距抽样

等距抽样也叫机械抽样或系统抽样。其基本操作过程是：先将总体单位按某一标志排队，然后确定抽样起点和抽样间隔，再按固定的顺序和间隔抽取样本单位。其抽样方式如图 6-3 所示。

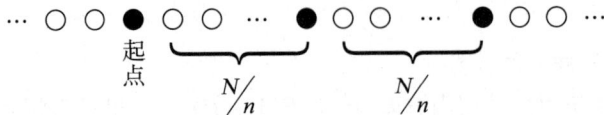

图 6-3　等距抽样示意图

等距抽样按排队标志与调查内容的关系不同，分为无关标志排队等距抽样和有关标志排队等距抽样两种。

1. 无关标志排队

所谓无关标志排队，是指总体单位排队所依据的标志与调查内容无直接联系。例如，对某产品使用寿命调查时，按产品排队；对城市居民消费调查时，按姓氏笔画排队。这样排队的结果实质上仍是随机的。抽样起点可以在第一次抽样间隔内随机选定。

无关标志排队的抽样结果和简单随机抽样十分接近，因此无关标志排队等距抽样可按简单随机抽样计算抽样误差及抽样估计。

2. 有关标志排队

所谓有关标志排队，是指依据排队的标志与调查内容有直接关系。例如，对城市居民人均居住面积调查时，按家庭收入排队；对学生平时学习成绩调查时，按入学成绩排队。因调查内容与排队标志关系密切，这样排队的结果是总体单位基本上是按标志值的大小顺序排列的，不具有随机性。抽样起点的确定自然也不能随机选定，以免出现系统误差。因此，通常采用半距起点等距抽样方式确定抽样起点，即以第一个抽样间隔（ $k = \dfrac{N}{n}$ ）的中间（即半距）为抽样起点，以后每隔 k 个单位抽取一个单位，直至抽满 n 个。采用这种方法抽取的各样本单位基本代表了其所在抽样间隔内的一般水平，故由其组成的样本的代表性较好。

与分层抽样进行比较可见，有关标志排队等距抽样的效果类似于分层抽样，这里的"间隔"相当于分层抽样中的"层"，只不过分得更多一些。因此，有关标志排队等距抽样误差可利用分层抽样误差公式近似计算。

三、整群抽样

1. 整群抽样的概念

整群抽样也叫集团抽样，是指将总体所有单位分成若干部分，每一部分称作群，然后按随机原则抽取若干群构成样本，再对样本内各群包含的所有单位进行调查。例如，按街道、行政区、乡划分群；按地理位置划分群；还有生产线上的产品按时间段分群等。

整群抽样的特别之处在于：它是以"群"而不是以"个"为单位来抽取样本的。因此整群抽样便于组织，节省人力、物力。不过这种方式也易造成样本在总体中的分布不够均匀。和其他抽样方式相比，在抽样单位数相同的条件下，整群抽样的样本代表性较低，抽样误差较大。

2. 整群抽样的抽样估计

1）整群抽样的抽样平均误差

因整群抽样的样本是由若干群构成的，其对总体的代表性取决于样本中的群对全部群的代表性，类似于简单随机抽样中样本各单位和总体各单位的关系。全部各群之间的差异越大，样本的代表性就越差；反之，全部各群间的差异越小，样本的代表性越好。这说明整群抽样的抽样平均误差由群与群之间差异大小决定，与群内各单位的差异情况无关，它与分层抽样刚好相反。整群抽样都采用不重复抽样，其样本平均数和样本层数的抽样平均误差分别为

$$\mu_{\bar{X}} = \sqrt{\frac{\sigma_{\bar{X}}^2}{r}\left(\frac{R-r}{R-1}\right)} \approx \sqrt{\frac{\sigma_{\bar{X}}^2}{r}\left(1-\frac{r}{R}\right)}$$

$$\mu_P = \sqrt{\frac{\sigma_P^2}{r}\left(\frac{R-r}{R-1}\right)} \approx \sqrt{\frac{\sigma_P^2}{r}\left(1-\frac{r}{R}\right)}$$

式中，R 为总体群数；r 为样本群数；σ^2 为总体各群的群间方差。平均数的总体群间方差和成数的总体群间方差分别为

$$\sigma_{\bar{X}}^2 = \frac{\sum_{i=1}^{R}(\bar{X}_i - \bar{X})^2}{R}$$

$$\sigma_P^2 = \frac{\sum_{i=1}^{R}(P_I - P)^2}{R}$$

式中，$\bar{X}_i$ 为总体内第 i 群的平均数；$\bar{X}$ 为总体平均数；P_i 为总体内第 i 群的成数；P 为总体成数。

在实用中，若总体群间方差未知，可用样本群间方差 $S_{\bar{x}}^2 = \dfrac{\sum_{i=1}^{r}(\bar{x}_i - \bar{x})^2}{r-1}$ 和 $S_p^2 = \dfrac{\sum_{i=1}^{r}(p_i - p)^2}{r-1}$ 代替；当总体群数 $R \gg 1$ 时，修正系数 $\dfrac{R-r}{R-1} \approx 1 - \dfrac{r}{R}$。

2）整群抽样的参数估计

若已知总体方差，当样本群数 r 较大时，样本指标服从正态分布；若未知总体方差，样本指标服从自由度为 $r-1$ 的 t 分布。但当 r 较大时，可用正态分布近似代替 t 分布。

【例6－12】某工厂某日生产饮料 1 000 箱，每箱 6 瓶。现按 1% 的比例随机抽取样本进行质量检查，所抽各箱合格率分别为 0.90，0.90，0.93，0.95，0.88，0.90，0.95，0.90，0.98 和 0.93。要求以 95% 的置信水平估计当日产品合格率的区间范围。

解：样本成数 $p = \dfrac{\sum\limits_{i=1}^{r} p_i}{r} = \dfrac{0.9 \times 4 + 0.93 \times 2 + 0.95 \times 2 + 0.88 + 0.98}{10} = 0.922$

由于未知总体群间方差，需用样本群间方差代替，则：

$$S_p^2 = \frac{\sum\limits_{i=1}^{r}(p_i - p)^2}{r-1}$$

$$= \frac{(0.9 - 0.922)^2 \times 4 + (0.3 - 0.922)^2 \times 2 + \cdots + (0.98 - 0.922)^2}{10-1} = 9.73 \times 10^{-4}$$

抽样平均误差 $\mu_P = \sqrt{\dfrac{\sigma_P^2}{r}\left(1 - \dfrac{r}{R}\right)} = \sqrt{\dfrac{9.73 \times 10^{-4}}{10}\left(1 - \dfrac{10}{1\,000}\right)} = 0.981 \times 10^{-2}$

由 $1 - \alpha = 0.95$ 可得：

$$t_{\alpha/2}(r-1) = t_{0.05/2}(9) = 2.262$$

允许误差 $\Delta = t\mu = 2.262 \times 0.981 \times 10^{-2} = 2.22\%$

则置信水平 95% 的估计区间为（89.98%，94.42%）。

综上所述，不同的抽样组织形式各有特点。在实际工作中，要根据掌握的具体情况和调查要求比较选择合适的抽样组织方式，还可以将不同的抽样组织形式结合使用，使调查工作既符合精确度和可靠程度的要求，又简单经济。

思考与练习题

一、思考题

1. 抽样估计的作用和特点是什么？

2. 样本指标和总体指标有何不同？

3. 什么是抽样分布？

4. 大数定理和中心极限定理分别为抽样估计提供了哪些理论依据？

5. 抽样误差包含哪几类？它们有何不同？

6. 为什么不能用抽样平均误差描述样本指标与总体指标间偏差的可能范围？

7. 如何衡量样本估计量的优劣？

8. 何谓置信区间？它与抽样极限误差有何关系？

9. 置信度为 95% 的置信区间的确切含义是什么？

10. 进行抽样估计时，必要的样本单位数受哪些因素影响？

11. 常用的抽样组织形式有哪几种？

二、选择题

1. 从总体中抽取一个单位，然后将其放回总体，参与下一次抽样，直到抽取 n 个单位为止，这样的抽样方法是（　　）。

A. 重复抽样　　　　B. 不重复抽样　　　C. 分层抽样　　　D. 整群抽样

2. 从总体中一次抽取 n 个样本单位，这样的抽样方法称为（　　）。

A. 重复抽样　　　　B. 不重复抽样　　　C. 分层抽样　　　D. 整群抽样

3. 抽样分布是指（　　）。

A. 一个样本观测值的分布　　　　B. 总体中各观测值的概率分布

C. 样本统计量的概率分布　　　　D. 总体指标的概率分布

4. 中心极限定理表明，来自任意分布总体的样本，其样本平均值的分布为（　　）。

A. 正态分布　　　　　　　　　　B. 仅当样本量 $n < 30$ 时为正态分布

C. 仅当样本量 $n \geq 30$ 时为正态分布　　D. 非正态分布

5. 设某总体成数为 0.55，采用重复抽样的方法从该总体中抽取容量为 200 的样本，则样本成数的抽样标准差为（　　）。

A. 0.05　　　　　　B. 0.035　　　　　　C. 0.045　　　　　　D. 0.057

6. 设容量为 20 000 的总体，其总体成数为 0.55，采用不重复抽样的方法从该总体中抽取容量为 200 的样本，则样本成数的抽样标准差为（　　）。

A. 0.05　　　　　　B. 0.035　　　　　　C. 0.045　　　　　　D. 0.057

7. 当正态总体的方差未知时，在小样本条件下估计总体平均数采用的分布是（　　）。

A. 正态分布　　　　B. t – 分布　　　　C. χ^2 – 分布　　　　D. F – 分布

8. 当正态总体的方差未知时，在大样本条件下估计总体平均数采用的分布是（　　）。

A. 正态分布　　　　B. t – 分布　　　　C. χ^2 – 分布　　　　D. F – 分布

9. 在其他条件相同的情况下，95% 的置信区间比 90% 的置信区间（　　）。

A. 要宽　　　　　　　　　　　　B. 要窄

C. 相同　　　　　　　　　　　　D. 可能宽也可能窄

10. 指出下列说法正确的是（　　）。

A. 样本量越大，样本平均数的抽样标准差就越小

B. 样本量越大，样本平均数的抽样标准差就越大

C. 样本量越小，样本平均数的抽样标准差就越小

D. 样本平均数的抽样标准差与样本量无关

三、计算题

1. 交警部门在对某段路进行测速时随机抽取了 50 辆车，发现这 50 辆车的平均时速为 80 km/h。从以往的研究得知，这段路行车速度的方差为 $\sigma^2 = 100 \text{km}^2/h^2$。问平均速度 $\bar{v}$ 的 95% 置信区间。

2. 同第 1 题，若此时总体方差未知，而随机抽取了 25 辆车的样本方差为 $s^2 = 100 \text{km}^2/h^2$。求平均速度 $\bar{v}$ 的 90% 置信区间。

3. 某道路施工部门为了检测一段路面的浇注厚度，在该段路面上打了 16 个孔，测得其浇注厚度平均数为 3 cm，标准差 s 为 0.5 cm。根据施工标准，路面平均厚度应为 3.5 cm。为在 95% 置信区间下，这段路面的浇注厚度是否达到施工标准。

4. 按规定每 100 g 罐头番茄汁，维生素 C 的含量不得少于 21 mg，现从某厂生产的一批罐头中抽取 17 个，已知维生素 C 的含量（单位：mg）如下：17，22，21，20，23，21，19，19，13，23，17，20，29，19，22，19，22。有该厂历史资料知：维生素 C 的含量服从正态分布，方差有 $\sigma^2 = 3.98^2$，$\sigma^2 = 4.05^2$，$\sigma^2 = 3.18\sigma^2$，试问在 $\alpha = 0.025$ 的显著性水平下估计该批罐头的维生素 C 含量。

5. 某手机厂对当季度生产的 A 款 2 万台手机进行质量检验，在抽查的 200 台手机中有

10 台不合格，求：（1）以 95.45% 的把握度该款手机的合格率范围；（2）是否超过规定的 8% 的不合格率。

6. 某小区计划添加一批户外健身器材，从全部 500 住户中抽取 50 户了解赞成与否。结果 32 户赞成，18 户反对。（1）求 50 户态度的抽样平均误差；（2）95% 置信度下，小区住户中赞成该计划比例的置信区间；

7. 某社区随机抽查了 30 位中年居民，他们每月平均参加运动时间约为 12 h，标准差 6 h，问有多大把握度估计该社区中年居民参加运动时间在 10 ~ 14 h 之间？

8. 某工厂对一批产品做例行质检，产品总数为 5 000 件，该产品历次合格率为 93%、96%、97%，要求合格率的允许误差不超过 3%，在 99.73% 的概率下应抽查多少件产品？

9. 为调查某中学生参加课外英语培训班的比例，希望误差控制在 3%，置信度控制在 95%，应抽取多少学生，置信度在 90% 时，又应抽取多少学生？若要求允许误差缩小一半，又应抽取多少学生？

10. 为调查大学生在校消费水平，该大学有男生 6 800 人，女生 4 000 人，现按 10% 的比例进行分类抽样，调查结果如表 6 - 4 所示。

表 6 - 4

按性别分组	调查人数 n_i（人）	平均月支出 $\bar{x}_2$（元）	方差 σ_i
男	680	410	42
女	400	500	67
合　计	1 080	—	—

要求以 95.45% 的置信度估计该大学学生平均月支出的置信区间。

第七章 假 设 检 验

假设检验是统计推断的方法之一。其基本思想是对所研究的总体提出假设，然后通过对样本的观测检验所提假设的可靠性，决定拒绝与否。假设检验的主要内容有假设检验的基本思想、假设检验的方法和假设检验的应用举例。

第一节 假设检验概述

一、假设检验的含义

假设检验和抽样估计都是统计推断的方法，二者的共同点是皆利用样本数据对总体进行估计推断。不过二者的角度和思路有所不同。

例如，某企业生产的一种零件的质量标准要求使用寿命不低于 1 000 h。现企业为降低生产成本，改革了生产工艺，要了解改革工艺后零件的使用寿命是否有变化。按抽样估计方法，首先抽取若干零件作为样本，计算样本指标——样本平均使用寿命，然后在一定的概率保证度下，利用样本指标估计总体指标——工艺改革产品的使用寿命，以判断工艺改革后零件使用寿命是否有变化。除此以外，还可以利用假设检验的方法，即先对要了解的总体指标——工艺改革产品的使用寿命做出假设，然后抽取样本，根据样本指标——平均使用寿命，检验关于总体指标的假设有多大的可信程度。这便是假设检验的大体过程。不难看出，假设检验方法本质上是一种反证法。

假设检验问题涉及总体参数检验和非参数检验。所谓总体参数检验即假设是针对总体指标的检验。而非参数检验即假设是关于总体某种性质的检验，如相关与回归中的拟合优度检验。本章仅讨论总体参数检验问题。

二、假设检验的基本思想

综上所述，假设检验的基本任务有：建立假设、计算检验量和确立检验的依据。

1. 建立原假设和备选假设

在假设检验的全部任务中，建立假设是首要的任务。所谓假设是指根据检验的目的和要求对待检验的命题提出设想，并且要同时提出两个相互对立的假设：原假设和备选假设。原假设也称零假设，记作 H_0；和原假设相反的假设作为备选假设，也称对立假设，记作 H_1。设 $\bar{X}$ 为待检验的总体指标，则原假设的表示可有：

$$H_0: \bar{X} = （或 \geqslant，或 \leqslant）总体指标假设值$$

备选假设的表示可有：

$$H_1: \bar{X} \neq （或 <，或 >）总体指标假设值$$

那么，具体该将何种情形选定为原假设或备选假设呢。一般原则，总是把没有充分证据不能轻易否定的命题作为原假设。原假设应该是清楚明确的，如之前的事实、既定的结论等。将没有充分证据就不能肯定的命题作为备选假设。按此原则，在实用中通常把将检验者想要证明的命题，或是不能轻易认可的结论选定为备选假设，与之相反的命题即为原假设。随着讨论的深入，对假设的选定原则会有更深刻的认识。

【例7-1】 某企业生产的一种零件的质量标准要求使用寿命不低于 1 000 h。现企业为降低生产成本，改革了生产工艺，为了了解改革工艺后零件的质量，质检人员决定对新产品进行抽样检测，以了解使用寿命是否有降低。请建立检验产品寿命的原假设和备选假设。

解： 设新产品平均使用寿命为 $\bar{X}$，为保证产品质量，没有充分证据不能轻易就认定成本降低后产品质量仍可靠，所以把新产品寿命高于 1 000 h 作为备选假设，当然，证明新产品质量没有降低也是检验者的目的。提出的假设为

原假设 $\qquad\qquad\qquad H_0 : \bar{X} \leqslant 1\ 000\ \text{h}$

备选假设 $\qquad\qquad\qquad H_1 : \bar{X} > 1\ 000\ \text{h}$

【例7-2】 某城市一权威人士称该市高考录取率超过 70%。为证实该说法是否准确，某研究机构随即抽取样本进行验证。请提出原假设和备选假设。

解： 该机构检验是怀疑超过 70% 的结论，欲证明高考录取率不到 70%，这一命题应作为备选假设。另外，如果否定高考录取率超过 70% 这一结论，必须要有充分理由。建立假设为

原假设 $\qquad\qquad\qquad H_0 : P \geqslant 0.7$

备选假设 $\qquad\qquad\qquad H_1 : P < 0.7$

【例7-3】 某啤酒厂每瓶啤酒净容量的标准规格是 500 mL，质检人员对产品进行抽样检测。请建立原假设和备选假设。

解： 设该批啤酒净容量为 $\bar{X}$。因为啤酒净容量无论是多于或少于 500 mL 均属质量问题，装得过多易爆炸，有失安全，而少于 500 mL 则会侵害消费者利益，所以：

原假设 $\qquad\qquad\qquad H_0 : \bar{X} = 500\ \text{mL}$

备选假设 $\qquad\qquad\qquad H_1 : \bar{X} \neq 500\ \text{mL}$

注意，等号只用于原假设，是由于原假设的估计值一般是确定的，另外也是为了能使原假设包含备选假设以外的所有情况。

2. 显著性水平 α

虽然一般是将不能轻易拒绝的命题作为原假设，但是，在假设检验问题中，原假设是否真实是未知的，又由于抽样误差的存在，使得样本指标与总体假设值间的差异一定存在，只是显著与否的问题。但因样本的构成是随机的，致使差异显著与否问题是个概率问题。因此，检验时，接受或是否定原假设只能是依据其发生概率的大小来决定。更确切地说，是依据样本指标与原假设 H_0（即总体指标假设值）之间出现显著差异概率 α 的大小来决定原假设的取舍。又由小概率原理知，在一次试验中小概率事件几乎是不可能发生的。所以，只要将样本指标与总体假设值之间出现显著差异的概率 α 设定为较小值，即可保证原假设不能轻易被拒绝。另一方面，对于一个很小的概率 α，若样本指标与原假设之间差异显著的事件居然发生了，那么，拒绝原假设的理由可说是足够充分了。因此，α 可作为判定接受或拒绝原假设的概率标准（如图7-1所示），即若样本指标与原假设 H_0 间差异大小的实际概率 P[①] >

---

① 关于利用 P 值检验的具体内容，请参见本章第四节

α，认为样本指标与原假设 H_0 的差异在可接受范围内，则接受原假设 H_0；若样本指标与原假设 H_0 之间差异的概率 $P < \alpha$，说明小概率事件发生了，那么就有充分的理由认为差异显著而否定原假设。因此，我们称 α 为显著性水平。

至于将 α 设定为多大符合较小值，应具体问题具体分析，常用的值有 0.01，0.025，0.05 和 0.1 等。

图 7-1 α 与事件概率 P 示意图

3. 样本检验量与统计决策

统计决策是指接受或拒绝原假设的判定，前已述及，可以根据样本指标与原假设 H_0 间差异的概率 P 与显著性水平 α 的比对做出，即，当 $P < \alpha$ 时，说明小概率事件发生了，我们就有充分的理由否定原假设；当 $P > \alpha$ 时，就没有充分理由拒绝原假设[①]。

另外，还可以利用样本检验统计量来做出决策。所谓样本检验统计量，即是将样本指标作标准化变换的结果，为方便叙述简称样本检验量，记作 Z，则：

$$样本检验量 = \frac{样本指标 - 总体指标假设值}{样本指标的抽样标准差}$$

所以，样本检验量是样本资料的综合反映，是以抽样平均误差为单位来度量样本指标与总体指标假设值之间差异的大小。依据特定样本资料计算的数值结果称为样本检验值或观测值，记作 Z_0。

统计决策也可以利用样本检验值与临界值的比较做出。将与显著性水平 α 对应的取值区域称为原假设的拒绝域，拒绝域的边界值，称为临界值，记作 Z_α，如图 7-1 所示。临界值是接受原假设或拒绝原假设的数值分界点，其大小由显著性水平 α 决定。当检验值大于临界值时，表示样本指标和总体指标的差异显著，则有充分理由拒绝原假设；当检验值小于临界值时，表示样本指标和总体指标的差异不明显，则认为拒绝原假设的理由不够充分，而接受原假设。即，决策依据可表为：若 $Z_{检} \leqslant Z_{临}$，则接受原假设；若 $Z_{检} > Z_{临}$，则拒绝原假设。

综上所述，关于假设检验需要强调以下三点。① 样本指标和原假设 H_0（总体指标假设值）之间的差异总是存在的，所谓的检验不过是检验在一定显著性水平下二者之间的差异是否显著到不能接受的水平或能接受的水平；② 假设检验是根据样本资料对原假设做出拒绝或是接受的决策。由于有两种且只有两种对立假设，使得假设检验结果是非原假设即备选假设；③ 假设检验是建立在小概率原理基础之上的，所以无论决策结果如何，都是概率意义上的，并非严格的逻辑推理结果。因此，"接受"原假设，并不能完全肯定原假设是真实的，只是说该次检验中原假设 H_0 与样本指标没有显著差异，因而不能拒绝，只是谨慎接受，有待进一步检验。"拒绝"原假设，也同此意。

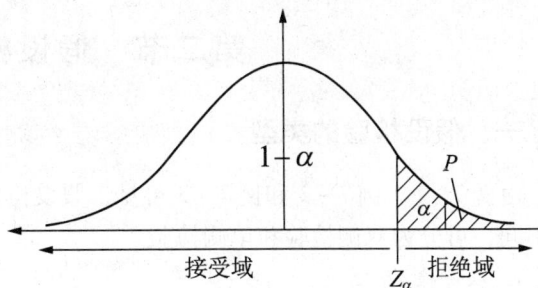

---

① 关于利用 P 值检验的具体内容，请参见本章第四节

第二节 假设检验的方法

一、假设检验的类型

由例7－1、例7－2和例7－3可见，假设检验问题中的原假设和备选假设按照检验问题的不同，可分为双侧检验和单侧检验。

1. 双侧检验

在检验命题时，若只需考虑原假设和样本检验量是否有显著差异，而无须考虑差异的方向，则称这类假设检验为双侧检验，假设的表示形式为

原假设 $\qquad\qquad\qquad\qquad H_0 : \bar{X} = \bar{X}_0$

备选假设 $\qquad\qquad\qquad\qquad H_1 : \bar{X} \neq \bar{X}_0$

如例7－3检验问题中，只要啤酒容量不等于500 mL，原假设就被拒绝，无论是多于500 mL还是少于500 mL。如图7－2所示的双侧检验中，α 对应的拒绝域被一分为二，分列两侧，对应临界值有两个：$Z_{\alpha/2}$ 和 $-Z_{\alpha/2}$。

统计决策依据：若 $-Z_{\alpha} \leqslant Z_0 \leqslant Z_{\alpha}$ 接受原假设

$\qquad\qquad\qquad$ 若 $Z_0 < -Z_{\alpha}$ 或 $Z_0 > Z_{\alpha}$ 拒绝原假设

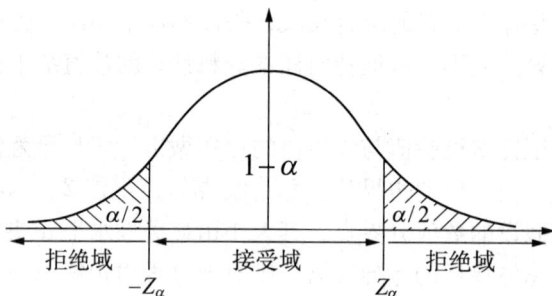

图7－2 双侧检验示意图

2. 单侧检验

在某些检验问题中，不仅需要考虑原假设命题和样本指标是否有显著差异，还要关心显著差异的方向，这类检验称单侧检验。单侧检验根据差异方向的不同，又分为左单侧检验和右单侧检验。

1）左单侧检验

如果例7－3检验问题中只是为了解顾客关于啤酒不够量的投诉，抽查检验啤酒的净容量是否达到500 mL，即为左单侧检验，假设形式为

原假设 $\qquad\qquad\qquad\qquad H_0 : \bar{X} \geqslant \bar{X}_0$

备选假设 $\qquad\qquad\qquad\qquad H_1 : \bar{X} < \bar{X}_0$

如图7－3所示，左单侧检验的 α 位于分布曲线左端，相应有单一临界值 $-Z_{\alpha}$。

统计决策依据：若 $Z_0 \geqslant Z_{\alpha}$，则接受原假设；若 $Z_0 < -Z_{\alpha}$，则拒绝原假设

2）右单侧检验

如果例7－3检验问题中只是要了解啤酒净容量是否超过500 mL，引发安全问题，则为

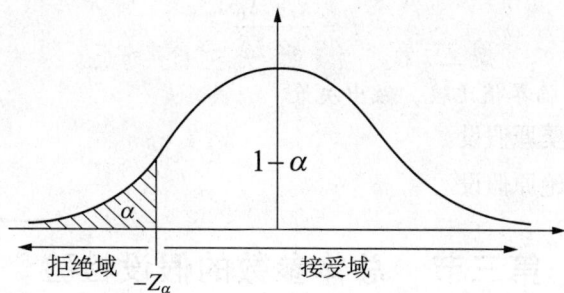

图 7 – 3 左侧检验示意图

右单侧检验，假设形式为

原假设 $\qquad\qquad\qquad\qquad\qquad$ $H_0: \bar{X} \leqslant \bar{X}_0$

备选假设 $\qquad\qquad\qquad\qquad\qquad$ $H_1: \bar{X} > \bar{X}_0$

如图 7 – 4 所示，右单侧检验中 α 位于分布曲线右端，只有单一临界值 $Z_\alpha > 0$。

统计决策依据：若 $Z_0 \leqslant Z_\alpha$，则接受原假设；若 $Z_0 > Z_\alpha$，则拒绝原假设

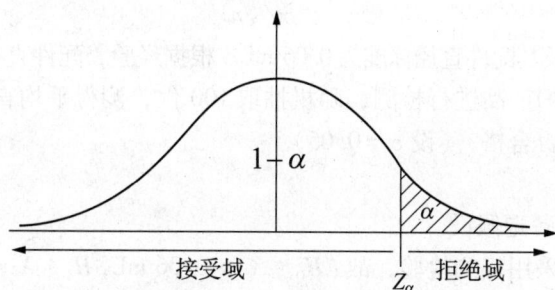

图 7 – 4 右侧检验示意图

二、假设检验的步骤

完成一次假设检验需进行如下工作。

1. 提出原假设和备选假设

2. 确定显著性水平 α，求临界值 Z_α 或 t_α

临界值与总体情况及抽样分布有关。若总体方差 σ^2 已知，来自正态总体的样本统计量服从标准正态分布，则查正态分布表得出临界值 Z_α，这种利用正态分布的假设检验，称为 Z 检验。若总体方差 σ^2 未知，来自正态总体的样本服从自由度为 $n-1$ 的 t 分布，则临界值 t_α 需查 t 分布表得，称为 t 检验。

3. 选择样本检验量，计算样本检验值

临界值一经确定，样本检验量的选择随之确定。

若为 Z 检验，则检验量为

$$Z = \frac{\bar{x} - \overline{X_0}}{\sigma / \sqrt{n}} \qquad\qquad (7-1)$$

若为 t 检验，则检验量为

$$t = \frac{\bar{x} - \overline{X_0}}{s/\sqrt{n}} \qquad (7-2)$$

4. 将样本检验值与临界值比较，做出决策

若 $Z_{检} \leq Z_{临}$，则接受原假设。

若 $Z_{检} > Z_{临}$，则拒绝原假设。

第三节　总体参数的假设检验

一、总体平均数的假设检验

1. 已知总体方差 σ^2

因总体方差已知，来自正态总体的样本平均数服从均值为 $\bar{X}$，方差为 $\frac{\sigma^2}{n}$ 的正态分布，样本检验量为：

$$Z = \frac{\bar{x} - \overline{X_0}}{\sigma/\sqrt{n}}$$

【例 7-4】某产品及其配件直径标准为 0.06 mL。根据经验，配件直径的标准差为 0.02 mL。现对培训后新工人某日的产品进行检测，随机抽取 100 件，测得平均直径为 0.057 mL，试问培训后新工人的产品是否合格？（设 $\alpha = 0.05$）

解：

（1）提出原假设和备选假设。

根据题意可知，应采用双侧检验，故：$H_0: \bar{X} = 0.06$ mL，$H_1: \bar{X} \neq 0.06$ mL。

（2）由显著性水平求临界值。

对于双侧检验，两侧拒绝域概率分别为 $\alpha/2$（参见图 7-2），则：

$$F(Z_{\alpha/2}) = 1 - \alpha = 0.95$$

查正态分布表得临界值 $Z_{\alpha/2} = \pm 1.96$。

（3）确定样本检验统计量并计算检验值。

$$Z = \frac{\left| \bar{x} - \overline{X_0} \right|}{\sigma/\sqrt{n}} = \frac{\left| 0.057 - 0.06 \right|}{0.021/\sqrt{100}} = \pm 1.428$$

（4）做出统计决策。

因 $Z < Z_{\alpha/2}$，故没有充分理由拒绝原假设，即认为新工人的产品是合格的。

其实，根据中心极限定理，只要是大样本，无论总体服从何种分布，样本均近似服从正态分布。

【例 7-5】某公司出品的酸牛奶标准规定每 100 g 酸牛奶中蛋白质的含量不少于 2.3 g，根据以往资料得知，标准差为 0.5 g。现从生产线上随机抽取 35 盒，测得其平均蛋白质含量为 2.412 g。请根据样本资料判断该批酸牛奶蛋白质含量是否达标。（设 $\alpha = 0.1$）

解：

（1）提出原假设和备选假设。

根据题意可知，应采用右单侧检验，故：$H_0: \bar{X} \leq 2.3$ g，$H_1: \bar{X} > 2.3$ g。

（2）由显著性水平求临界值。

因本教材正态分布表是按双侧设列的。现单侧概率为 α，则双侧概率就应为 2α，即 $F(Z_\alpha) = 1 - 2\alpha = 1 - 0.2 = 0.8$，查正态分布表得临界值 $Z_\alpha = 1.285$。

（3）确定样本检验统计量并计算检验值。

$$Z = \frac{\bar{x} - \overline{X_0}}{\sigma / \sqrt{n}} = \frac{2.412 - 2.3}{0.5 / \sqrt{35}} = 1.325$$

（4）做出统计决策。

因 $Z > Z_\alpha$，故有充分理由否定原假设，接受备选假设，认为该批次酸牛奶的蛋白质含量达标。

2. 未知总体方差 σ^2

因总体方差未知，需以样本方差代替，这样构造的样本检验统计量含有两个随机变量，则服从自由度为 $n-1$ 的 t 分布，样本检验量为

$$t = \frac{\bar{x} - \overline{X_0}}{s / \sqrt{n}}$$

【例7-6】按规定，某饮料自动装瓶生产线的装瓶标准为 250 mL。现从某批次抽取 8 瓶，测得其净容量分别为 245，246，250，250，252，250，252 和 246（单位：mL）。若给定显著性水平为 0.05，则该饮料自动装瓶生产是否正常？

解：建立假设 $H_0: \bar{X} = 250$ mL，$H_1: \bar{X} \neq 250$ mL。

因未知总体方差，样本服从 t 分布，查 t 分布表得：

$$t_{\alpha/2}(n-1) = t_{0.025}(7) = \pm 2.364$$

样本平均值为

$$\bar{x} = \frac{\sum_{i=1}^n x_i f_i}{\sum_{i=1}^n f_i} = 248.88 \ (\text{mL})$$

样本方差为

$$s^2 = \frac{\sum_{i=1}^n (x_i - \bar{x})^2}{n-1} = \frac{(252 - 248.88)^2 \cdot 2 + \cdots + (250 - 248.88)^2 \cdot 3}{7} = 7.839$$

样本检验值为

$$t = \frac{|\bar{x} - \overline{X_0}|}{s / \sqrt{n}} = \frac{|248.88 - 250|}{\sqrt{7.839/8}} = \pm 1.131$$

因 $t < t_{\alpha/2}$，在显著性水平为 0.05 下，认为生产正常。

【例7-7】某调查机构声称目前儿童平均每天看电视的时间达 4.3 h。某地区对 45 个家庭进行调查的结果是：儿童每天看电视的时间是 3.25 h，标准差为 1.5 h。在 0.01 的显著性水平下结论应是什么？

解：建立假设 $H_0: \bar{X} \geq 4.3$ h，$H_1: \bar{X} < 4.3$ h。

因未知总体方差，样本服从 t 分布，对左单侧检验，有：

$$t_\alpha(n-1) = t_{0.01}(44) = -2.414$$

样本检验值为

$$t = \frac{\bar{x} - \overline{X_0}}{s/\sqrt{n}} = \frac{3.25 - 4.3}{1.5/\sqrt{45}} = -4.696$$

统计决策：因 $t > t_\alpha$ ，故认为儿童平均每天看电视的时间不到 4.3 h。

实际上，由 t 分布的性质可知，当样本为大样本（ $n \geq 30$ ）时，t 分布可以正态分布近似代替。读者可利用正态分布再做此题，结论相同。

二、总体成数的假设检验

根据中心极限定理，在大样本条件下，样本成数服从正态分布 $N\left[P, \dfrac{P(1-P)}{n}\right]$ ，样本检验统计量 $Z = \dfrac{p - P_0}{\sqrt{\dfrac{P(1-P)}{n}}}$ 服从 $N(0,1)$ 分布。式中，P_0 为总体成数假设值；P 为总体成数；p 为样本成数。因总体成数检验中总体成数 P 一般未知，可用样本成数 p 或总体成数假设值 P_0 代替，也可用以前的总体资料代替。

【例 7-8】某社区根据以往资料估计本社区订阅休闲类杂志的人数约 8% 。为了解今年的订阅情况，随机抽查了 $1\,000$ 位社区居民，其中订阅此类杂志的有 76 人。问在 0.05 的显著性水平下，订阅人数是否减少？

解： 建立假设 $H_0: P \geq 8\%$ ，$H_1: P < 8\%$ 。

确定临界值。因 $np = 1\,000 \cdot (76/1\,000) > 5$ ，样本检验量近似服从正态分布，$F(Z_\alpha) = 1 - 2\alpha = 0.9$ ，查表得 $-Z_\alpha = -1.645$ 。

计算样本检验值 $Z = \dfrac{p - P_0}{\sqrt{\dfrac{P(1-P)}{n}}} = \dfrac{76/1\,000 - 0.08}{\sqrt{\dfrac{0.076 \cdot (1 - 0.076)}{1\,000}}} = -0.477$

统计决策：因 $Z < Z_\alpha$ ，故接受原假设，即在 0.05 的显著性水平下，今年的订阅人数没有减少。

三、总体方差的假设检验

总体方差或标准差也是总体的重要参数，常用于反映总体单位的离散程度、产品质量的稳定程度及现象变化的均匀程度。若要了解总体的这些方面是否发生了显著变化，可进行总体方差的假设检验。这里仅讨论正态总体情况。

原假设的表示形式有：

$$H_0: \sigma^2 = （或 \geq, 或 \leq）假设值$$

备选假设的表示形式有：

$$H_1: \sigma^2 \neq （或 <, 或 >）假设值$$

由于 σ^2 的无偏估计量为 s_{n-1}^2 ，可利用 s_{n-1}^2 和 σ^2 的比值来反映二者的接近程度。若 $s_{n-1}^2\sigma^2$ 接近 1 ，说明二者近似相等，即原假设成立；反之，原假设不成立。不过，我们构造的检验统计量却是 $\dfrac{(n-1) \cdot s_{n-1}^2}{\sigma^2}$ ，而非 $s_{n-1}^2\sigma^2$ ，那是因为我们已知前者的抽样分布。

由数理统计可知,对于来自正态总体的样本,在 H_0 成立的条件下,样本检验统计量为

$$\chi^2 = \frac{(n-1)s_{n-1}^2}{\sigma_0^2} = \frac{\sum_i (x_i - \bar{x})^2}{\sigma_0^2}$$

服从自由度为 $n-1$ 的 χ^2 分布,记作 $\chi^2(n-1)$。利用 χ^2 分布的假设检验称为 χ^2 检验。χ^2 分布只分布在正半轴且为不对称分布。当样本容量 $n > 45$ 时,则可以正态分布近似代替。式中 σ_0^2 为总体方差假设值。

1. 右侧检验

假设表示:原假设 $H_0: \sigma^2 \leq \sigma_0^2$,备选假设 $H_1: \sigma^2 > \sigma_0^2$。

右侧检验时的临界值为 $\chi_\alpha^2(n-1)$。

统计决策为:若 $\chi^2 \leq \chi_\alpha^2$,则接受原假设;若 $\chi^2 > \chi_\alpha^2(n-1)$,则拒绝原假设,如图 7-5 所示。

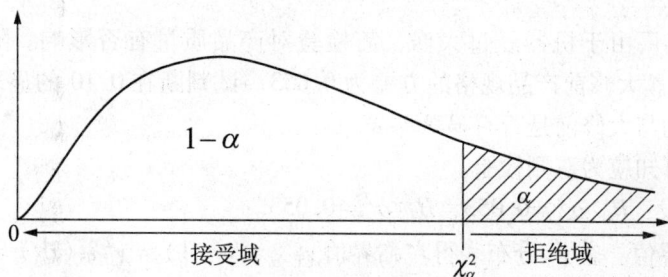

图 7-5 χ^2 右侧检验示意图

2. 左侧检验

假设表示:原假设 $H_0: \sigma^2 \geq \sigma_0^2$,备选假设 $H_1: \sigma^2 < \sigma_0^2$。

因 χ^2 分布表为右临界值表,故左侧检验时的临界值应为 $\chi_{1-\alpha}^2(n-1)$。

统计决策为若 $\chi^2 \geq \chi_{1-\alpha}^2(n-1)$,则接受原假设;若 $\chi^2 < \chi_{1-\alpha}^2(n-1)$,则拒绝原假设,如图 7-6 所示。

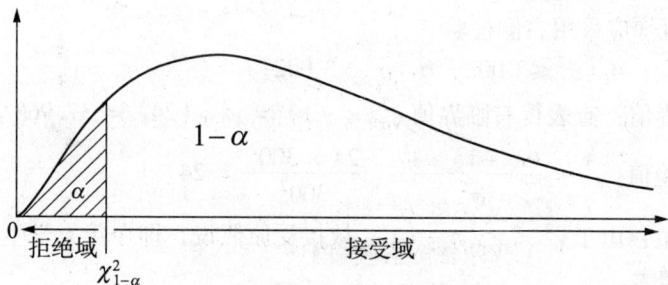

图 7-6 χ^2 左侧检验示意图

3. 双侧检验

假设表示:原假设 $H_0: \sigma^2 = \sigma_0^2$,备选假设 $H_1: \sigma^2 \neq \sigma_0^2$。

由于 χ^2 分布为非对称分布,故双侧检验时的临界值需要分别从 χ^2 分布表查得,左临界

值为 $\chi^2_{1-\alpha/2}(n-1)$ ，右临界值为 $\chi^2_{\alpha/2}(n-1)$ 。

统计决策为：若 $\chi^2_{1-\alpha/2} \leqslant \chi^2 \leqslant \chi^2_{\alpha/2}$ ，则接受原假设；若 $\chi^2 < \chi^2_{1-\alpha/2}(n-1)$ 或 $\chi^2 > \chi^2_{\alpha/2}(n-1)$ ，则拒绝原假设，接受备选假设。

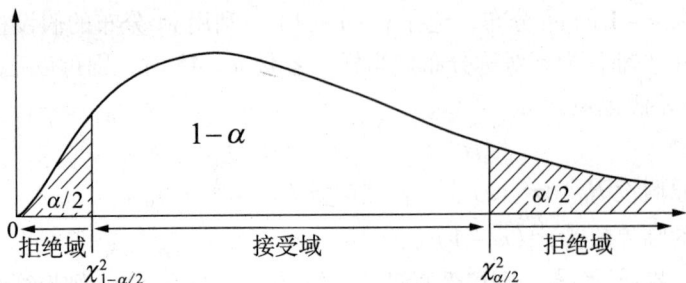

图 7-7　χ^2 双侧检验示意图

【例 7-9】 某厂由于机器经过大修，需检验对产品质量有否影响。随机抽 30 件产品，测得方差为 0.081。大修前产品规格的方差为 0.053。试判断在 0.10 的显著性水平下，大修后产品规格的波动与大修前是否有显著差异。

解： 由题意可知应为双侧检验。

（1）提出假设：$H_0: \sigma^2 = 0.053$ ，$H_1: \sigma^2 \neq 0.053$ 。

（2）确定临界值：查 χ^2 分布表得左临界值 $\chi^2_{1-\alpha/2}(n-1) = \chi^2_{0.95}(29) = 17.708$ ，右临界值 $\chi^2_{\alpha/2}(n-1) = \chi^2_{0.05}(29) = 42.557$ 。

（3）当 H_0 为真时，检验值 $\chi^2 = \dfrac{(n-1) \cdot s^2}{\sigma^2} = \dfrac{\sum\limits_{i=1}^{n}(x_i - \bar{x})^2}{\sigma^2} = \dfrac{29 \cdot 0.081}{0.053} = 44.32$ 。

（4）统计决策：由于 $\chi^2 > \chi^2_{\alpha/2}(n-1)$ ，故拒绝原假设，即大修后产品规格有明显波动。

【例 7-10】 广州某大学学生在学校食堂就餐支出呈正态分布。2007 年食堂就餐支出标准差为 300 元，今年抽查了 25 名学生，其标准差为 300 元。若以 0.02 的显著性水平，能否断定今年大学生在食堂就餐支出的差异程度有明显增大？

解： 由题意可知应采用右侧检验。

（1）提出假设：$H_0: \sigma^2 \leqslant 3\,002$ ，$H_1: \sigma^2 > 3\,002$ 。

（2）确定临界值：查表得右临界值 $\chi^2_{\alpha}(n-1) = \chi^2_{0.02}(24) = 37.968$ 。

（3）计算检验值：$\chi^2 = \dfrac{(n-1) \cdot s^2}{\sigma^2} = \dfrac{24 \times 300^2}{300^2} = 24$ 。

（4）统计决策：由于 $\chi^2 < \chi^2_{\alpha}(n-1)$ ，故接受原假设，即今年大学生在食堂就餐支出的差异程度有明显增大。

第四节　假设检验的其他问题

一、决策中的两类错误分析

假设检验中的决策是在未知原假设是否真实的情况下做出的。当然，如果能对全部总体单位调查，在理论上检验结果出错的概率就为零。但对于抽样检验，由于抽样误差的存在，只能根据事件发生概率的大小做出决策，所以，无论决策结论为何，都会有出错的风险，只是出错率的性质和大小不同而已。

下面以右侧检验为例来说明可能的错误及其概率。

设依据特定样本的检验结果为：$Z > Z_\alpha$（即 $P < \alpha$），做出拒绝原假设的决策，但如果原假设实际为真，那么这一决策便犯了拒真错误。显然，犯这一错误的最大概率也就是 α 那么大。因此，从决策风险的角度来讲，α 的意义即为：当原假设为真时，拒绝原假设的概率，或者说决策中犯拒真错误的最大可能风险；反之，若原假设为真，又做出接受原假设决策时，概率就为 $1 - \alpha$。

同理，当我们依据样本资料做出接受原假设的决策，但原假设实际为假时，那就犯了取伪错误，设错误概率为 β，反之，当原假设为假，又做出了拒绝原假设的决策时，概率就为 $1 - \beta$。另外，拒真错误也称第I类错误；取伪错误也称第II类错误。各种决策概率如表 7 - 1 所示。

表 7 - 1　假设检验中各种决策的概率

客　观＼　　决　策	接受 H_0	拒绝 H_0
H_0 为真	$1 - \alpha$（正确决策）	α（拒真错误）
H_0 为假	β（取伪错误）	$1 - \beta$（正确决策）

这再次表明，"接受"原假设并不意味着原假设肯定是真实的；"拒绝"原假设也不意味着原假设一定是不真实的。

既然出错不能避免，决策时自然希望犯两类错误的概率越小越好。但是，在样本容量给定时，拒真错误与取伪错误的概率之间的关系是：此消彼长，如图 7 - 8 所示。这意味着不可能同时减少犯两类错误的概率，或确定一类以减小另一类犯错的可能。那就唯有哪一类错误造成的后果严重，就优先控制哪一类。相比较而言，通常认为控制犯拒真错误的风险更重要，更可行，因此，在假设检验中只对犯拒真错误的概率 α 加以控制，即将 α 的值选得较小，而不考虑犯取伪错误的概率 β 的大小。正是因为假设检验充分控制拒绝原假设风险的设计思路，所以，总是将没有充分证据不能拒绝的命题作为原假设，将需谨慎对待、不能轻易认可的命题作为备选假设。这也使得当拒绝原假设时，接受备选假设的决策有较高的把握度，较低的犯错率。

如果确需要同时减小 α、β，就必须增加样本容量，因为 n 越大，样本指标的变异就越小，即样本分布更集中，相应分布曲线更陡直，从而使得 α 和 β 都减小。

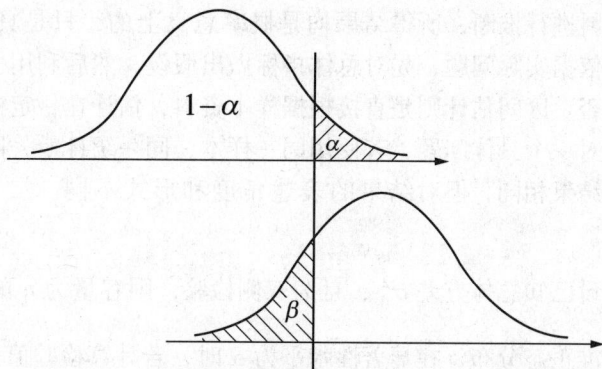

图 7 - 8　拒真错误与取伪错误之间的关系示意图

二、假设检验中依据 P 值的决策

在第一节的"显著性水平"中曾笼统地提到 P 值，但之前检验的统计决策是依据与显著性水平相应的临界值做出的，此方法的不足之处在于，对给定的 α，无论样本检验值 Z_0 是大是小，只要是在拒绝域内，就拒绝原假设，不能反映不同的检验值对检验结果的把握度。

在例 7–5 中，当 $\alpha = 0.1$ 时，临界值 $Z_\alpha = 1.285$，样本检验值 $Z_0 = 1.325$。若另外抽取 35 盒样本，计算得样本检验值 $Z_0' = 1.44$。在同一显著性水平 α 下，两个不同样本观测值所得结论只是：拒绝原假设，且犯拒真错误的概率都为 α，实际上两次决策犯拒真错误的实际概率是不同的。同样，如果根据样本资料得出的检验值，做出接受原假设的决策，则无论检验值是大是小，接受原假设的置信水平都是 $1 - \alpha$。

如果是依据样本资料计算出的相应 P 值进行决策，不但得到的结论与依据检验值得出的结论相同，而且还可以获得更丰富、更具体的检验信息。

所谓 P 值即是样本检验量的取值概率，P 值检验是指通过比较 P 值与显著性水平——概率标准 α 的大小来进行的决策。决策依据如下：

若 $P \geqslant \alpha$ 接受原假设；若 $P < \alpha$ 拒绝原假设。

P 值的大小可根据样本检验统计量服从的分布及检验值的大小，查相应的分布表得出。

仍以例 7–5 为例（$\alpha = 0.1$），利用 P 值进行检验。因为是 Z 检验，样本统计量服从正态分布，故查正态分布表，得：$P(Z \geqslant 1.325) = 0.0926$；$P'(Z \geqslant 1.44) = 0.0749$。因 $P < \alpha$，$P' < \alpha$，两检验值所得结论同为拒绝原假设，与利用临界值得出的结果相同。

不过，除此之外，P 值的大小还反映了检验结果的可靠程度。拒绝原假设时，P 值越小，拒绝原假设的理由也越充分。显然，上例中第二个样本的把握性更高。接受原假设时，P 值越大，原假设的可信程度也越高。

另外，如果原假设为真，结果是拒绝原假设的话，P 值就是这一次决策可能犯拒真错误的实际概率值。

一般统计软件中都会给出 P 值供决策。

三、假设检验与区间估计的关系

由于假设检验与区间估计同属统计推断的内容，因此，从方法上来讲，二者都是利用样本资料进行推断，所得结果均是概率意义上的，只是具体路径不同而已。假设检验的程序是：依据实际问题，先对总体指标做出假设，然后利用样本资料，在一定概率下验证假设成立与否。区间估计则是直接根据样本资料，估计在一定概率下总体指标的区间。

对一个具体问题，若使用同一样本，同一统计量，同一分布，采用假设检验和区间估计所得结果相同，但对结果的表述角度和形式不同。二者是可以相互转换的。下面将举例说明。

设已知总体方差 σ^2，且为双侧检验，则容量为 n 的样本检验统计量 $Z = \dfrac{|\bar{x} - \bar{X}|}{\sigma / \sqrt{n}}$，服从标准正态分布，在显著性水平为 α 时，若计算检验值为 $Z \leqslant Z_{\alpha/2}$，接受原假设。

现将假设检验的决策结果转换为区间估计的表示方法，将计算结果写作：

$$Z = \frac{|\bar{x} - \bar{X}|}{\sigma/\sqrt{n}} \leqslant |Z_{\alpha/2}|$$

展开不等式，得

$$\bar{x} - Z_{\alpha/2}\,\sigma/\sqrt{n} \leqslant \bar{X} \leqslant \bar{x} + Z_{\alpha/2}\,\sigma/\sqrt{n}$$

即

$$\bar{x} - \Delta \leqslant \bar{X} \leqslant \bar{x} + \Delta$$

由此可见，假设检验中的接受域与区间估计中的置信区间对应或者等价，但不相等；假设检验中的显著性水平与区间估计中的置信水平对应，前者为大概率，后者为小概率；区间估计中的概率度即是假设检验中的临界值。因此，假设检验和区间估计具有对偶性。

二者的区别也是显而易见的，从方法上看，假设检验立足于小概率；区间估计立足于大概率。从结果上看，假设检验有两种可能，即接受原假设或接受备选假设；而区间估计只给出了总体指标的置信区间。从应用上看，假设检验侧重于关心总体指标有无明显变化；区间估计侧重于关心总体指标的可能取值范围。

思考与练习题

一、思考题

1. 简述假设检验的基本思路是什么。

2. 建立原假设和备选假设的原则是什么？

3. 什么是显著性水平？它在假设检验中有何作用？

4. 什么是小概率原理？

5. 在假设检验中的两类错误分别指什么错误？其发生概率的大小有何关系？

6. 什么是 P 值？利用 P 值决策的准则是什么？

7. 什么是临界值？其大小与哪些因素有关？

8. 双侧检验和单侧检验有何不同？

9. 在假设检验中，若样本数据表明应拒绝原假设，这意味着什么？

10. 在大样本条件下，总体成数和总体均值的检验应选择什么样的统计量？

11. 在小样本条件下，总体均值和总体成数的检验应选择什么样的统计量？

二、选择题

1. 假设检验中不拒绝原假设意味着（　　　）。

A. 原假设肯定是正确的　　　　　　B. 原假设肯定是错误的

C. 没有证据证明原假设是正确的　　D. 没有证据证明原假设是错误的

2. 在假设检验中，原假设和备选假设（　　　）。

A. 有可能都成立　　　　　　　　　B. 有可能都不成立

C. 原假设一定成立　　　　　　　　D. 只有一个成立且必有一个成立

3. 在假设检验中，第 Ⅰ 类错误是指（　　　）。

A. 当原假设正确时拒绝原假设　　　B. 当原假设错误时拒绝原假设

C. 当备选假设正确时拒绝备选假设　D. 当备选假设不正确时未拒绝备选假设

4. 在假设检验中，第 Ⅱ 类错误是指（　　　）。

A. 当原假设正确时拒绝原假设　　　B. 当原假设错误时未拒绝原假设

C. 当备选假设正确时未拒绝备选假设　　D. 当备选假设不正确时拒绝备选假设

5. 一项新型减肥方法称参加者在一个月内平均能减掉 8 kg，若要检验这一说法，原假设和备选假设应为（　　）。

A. $H_0 : \bar{X} = 8, H_1 : \bar{X} \neq 8$　　　　　　B. $H_0 : \bar{X} \geq 8, H_1 : \bar{X} < 8$

C. $H_0 : \bar{X} > 8, H_1 : \bar{X} \leq 8$　　　　　　D. $H_0 : \bar{X} \leq 8, H_1 : \bar{X} > 8$

6. 一种零件的标准长度为 5 cm，要检查某日生产的零件是否符合标准，建立的原假设和备选假设应为（　　）。

A. $H_0 : \bar{X} = 5, H_1 : \bar{X} \neq 5$　　　　　　B. $H_0 : \bar{X} \geq 5, H_1 : \bar{X} < 5$

C. $H_0 : \bar{X} \neq 5, H_1 : \bar{X} = 5$　　　　　　D. $H_0 : \bar{X} \leq 5, H_1 : \bar{X} > 5$

7. 在假设检验中，样本检验统计量 =（样本指标 – 总体指标假设值）／（　　）。

A. 样本指标的抽样平均误差　　　　　　B. 样本标准差

C. 总体标准差　　　　　　　　　　　　D. 样本指标的抽样方差

8. 假设检验中的显著性水平 α 表示（　　）。

A. H_0 为真时拒绝 H_0 的概率

B. 根据样本计算出的拒绝真实 H_0 的概率

C. H_1 为真时拒绝 H_1 的概率

D. 检验结果犯第一类错误的最小概率

9. 在大样本条件下，检验总体平均数采用的样本检验统计量是（　　）。

A. $z = \dfrac{\bar{x} - \bar{X}_0}{\sigma / n}$　　　B. $z = \dfrac{\bar{x} - \bar{X}_0}{\sigma^2 / \sqrt{n}}$　　　C. $t = \dfrac{\bar{x} - \bar{X}_0}{s / \sqrt{n}}$　　　D. $z = \dfrac{\bar{x} - \bar{X}_0}{s / \sqrt{n}}$

10. 在小样本条件下，当总体方差未知时，检验总体平均数使用的检验量是（　　）。

A. $z = \dfrac{\bar{x} - \bar{X}_0}{\sigma / n}$　　　B. $z = \dfrac{\bar{x} - \bar{X}_0}{\sigma^2 / \sqrt{n}}$　　　C. $t = \dfrac{\bar{x} - \bar{X}_0}{s / \sqrt{n}}$　　　D. $z = \dfrac{\bar{x} - \bar{X}_0}{s / \sqrt{n}}$

三、计算题

1. 某企业平均每月发生事故 3 起，为减少事故的发生，企业制订了新的安全措施。为检验新措施的效果，请建立原假设和备选假设，并说明理由。

2. 禁"塑"指令下达后，一环保组织想调查某市农贸市场一天内所用塑料袋平均是否超过 300 个，请建立原假设和备选假设，并说明理由。

3. 某汽车协会声称某品牌汽车尾气排放的不合格率低于 2%，一环保组织随机抽测了 100 辆，不合格率超过 2%。如该组织要根据抽样数据检验汽车协会说法的正确性，应采用何种检验类型的检验？说明理由。

4. 过去资料显示，某食盐公司出品的食盐平均每袋重量为 500 g，标准差为 1.5 g。现从某天的产品中随机抽取 9 袋，测得平均重量为 501.5 g。问在 0.05 显著性水平下这天出品的食盐是否合格？

5. 为提高服务水平，某银行规定完成一笔业务平均用时不得超过 4 min，现调查了 10 名办理业务的顾客，所用时间分别为 3.2、5.6、6、2.5、4.7、7、4.1、5.0、3.0、6.3（单位：min）。分别在 0.025 显著性水平下每笔业务用时是否超过规定的 4 min？

6. 按规定每 100 g 罐头番茄汁，维生素 C 的含量不得少于 21 mL，现从某厂生产的一批罐头中抽取 17 个，已知维生素 C 的平均含量 22.35 mg 已知维生素 C 的含量服从正态分布，

方差 $\sigma^2 = 4.05^2$，试以 0.025 的显著性水平检验该批罐头的维生素 C 含量是否合格。

7. 人口普查结果表明某市老年人口比重为 14.7%，该市人口研究协会为检验该项调查是否准确，随机调查 400 位居民，其中有 57 人年龄在 65 岁以上，此调查结果是否支持上述说法？（$\alpha = 0.05$）

8. 某道路安全检测机构需要了解机动车驾驶员获得驾驶执照的年龄。获得驾照年龄呈正态分布，其标准差为 2.5 岁。在随机抽取的 20 位驾驶员中，获得驾照的平均年龄是 19.3 岁，求：（1）90% 置信区间是什么？（2）如果在 95% 的置信度下设驾驶员获得驾照的平均年龄为 20.5 岁，是否应该拒绝该假设？

9. 某镜片生产商购买了新的镜片打磨机，根据质量要求，在打磨过程中出现镜面磨损的情况不能超过 2%。质检部门现随机抽取 250 副镜片，发现其中 6 副包含镜面磨损超标。问在 $\alpha = 0.05$ 下，这台新机器是否符合该生产商的质量要求？

10. 某链条厂生产的链片直径，按规定方差不能超过 0.02^2 mm^2。现随机抽查 7 根销轴，其方差为 0.007 3。问在 0.05 显著性水平下能否认为产品质量稳定？

11. 原有一台仪器测量电阻值时，误差相应的方差是 0.06 Ω。现有一台新的仪器，对一个电阻值测量了 10 次，测得的值（单位：Ω）分别是：1.101，1.103，1.105，1.098，1.099，1.101，1.104，1.095，1.100，1.100。问新仪器的精度是否比原来的仪器好？

第八章　相关与回归

相关与回归是处理变量与变量之间关系的一种统计方法。从变量之间的关系形态上看，有线性相关与回归和非线性相关与回归两种。本章主要介绍变量间关系的度量、一元线性回归和一元非线性回归等。

第一节　变量间关系的度量

一、变量间的关系

在自然界和社会中存在着许多事物和现象，它们彼此之间有机地普遍联系，相互依存，相互制约。一种现象的变化往往依存于其他现象的变化。当我们用变量关系来反映这些现象的特征时，便表现为变量之间的依存关系。人们在实践中发现，变量之间的关系形态分为两种类型：函数关系和相关关系。

1. 函数关系

函数关系是指变量之间存在着严格的依存关系，在这种关系中，对于某一变量的每一个数值，都有另一变量的确定值与之相对应，并且这种关系可用一个数学表达式反映出来。通常把作为影响因素的变量称为自变量，把发生相应变化的变量称为因变量。例如，在单位成本 C 一定的条件下，某种产品的总成本 S 与该产品的产量 Q 之间的依存关系可用 $S = CQ$ 来表示，这里的 Q 是自变量，S 是因变量。

2. 相关关系

相关关系是指变量之间存在的非严格的、不确定的依存关系。这种依存关系的特点是：某一现象在数量上发生的变化会影响另一现象数量上的变化，但这种变化在数量上具有一定的随机性。就是说，当给某一现象以一个数值时，另一现象会有若干个数值与之相对应，并且总是遵循一定的规律，围绕这些数值的平均数上下波动。其原因是，影响现象发生变化的因素不止一个。现实生活中存在很多相关关系，下面是相关关系的一些例子。

【例8-1】人体脂肪（y）与年龄（x）之间的关系。一般来说，随着年龄的增长，人体脂肪会增加。但人体脂肪并不是由年龄这一个因素决定的，还受其他一些因素的影响，包括饮食习惯（如饮食中脂肪的含量、碳水化合物的含量、是否经常吃夜宵等）、遗传因素、运动量等。因此，人体脂肪与年龄之间并不是一种确定的函数关系，而是一种相关关系。

【例8-2】商品销售量（y）与广告（x）之间有密切的关系。广告投入的增加通常会提高商品的销售量，但商品销售量的增减同时还受其他因素的影响，如商品的质量、品牌的声誉、售后服务的好坏、消费者的购买能力等，所以说商品销售量与广告之间是一种相关关系。

【例8-3】考察投资收益率（y）与股市（x）这两个变量。对于广大的投资者而言，通常的情况是，在牛市中投资，收益率增加的可能性大，而在熊市中投资，收益率减少的可能性大。但是，在相同的牛市中投资，不同投资者的投资收益率却往往不同。因为投资收益率的大小不仅受股市行情的影响，还受许多其他因素的影响，如投资者的选股能力、风险承受能力、对影响股市变化的信息获取能力和敏感度等。所以说，投资收益率与股市之间是一种相关关系。

现实生活中的相关关系还有很多，例如，广义资本投入与技术创新能力；抗灾效率与信息获取；饮食安全与癌症；股市与房市；身高与体重；收入与受教育水平；农作物产量与施肥量；子女身高与父母身高等。

可以看出，相关关系的特点是：一个变量的取值不能由另一个变量唯一确定，当自变量 x 取某个值时，因变量 y 的取值可能有好几个。对这种关系不确定的变量，显然不能用函数关系进行描述，但也不是无任何规律可循的。通过对大量数据的分析与研究，人们发现许多变量之间确实存在着一定的客观规律。相关与回归正是描述与探索这类变量之间关系及其规律的统计方法。

二、相关关系的种类

客观现象间的相关关系是很复杂的，可以从不同的角度进行分类。

1. 完全相关、不完全相关和不相关

按相关程度划分，相关关系分为完全相关、不完全相关和不相关。

当一种现象的数量变化完全由另一个现象的数量变化所决定时，称这两种现象之间的关系为完全相关，例如，圆的面积确定于它的半径，即 $S = \pi r^2$。在这种情况下，相关关系即为函数关系，也可以说，函数关系是相关关系的一种特例。当两种现象彼此互不影响，其数量变化各自独立时，称这两种现象之间的关系为不相关或零相关。例如，学生的学习成绩与其身高一般被认为是不相关的。当一种现象的数量变化不但与另一种现象的数量变化有关，而且受随机因素的影响时，则这两种现象之间的关系就称为不完全相关。一般的相关现象都是指这种不完全相关，这也是相关分析研究的对象。

2. 线性相关和非线性相关

按相关形式划分，相关关系分为线性相关和非线性相关。

相关关系是一种数量上不严格的相互依存关系。如果这种关系近似地表现为一条直线，则称为线性相关（或直线相关）。如果这种关系近似地表现为一条曲线，则称为非线性相关（或曲线相关）。非线性相关也有不同的种类，如指数线、抛物线、双曲线、对数线等。

3. 正相关和负相关

按相关方向划分，相关关系分为正相关和负相关。

如果两个相关现象数量的变化方向一致，即当一个变量的数值增加（或减少）时，另一个变量的数值也随之增加（或减少），则称这种相关为正相关。例如，家庭的消费支出随家庭收入水平的增加而增加。如果两个相关现象数量的变化方向相反，即当一个变量的数值增加（或减少）时，另一个变量的数值却随之减少（或增加），则称这种相关为负相关。例如，劳动生产率提高，单位成本下降。

4. 单相关和复相关

按涉及的因素多少划分，相关关系分为单相关和复相关。

单相关又称一元相关，是指两个变量之间的相关关系，即仅限于一个变量与另一个变量之间的依存关系。复相关又称多元相关，是指三个或三个以上变量之间的相关关系，如家庭消费支出与家庭收入水平及市场价格水平之间的关系。

三、相关关系的描述与测度

1. 散点图

相关分析就是对两个变量之间线性关系的描述与度量。对于两个变量 x 和 y，通过观察或试验可以得到若干组数据，记为 (x_i, y_i)（$i = 1, 2, \cdots, n$）。根据这些数据，我们如何确定变量之间是否存在相关关系？如果存在的话，又该如何描述它们之间的关系并对其关系强度进行测度呢？

在相关分析中，通过绘制散点图，可以对现象之间存在的相关关系的方向、形式和密切程度做出直观的、大致的判断。如图 8-1 所示就是两个变量之间不同形态的散点图。那么，什么是散点图？

用坐标的横轴代表自变量 x，纵轴代表因变量 y，每组数据 (x_i, y_i) 在坐标系中用一个点来表示，则 n 组数据在坐标系中形成的 n 个点称为散点，由坐标及其散点形成的二维数据图称为散点图。

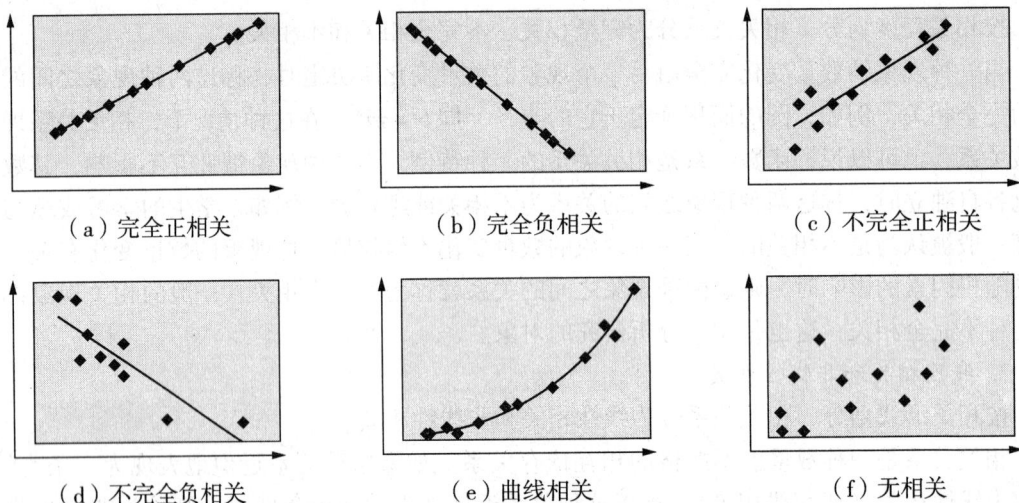

（a）完全正相关　　　　（b）完全负相关　　　　（c）不完全正相关

（d）不完全负相关　　　　（e）曲线相关　　　　（f）无相关

图 8-1　不同形态的散点图

2. 相关系数

通过散点图可以判断变量之间有无相关关系，并对变量间的关系形态做出大致的描述，但散点图不能准确反映变量之间关系的密切程度。为准确度量变量之间关系的密切程度，需要计算相关系数。在各种相关关系中，单相关是基本的相关关系，它有线性相关和非线性相关两种表现形式。测定线性相关系数是最基本的相关分析。线性的单相关系数又称简单相关系数，是根据样本数据计算的对两个变量之间线性关系强度的度量值，简称相关系数。其计

算公式为

$$r = \frac{\sum_{i=1}^{n}(x_i - \bar{x})(y_i - \bar{y})}{\sqrt{\sum_{i=1}^{n}(x_i - \bar{x})^2}\sqrt{\sum_{i=1}^{n}(y_i - \bar{y})^2}} \tag{8-1}$$

由于相关系数是通过将各变量离差相乘来说明现象相关密切程度的，所以称这种计算相关系数的方法为"积差法"。

根据平均数的数学性质，相关系数可以写成：

$$r = \frac{n\sum_{i=1}^{n}x_iy_i - \sum_{i=1}^{n}x\sum_{i=1}^{n}y}{\sqrt{n\sum_{i=1}^{n}x_i^2 - (\sum_{i=1}^{n}x_i)^2}\sqrt{n\sum_{i=1}^{n}y_i^2 - (\sum_{i=1}^{n}y_i)^2}} \tag{8-2}$$

【例8-4】 从某行业中随机抽取12家企业，对其产量和生产费用进行调查，有关数据如表8-1所示。

（1）根据数据绘制散点图，判断产量与生产费用之间的关系形态；

（2）计算产量与生产费用之间的相关系数。

表8-1 某行业12家企业的产量和生产费用数据

企业编号	1	2	3	4	5	6	7	8	9	10	11	12
产量/万台	40	42	50	55	65	78	84	100	116	125	130	140
生产费用/万元	130	150	155	140	150	154	165	170	167	180	175	185

解：（1）根据数据绘制的散点图如图8-2所示。可以看出产量与生产费用间呈直线相关关系。具体步骤为：

首先，将产量和生产费用的数据输入到Excel工作表中，然后按下列步骤进行操作：

第一步，单击"图表导向"下拉菜单。

第二步，选择"散点图"选项，然后单击"下一步"按钮。

第三步，当对话框出现时，在"数据区域"文本框中输入产量和生产费用的数据；在"系列产生"项选中"列"选项，然后单击"下一步"按钮。

第四步，在"图表标题"文本框中输入标题，在"数值（X）轴"文本框中输入X轴的标题，在"数值（Y）轴"文本框中输入Y轴的标题，然后单击"下一步"按钮。

第五步，选择"作为新工作表插入"或"作为其中的对象插入"选项，然后单击"完成"按钮。

（2）相关系数有不同的算法，下面介绍四种。

第一种算法

根据式（8-1），相关系数的计算过程如表8-2所示。

根据计算表可得：

$$\bar{x} = \frac{\sum_{i=1}^{n}x_i}{n} = \frac{1\,025}{12} = 85.416\,7(万台)$$

$$\bar{y} = \frac{\sum\limits_{i=1}^{n} y_i}{n} = \frac{1\,921}{12} = 160.083\,3（万元）$$

将计算结果代入公式（8-1），得：

$$r = \frac{6\,008.583\,4}{\sqrt{14\,282.916\,7}\ \sqrt{2\,984.916\,1}} = 0.920\,2$$

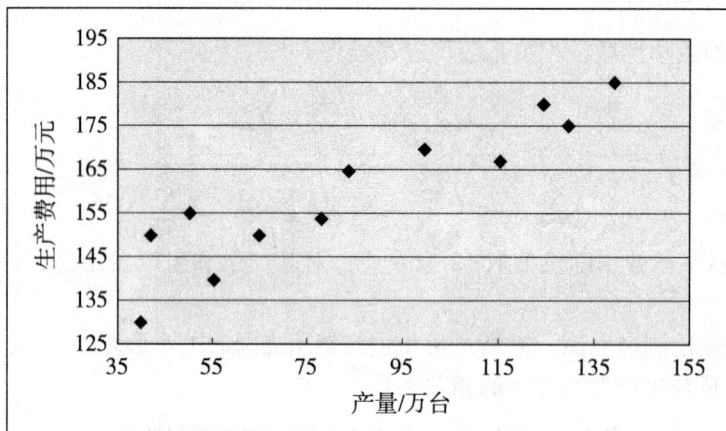

图 8-2　12 个企业产量与生产费用散点图

表 8-2　相关系数计算表 I

企业编号	产量 x	生产费用 y	$x-\bar{x}$	$(x-\bar{x})^2$	$y-\bar{y}$	$(y-\bar{y})^2$	$(x-\bar{x})(y-\bar{y})$
1	40	130	-45.416 7	2 062.673 61	-30.083	905.006 94	1 366.284 7
2	42	150	-43.416 7	1 885.006 94	-10.083	101.673 61	437.784 7
3	50	155	-35.416 7	1 254.340 28	-5.083 3	25.840 278	180.034 7
4	55	140	-30.416 70	925.173 611 00	-20.083 00	403.340 280	610.868 1
5	65	150	-20.416 70	416.840 278 00	-10.083 00	101.673 610	205.868 1
6	78	154	-7.416 67	55.006 944 40	-6.083 30	37.006 944	45.118 1
7	84	165	-1.416 67	2.006 944 44	4.916 67	24.173 611	-6.965 3
8	100	170	14.583 33	212.673 611 00	9.916 67	98.340 278	144.618 1
9	116	167	30.583 33	935.340 278 00	6.916 67	47.840 278	211.534 7
10	125	180	39.583 33	1 566.840 280 00	19.916 70	396.673 610	788.368 1
11	130	175	44.583 33	1 987.673 610 00	14.916 70	222.506 940	665.034 7
12	140	185	54.583 33	2 979.340 280 00	24.916 70	620.840 280	1 360.034 7
合计	1 025	1 921	—	14 282.916 700 00	—	2 984.916 100	6 008.583 4

第二种算法

根据式（8-2），相关系数的计算过程如表8-3所示。

将计算结果代入式（8-2），得：

$$r = \frac{12 \times 170\,094 - 1\,025 \times 1\,921}{\sqrt{12 \times 101\,835 - 1\,025^2}\,\sqrt{12 \times 310\,505 - 1\,921^2}} = 0.920\,2$$

表8-3　相关系数计算表Ⅱ

企业编号	产量 x（万台）	生产费用 y（万元）	xy	x^2	y^2
1	40	130	5 200	1 600	16 900
2	42	150	6 300	1 764	22 500
3	50	155	7 750	2 500	24 025
4	55	140	7 700	3 025	19 600
5	65	150	9 750	4 225	22 500
6	78	154	12 012	6 084	23 716
7	84	165	13 860	7 056	27 225
8	100	170	17 000	10 000	28 900
9	116	167	19 372	13 456	27 889
10	125	180	22 500	15 625	32 400
11	130	175	22 750	16 900	30 625
12	140	185	25 900	19 600	34 225
合　计	1 025	1 921	170 094	101 835	310 505

第三种算法

除专门的统计软件外，为大多数人所熟悉的 Excel 也有部分统计功能，这些统计功能基本上能满足一些简单的统计分析。结合本例，说明用 Excel 计算相关系数的具体步骤。

第一步，单击"工具"下拉菜单。

第二步，选择"数据分析"选项。

第三步，在分析工具中选择"相关系数"选项，然后单击"确定"按钮。

第四步，当对话框出现时，在"输入区域"文本框内键入 x 值和 y 值所在的区域；在"输出选项"下拉列表框中选择输出区域（选新工作表组，或用左键单击"输出选项"下拉列表框，再单击任意一个想放置结果的单元格）。

单击"确定"按钮后，得到如表8-4所示的结果。

表8-4　相关系数计算表Ⅲ

	产　量	生产费用
产量	1	
生产费用	0.920 2	1

第四种算法

采用 Excel 的"回归"功能计算，这种方法将会在后面章节中细讲。

可以看出，在计算相关系数时，根据式（8-1）和式（8-2）进行计算，其过程比较烦琐。而应用 Excel 的数据分析功能计算相关系数却非常简捷快速。不仅如此，当一个变量受多个因素影响时，应用 Excel 的相关系数矩阵，可以很容易地找出多个影响因素中最重要的那个。

【例 8-5】 我国西部十二省区 2008 年第一季度相关经济指标数据如表 8-5 所示。试分析生产总值与工业增加值、固定资产投资、对外贸易及社会消费品零售总额之间的关系。

表 8-5　西部十二省区 2008 年第一季度相关经济指标

	生产总值（亿元）	工业增加值（亿元）	固定资产投资（亿元）	对外贸易（亿美元）	社会消费品零售总额（亿元）
重庆	963.77	69.10	452.31	22.88	498.78
四川	2 555.49	356.95	1 098.80	40.63	1 104.23
贵州	499.22	81.42	194.64	6.92	233.08
云南	1 056.52	121.91	386.97	26.27	362.18
西藏	76.03	8.59	5.74	0.89	28.00
陕西	1 247.02	68.90	434.73	18.25	550.54
甘肃	605.13	52.87	100.04	15.49	230.83
青海	165.03	7.75	26.18	1.17	53.34
宁夏	186.58	14.47	36.84	4.08	63.93
新疆	679.76	57.07	108.82	34.57	231.81
内蒙古	1 269.76	65.70	197.26	18.33	529.54
广西	1 410.00	209.76	496.61	29.80	550.70

注：表中数据由中华人民共和国国家统计局提供资料整理。

解： 用 Excel 绘制散点图，如图 8-3～图 8-6 所示。

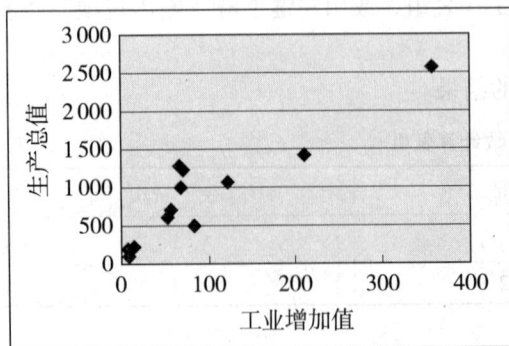

图 8-3　生产总值与工业增加值散点图

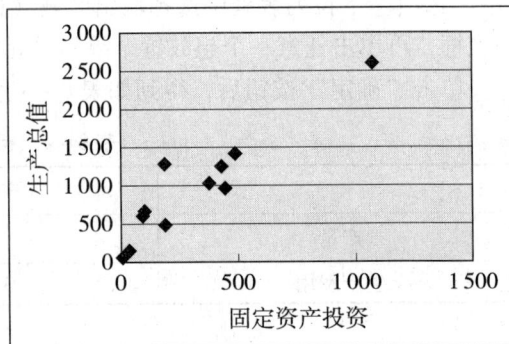

图 8-4　生产总值与固定资产投资散点图

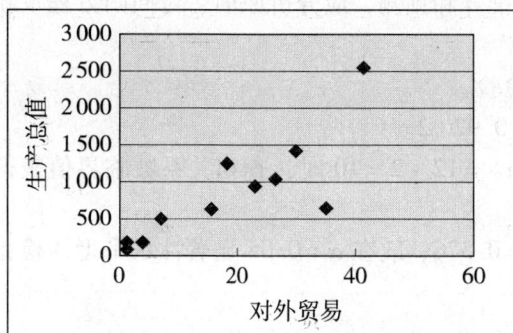

图 8 - 5　生产总值与对外贸易散点图　　　　图 8 - 6　生产总值与社会零售消费品零售总额散点图

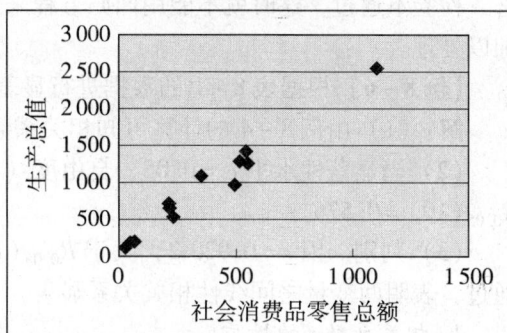

从上面的散点图可以看出，我国西部十二省区 2008 年第一季度生产总值与工业增加值、固定资产投资、对外贸易、社会消费品零售总额之间都有一定的线性关系。如表 8 - 6 所示给出了由 Excel 计算的生产总值与工业增加值、固定资产投资、对外贸易、社会消费品零售总额之间的相关矩阵。

表 8 - 6　生产总值与工业增加值、固定资产投资、对外贸易、
社会消费品零售总额之间的相关矩阵

	生产总值	工业增加值	固定资产投资	对外贸易	社会消费品零售总额
生产总值	1				
工业增加值	0.909 2	1			
固定资产投资	0.942 1	0.932 9	1		
对外贸易	0.825 3	0.763 4	0.749 4	1	
社会消费品零售总额	0.989 0	0.884 3	0.952 8	0.780 8	1

从相关矩阵可以看出，生产总值与工业增加值、固定资产投资、对外贸易、社会消费品零售总额的相关系数分别为 0.909 2、0.942 1、0.825 3、0.989 0，比较的结果显示，我国西部十二省区 2008 年第一季度生产总值与社会消费品零售总额之间的关系最为密切，而与对外贸易之间的关系最不密切。

3. 显著性检验

相关系数的绝对值越是接近于 1，说明两个变量之间的相关关系越密切。但是，当相关系数的绝对值达到什么程度时，才能认为两个变量之间的相关关系是显著的，用回归方程来推算和预测是有意义的呢？根据具体的条件和要求，要通过相关系数检验法的检验才能加以判断。相关系数检验法的步骤如下。

（1）计算相关系数。

（2）根据回归方程的自由度（$n-m$）和给定的显著性水平 α 值，从相关系数临界值表中查出临界值 $R_\alpha(n-m)$。

（3）判别。若 $R \geqslant R_\alpha(n-m)$，表明两变量之间的线性相关关系显著，检验通过，这时可以用回归方程来进行推算和预测；若 $R < R_\alpha(n-m)$，表明两变量之间线性相关关系不显

著，检验不通过，这时就不能用回归方程来进行推算和预测，应分析原因，对回归方程重新加以处理。

【例 8 – 6】 根据表 8 – 1 的数据进行显著性检验。

解：（1）由例 8 – 4 的计算可知相关系数 $r = 0.920\,2$。

（2）当显著性水平 $\alpha = 0.05$、自由度 $(n - m) = 12 - 2 = 10$ 时，查相关系数临界值表得 $R_{0.05}(10) = 0.576$。

（3）判别。因 $r = 0.920\,2$，大于 $R_{0.05}(10) = 0.576$，故在 $\alpha = 0.05$ 显著性水平上，检验通过，表明两变量之间线性相关关系显著。

4. 相关系数 r 的性质

（1）相关系数的取值范围在 $+1 \sim -1$ 之间，即 $-1 \leqslant r \leqslant +1$。若 $0 < r \leqslant 1$，表明 x 和 y 之间存在正线性相关关系；若 $-1 \leqslant r < 0$，表明 x 和 y 之间存在负线性相关关系。

（2）若 $r = +1$，表明 x 和 y 之间存在完全正线性相关关系；若 $r = -1$，表明 x 和 y 之间存在完全负线性相关关系。可见，当 $r = 1$ 时，y 的取值完全依赖于 x，二者之间即为函数关系。

（3）若 $r = 0$，表明 y 与 x 无关，即二者之间不存在线性相关关系，但它们之间可能存在非线性相关关系。即 $r = 0$ 只表示两个变量之间不存在线性相关关系，并不能说明现象之间没有任何关系。

（4）根据实际数据计算的 r，其取值一般在 $-1 \sim +1$ 之间，在说明两个变量之间线性关系的密切程度时，若 $r \to 1$，说明变量之间的线性关系越密切；若 $r \to 0$，说明变量之间的线性关系越不密切。通常情况下，可根据经验将相关程度分为以下几种情况：当 $r < 0.3$ 时，视为微弱相关；当 $0.3 \leqslant r < 0.5$ 时，视为低度相关；当 $0.5 \leqslant r < 0.8$ 时，视为中度相关；当 $0.8 \leqslant r < 1$ 时，视为高度相关。

第二节　一元线性回归分析

一、回归分析的概念

为了说明现象之间的相关关系，可以用相关系数加以反映。但是，相关系数只能说明相关关系的方向和密切程度，不能说明变量之间因果的数量关系。也就是说，当给出自变量的某一数值时，不能根据相关系数来估计或预测因变量的数值。回归分析就是对具有相关关系的变量之间的数量变化进行测定，并通过一定的数学表达式将这种关系描述出来，以便于进行估计或预测的统计方法。

通常可以用一条直线来代表现象之间的一般数量关系，这条直线在数学上称为回归直线，表现这条直线的数学公式称为直线回归方程；也可用一条曲线来代表现象之间的一般数量关系，这条曲线在数学上称为回归曲线，表现这条曲线的数学公式称为曲线回归方程。

二、一元线性回归方程

一元线性回归方程是指两个变量间的直线回归方程。

1. 一元线性回归方程的特点

（1）在对两个变量进行回归分析时，必须根据研究目的，确定哪个是自变量，哪个是因变量。

（2）回归方程的主要作用在于根据自变量的数值来估计因变量的可能值。一个回归方程只能做一种推算，推算的结果表明变量之间具体的变动关系。

2. 一元线性回归方程的确定

当两个变量是完全线性相关时，其关系可表达为方程式：$y = a + bx$。这是一元线性回归的一般形式。

当两个变量间存在显著的不完全的相关关系时，通过相关的散点图（见图 8 - 1），就可以直观地看到，各个相关点并不都落在一条直线上，而是围绕直线上下波动。可以设法在这些分散的具有线性关系的相关点之间配合一条最优的直线，以表明两变量之间具体的变动关系，所配合的回归线称为一元线性回归方程，表示为

$$\hat{y}_i = a + bx_i$$

式中，$\hat{y}_i$ 表示 y_i 的估计值；a 代表直线的起点值，在数学上称为直线的截距；b 表示自变量 x 每变动一个计量单位时因变量 y 的平均变动值，数学上称为直线的斜率，也称回归系数。a 和 b 都是待定参数，需要根据实际资料求解。解出 a 和 b 的值，表明变量之间一般关系的回归直线就确定了下来。

在配合回归直线时，一般总是希望 y 的估计值（$\hat{y}$）从整体来看尽可能地接近其观测值。也就是说，用这条直线来代表 y 和 x 的关系，它和实际数据的误差比任何其他直线都小。数学证明，利用最小平方法（或称最小二乘法）所配合的直线是最优的直线，因为这条直线与实际测定的所有相关点的距离平方和为最小，即 $\sum\limits_{i=1}^{n} (y_i - \hat{y}_i)^2 =$ 最小值。

令 $Q = \sum\limits_{i=1}^{n} (y_i - \hat{y}_i)^2 = \sum\limits_{i=1}^{n} (y_i - a - bx_i)^2$，要使 Q 达到最小，其必要条件是它对 a 和 b 的一阶偏导数等于零，即

$$\frac{\partial Q}{\partial a} = -2 \sum_{i=1}^{n} (y_i - a - bx_i) = 0$$

$$\frac{\partial Q}{\partial b} = -2 \sum_{i=1}^{n} x_i(y_i - a - bx_i) = 0$$

经整理，得出以下标准方程组：

$$\begin{cases} \sum\limits_{i=1}^{n} y_i = na + b \sum\limits_{i=1}^{n} x_i \\ \sum\limits_{i=1}^{n} x_i y_i = a \sum\limits_{i=1}^{n} x_i + b \sum\limits_{i=1}^{n} x_i^2 \end{cases}$$

解该方程组可得：

$$\begin{cases} a = \bar{y} - b\bar{x} \\ b = \dfrac{n \sum\limits_{i=1}^{n} x_i y_i - \sum\limits_{i=1}^{n} x \sum\limits_{i=1}^{n} y}{n \sum\limits_{i=1}^{n} x_i^2 - \left(\sum\limits_{i=1}^{n} x_i \right)^2} \end{cases} \tag{8 - 3}$$

【例 8 - 7】根据例 8 - 4 的数据，配合生产费用对产量的回归方程，并由回归方程预测

当产量为 150 万台时生产费用为多少。

解： 这里介绍三种回归方程的求解方法。

（1）解法一：利用计算表中的数据计算。

计算过程如表 8 -3 所示。

利用计算表中的数据，根据式（8 -3）得：

$$b = \frac{12 \times 170\ 094 - 1\ 025 \times 1\ 921}{12 \times 101\ 835 - 1\ 025^2} = 0.420\ 683$$

$$a = 160.083\ 3 - 0.420\ 7 \times 85.416\ 7 = 124.15$$

即生产费用对产量的回归方程为

$$\hat{y} = a + bx = 124.15 + 0.420\ 683x$$

在该回归方程中，b 称为回归系数，表示当 x 每变动一个计量单位时 y 的平均变动值。当 b 的符号为正时，x 和 y 按相同方向变动，为正相关关系；当 b 的符号为负时，x 和 y 按相反方向变动，为负相关关系。在本例中，回归系数表示 $b = 0.420\ 683$，即产量每增加 1 万台，生产费用平均增加 0.420 683 万元。

由回归方程进行预测，当产量为 150 万台时生产费用为

$$\hat{y}_i = a + bx_i = 124.15 + 0.420\ 683x_i = 124.15 + 0.420\ 683 \times 150 = 187.252\ 5 \text{（万元）}$$

由图 8 -7 可以看出散点图与回归直线的关系。将 x_i 的各个取值代入上述估计方程，可以得到生产费用的各个估计值 $\hat{y}_i$。计算结果如表 8 -7 所示。

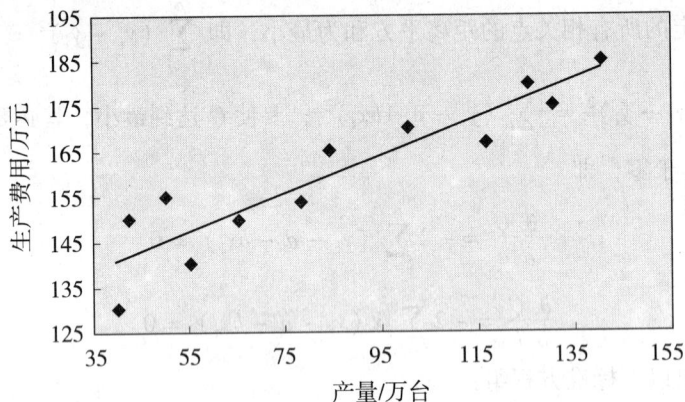

图 8 -7　生产费用对产量的回归直线

表 8 -7　估计值 $\hat{y}_i$ 及估计标准误差计算表

企业编号	产量 x	生产费用 y	$\hat{y}_i = 124.15 + 0.120\ 683x_i$	$(y_i - \hat{y}_i)^2$
1	40	130	140.978 0	120.516 5
2	42	150	141.819 4	66.922 22
3	50	155	145.185 0	96.334 23
4	55	140	147.288 5	53.122 23
5	65	150	151.495 5	2.236 52
6	78	154	156.964 6	8.788 853

企业编号	产量 x	生产费用 y	$\hat{y}_i = 124.15 + 0.120\,683 x_i$	$(y_i - \hat{y}_i)^2$
7	84	165	159.488 8	30.373 33
8	100	170	166.220 0	14.288 4
9	116	167	172.951 2	35.416 78
10	125	180	176.737 5	10.643 91
11	130	175	178.841 0	14.753 28
12	140	185	183.048 0	3.810 304
合　计	1 025	1 921	——	457.206 5

（2）解法二：应用 Excel 的回归功能进行计算。

具体步骤如下。

第一步，选择"工具"下拉菜单。

第二步，选择"数据分析"选项。

第三步，在分析工具中选择"回归"选项，然后单击"确定"按钮。

第四步，当对话框出现时，在" Y 值输入区域"文本框内输入 Y 值所在的区域；在" X 值输入区域"文本框内输入 X 值所在的区域；在"置信度"文本框中输入所需的数据（一般使用隐含值95%）；在"输出选项"下拉列表框中选择输出的区域（选新工作表组，或单击"输出选项"下拉列表框，选中任意一个想放置结果的单元格）。

单击"确定"按钮后得到如表 8 - 8 所示的结果。

表 8 - 8　Excel 输出的回归分析结果

SUMMARY OUTPUT

回归统计	
Multiple R	0.920 232
R Square	0.846 828
Adjusted R Square	0.831 51
标准误差	6.761 705
观测值	12

方差分析

	df	SS	MS	F	Significance F
回归分析	1	2 527.710 2	2 527.710 2	55.285 96	2.222 04E − 05
残差	10	457.206 5	45.720 65		
总计	11	2 984.916 7			

	Coefficients	标准误差	t Stat	P − value	Lower 95%	Upper 95%
Intercept	124.15	5.212 015	23.819 957	0.000 000	112.536 882 1	135.763 1
X Variable 1	0.420 683	0.056 578	7.435 453 1	0.000 022	0.294 619 533	0.546 747

Excel 输出的回归分析结果包括以下三个部分。

第一部分是"回归统计"，该部分给出了回归分析中的一些常用统计量，包括相关系数（Multiple R）、判定系数 R^2（R Square）、调整后的 r^2（Adjusted R Square）、标准误差、观测值的个数等。

第二部分是"方差分析"，该部分给出了自由度（df）、回归变差（或回归平方和）、剩余变差（或残差，或剩余平方和）、总变差（或总平方和）、回归均方和残差均方（MS）、检验统计量（F）、F 检验的显著性水平（Significance F）。"方差分析"部分的主要作用是对回归方程的线性关系进行显著性检验。这部分内容将在后面章节中做详细介绍。

第三部分是参数估计的有关内容，包括回归方程的截距（Intercept）、斜率（X Variable 1）、截距和斜率的标准误差、用于检验的回归系数 t 的统计量（t Stat）、P – 值（P – value），以及截距和斜率的置信区间（Lower 95% 和 Upper 95%）等。

从以上分析可以看出，应用 Excel 的回归功能能够同时快速地求出相关系数和直线方程的 a、b 两个参数。

（3）解法三：应用散点图添加趋势线的方法。

具体步骤如下。

第一步，在散点图上，用右键单击任意一个数据点，在新出现的窗口中选择"添加趋势线"选项，打开"添加趋势线"对话框。

第二步，在"添加趋势线"对话框中的"类型"选项卡中选择"直线"选项，然后在"选项"复选框中选择"显示公式"和"显示 R^2 值"选项，单击"确定"按钮。结果如图 8 – 8 所示。

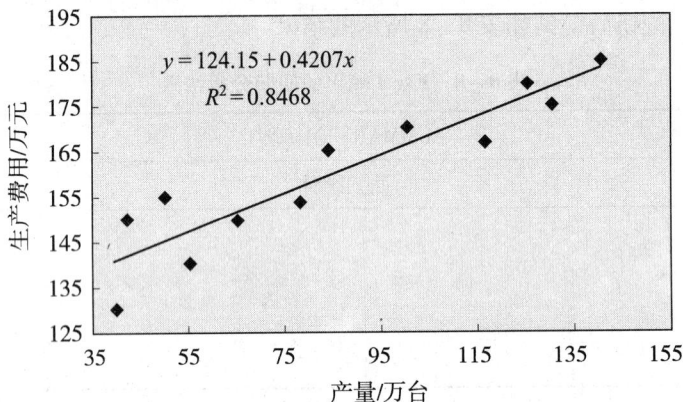

图 8 – 8　产量与生产费用散点图、回归直线及其方程

可以看出，这种方法将散点图、回归直线及其方程、判定系数在一个图中同时显示，不仅计算快速，而且非常直观，一目了然（判定系数将在后面章节中详细讲解）。

三、一元线性回归方程的拟合优度

回归直线 $\hat{y}_i = a + bx_i$ 在一定程度上描述了变量 x 和 y 之间的数量关系。根据这一方程，我们可根据自变量 x 的取值来估计或猜测因变量 y 的取值。但估计或预测的精度如何，将取决于回归直线对观测数据的拟合程度。如果各观测数据的散点都落在这一直线上，那么这条直线就是对数据的完全拟合，充分代表了各个点，此时用 x 来估计 y 是没有误差的。如果各观测数据的散点并不都落在这一直线上，那么各观测点越是紧密围绕直线，说明直线对观测数据的拟和程度越好，反之则越差。我们把回归直线对各观测点的接近程度称为回归直线对数据的拟和优度。为了说明直线的拟合优度，需要计算判定系数。判定系数是对估计的回归方程拟合优度的度量。为了说明它的含义，需要对因变量 y 取值的变差进行分析。

1. 离差平方和分解

因变量 y 的取值是不同的，y 取值的这种变动称为变差。变差的产生来自于两个方面：一是由自变量 x 的取值不同造成的；二是受除 x 以外的其他因素（如 x 对 y 的非线性影响、测量误差等）的影响。对一个具体的观测值来说，变差的大小可以用实际观测值 y 与其平均数 $\bar{y}$ 的离差 $(y - \bar{y})$ 来表示。n 次观测值的总变差可以由这些离差的平方和来表示，称为总变差（或总平方和），记作 L_{yy}，即：

$$L_{yy} = \sum_{i=1}^{n} (y_i - \bar{y})^2 \tag{8-4}$$

从图 8-9 中可以看出，每个观测点的离差都可以分解为

$$y_i - \bar{y} = (y_i - \hat{y}_i) + (\hat{y}_i - \bar{y}) \tag{8-5}$$

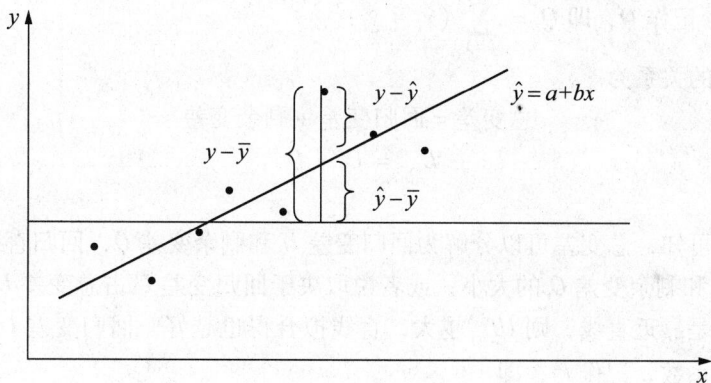

图 8-9 离差分解图

将式（8-5）两边平方，然后对所有 n 各观测点求和，有：

$$\sum_{i=1}^{n} (y_i - \bar{y})^2 = \sum_{i=1}^{n} \left[(y_i - \hat{y}_i) + (\hat{y}_i - \bar{y}) \right]^2$$

$$= \sum_{i=1}^{n} (y_i - \hat{y}_i)^2 + \sum_{i=1}^{n} (\hat{y}_i - \bar{y})^2 + 2\sum_{i=1}^{n} (y_i - \hat{y}_i)(\hat{y}_i - \bar{y})$$

利用简单线性回归方程 $\hat{y}_i = a + bx_i$ 及标准方程组

$$\begin{cases} \sum_{i=1}^{n} y_i = na + b\sum_{i=1}^{n} x_i \\ \sum_{i=1}^{n} x_i y_i = a\sum_{i=1}^{n} x_i + b\sum_{i=1}^{n} x_i^2 \end{cases}$$

可以证明 $\sum\limits_{i=1}^{n}(y_i-\hat{y}_i)(\hat{y}_i-\bar{y})=0$ ，因此有：

$$\sum_{i=1}^{n}(y_i-\bar{y})^2=\sum_{i=1}^{n}(y_i-\hat{y}_i)^2+\sum_{i=1}^{n}(\hat{y}_i-\bar{y})^2 \qquad (8-6)$$

式 (8-6) 表明总平方和可以分解为两部分，其中 $\sum\limits_{i=1}^{n}(\hat{y}_i-\bar{y})^2$ 是估计值 $\hat{y}_i$ 与平均数 $\bar{y}$ 的离差的平方和。根据简单线性回归方程 $\hat{y}_i=a+bx_i$ ，可以把 $(\hat{y}_i-\bar{y})$ 看做是通过 x 与 y 的线性关系由于自变量 x 的变动所引起 y 的变化，其平方和 $\sum\limits_{i=1}^{n}(\hat{y}_i-\bar{y})^2$ 反映了总变差中由于 x 与 y 之间的线性关系引起的 y 的变化部分，它是可以由回归直线来解释的 y_i 变差部分，称为回归变差（或回归平方和），记作 U ，即 $U=\sum\limits_{i=1}^{n}(\hat{y}_i-\bar{y})^2$ 。

式 (8-6) 中的另一部分 $\sum\limits_{i=1}^{n}(y_i-\hat{y}_i)^2$ 是实际观察值与回归值离差的平方和，它是除了 x 对 y 的线性关系影响之外的其他因素对 y 的影响部分，是不能由回归直线来解释的 y_i 变差部分。从表面上看，就是总变差中减去回归变差后的剩余部分，称为剩余变差（或残差，或剩余平方和），记作 Q ，即 $Q=\sum\limits_{i=1}^{n}(y_i-\hat{y}_i)^2$ 。

三个平方和的关系为

$$总变差 = 回归变差 + 剩余变差$$

即
$$L_{yy}=U+Q \qquad (8-7)$$

2. 判定系数

从以上分析可知，总变差可以分解为回归变差 U 和剩余变差 Q ，回归直线拟合得好坏取决于回归变差 U 和剩余变差 Q 的大小，或者说取决于回归变差 U 占总变差 L_{yy} 比例 UL_{yy} 的大小。各观测点越是靠近直线，则 UL_{yy} 越大，直线拟合得也越好。回归变差 U 占总变差 L_{yy} 的比例，称为判定系数，记作 r^2 ，即

$$r^2=\frac{U}{L_{yy}}=\frac{\sum\limits_{i=1}^{n}(\hat{y}_i-\bar{y})^2}{\sum\limits_{i=1}^{n}(y_i-\bar{y})^2} \qquad (8-8)$$

判定系数 r^2 测度了回归直线对观测数据的拟合优度，反映了在因变量 y 的总变差中由于 x 与 y 之间的线性关系所解释的比例。若所有观测点都落在直线上，则剩余变差 $Q=0$ ， $r^2=1$ ，说明拟合是完全的；如果 y 的变化与 x 无关， x 完全无助于解释 y 的变差，则 $r^2=0$ 。可见， r^2 的取值范围在 0 与 1 之间，即 $0\leqslant r^2\leqslant 1$ 。 r^2 越是接近于 1，表明回归变差占总变差的比例越大，回归直线与各观测点越近，用 x 的变化来解释 y 值变差的部分就越多，回归直线的拟合程度就越好；反之， r^2 越接近于 0，回归直线的拟合程度就越差。

在一元线性回归中，相关系数实际上是判定系数的平方根。根据这一结论，不仅可以由相关系数直接计算判定系数，还有助于进一步解释相关系数的意义。实际上，相关系数也从另一个角度说明了回归直线的拟合优度， r 越接近 1，表明回归直线对观测数据的拟合程度

越高。但是，用回归系数 r 说明回归直线的拟合优度时，需要慎重，因为 r 的值总是大于 r^2 的值（除非 $r=0$ 或 $r=1$）。例如，当 $r=0.5$ 时，表面上看似乎解释了一半的变差，但 $r^2=0.25$，因此，实际上回归直线只能解释总变差的25%，只有当 $r=0.7$ 时才能解释将近一半的变差。若 $r<0.3$，则意味着只有很少一部分变差可以由回归直线来解释。

【例 8-8】根据例 8-4 的数据，计算产量与生产费用间的判定系数。

解：由例 8-4 的计算结果可知 $r=0.920\ 2$，则判定系数

$$r^2=0.920\ 2^2=0.846\ 8$$

此外，由 Excel 输出的回归分析结果表 8-8 的第一部分"回归统计"中，也可以知道判定系数 R^2（R Square）$=0.846\ 8$。

该判定系数的实际意义在于：在生产费用的变差中，有 84.68% 可以由生产费用与产量之间的线性关系来解释。可见，生产费用与产量之间有较强的线性关系。

3. 估计的标准误差

前面讲到的判定系数可以用来度量回归直线的拟合程度，估计的标准误差也可以起到类似的作用。估计的标准误差是剩余变差 $Q=\sum_{i=1}^{n}(y_i-\hat{y}_i)^2$ 的平均数的平方根，用 S_y 来表示，说明实际观测值 y_i 与回归估计值 $\hat{y}_i$ 之间的平均差异程度。计算公式为

$$S_y=\sqrt{\frac{\sum_{i=1}^{n}(y_i-\hat{y}_i)^2}{n-2}} \qquad (8-9)$$

式（8-9）是由样本资料计算的，式中的分母之所以是 $n-2$ 而不是 n，是因为模型 $\hat{y}_i=a+bx_i$ 中包括两个估计参数 a 和 b，失去了两个自由度。

估计标准误差的计算原理与标准差基本相同，标准差是用来说明一般变量数列中变量 x 与其平均数 $\bar{x}$ 之间的平均差异程度的；而估计标准误差则反映了在回归分析中，所有观测值 y_i 与估计值 $\hat{y}_i$ 之间的平均差异程度。在回归分析中，对于给定的自变量 x_i 值，变量 y_i 并非都落在回归直线上，而是分布在它的周围，这样估计值 $\hat{y}_i$ 与实际观测值 y_i 之间就必然形成一定的离差，如果离差的值很小，则说明估计值 $\hat{y}_i$ 与实际观测值 y_i 很接近，在图形中表现为观测点靠近回归直线，回归方程较好地反映了两个变量之间的关系，其代表性好；相反，如果离差的值很大，即估计值 $\hat{y}_i$ 与实际观测值 y_i 的差距很大，在图形中则表现为观测点远离回归直线，这说明除了已知的自变量 x 外，还有其他重要因素在影响着因变量 y 的变动，方程的代表性差。可见，估计标准误差可以用来测度实际观测点在直线周围的散布状况，通过计算估计标准误差可以反映回归方程的代表性和精确程度。

【例 8-9】仍根据例 8-4 的数据资料和例 8-7 中得出的回归方程，计算估计标准误差如表 8-7 所示。

把计算结果代入式（8-9），可得：

$$S_y=\sqrt{\frac{\sum_{i=1}^{n}(y_i-\hat{y}_i)^2}{n-2}}=\sqrt{\frac{457.206\ 5}{12-2}}=6.761\ 7\ （万元）$$

第三节　一元非线性回归分析

一、指数曲线回归方程

当自变量 x 做等差增加或等差减少时，因变量 y 随之而做等比变动，这时，拟合指数曲线是合适的，其回归方程模型为

$$\hat{y}_i = ab^{x_i} \tag{8-10}$$

式中，a，b 是待定参数，自变量 x 是 b 参数的指数。当 $b > 1$ 时，为递增曲线；当 $0 < b < 1$ 时，为递减曲线。

对式（8-10）两边取对数，则

$$\lg \hat{y}_i = \lg a + x_i \lg b$$

设 $\lg \hat{y}_i = \hat{y}'$，$\lg a = a'$，$\lg b = b'$，则上述指数模型转化为

$$\hat{y}_i' = a' + b'x_i \tag{8-11}$$

可见，经过变量变换，指数曲线方程转化为一元线性回归方程。按最小平方法原理，可得标准方程组为

$$\begin{cases} \sum_{i=1}^{n} y_i' = na' + b' \sum_{i=1}^{n} x_i \\ \sum_{i=1}^{n} x_i y_i' = a' \sum_{i=1}^{n} x_i + b' \sum_{i=1}^{n} x_i^2 \end{cases}$$

式中，$y_i' = \lg y_i$。解出 a' 和 b' 后，便可求出 a 和 b 的值。

二、双曲线回归方程

若因变量 y 随着自变量 x 的增加而增加（或减少），最初增加（或减少）得很快，以后逐渐放慢并趋于稳定，则可选用双曲线来拟合方程。其回归方程模型为

$$\hat{y}_i = a + b \frac{1}{x_i} \tag{8-12}$$

式中，a、b 是待定参数。

令 $\dfrac{1}{x_i} = x_i'$，则：

$$\hat{y}_i = a + bx_i' \tag{8-13}$$

同样，经过变量变换，双曲线方程转化为一元线性方程。按最小平方法原理，可得标准方程组为

$$\begin{cases} \sum_{i=1}^{n} y_i = na + b \sum_{i=1}^{n} x_i' \\ \sum_{i=1}^{n} x_i' y_i = a \sum_{i=1}^{n} x_i' + b' (\sum_{i=1}^{n} x_i')^2 \end{cases}$$

解出 a 和 b 的值后，可得 $\hat{y}_i = a + bx_i'$，于是有 $\hat{y}_i = a + b \dfrac{1}{x_i}$。

三、对数曲线回归方程

当自变量 x 增加或减少时，因变量 y 随之做比较缓慢的增加或减少，这时，拟合对数曲线是合适的，其回归方程模型为

$$\hat{y}_i = a + b\ln x_i \tag{8-14}$$

式中，a、b 是待定参数。

令 $\ln x_i = x_i'$，则

$$\hat{y}_i = a + bx_i' \tag{8-15}$$

同样，经过变量变换，对数曲线方程转化为一元线性方程。按最小平方法原理，可得标准方程组为

$$\begin{cases} \sum_{i=1}^{n} y_i = na + b\sum_{i=1}^{n} x_i' \\ \sum_{i=1}^{n} x_i'y_i = a\sum_{i=1}^{n} x_i' + b'(\sum_{i=1}^{n} x_i')^2 \end{cases}$$

解出 a 和 b 的值后，可得 $\hat{y}_i = a + bx_i'$，于是有 $\hat{y}_i = a + b\ln x_i$。

四、二次曲线回归方程

在二次曲线中，当自变量 x 增加或减少时，因变量 y 随之做越来越缓慢的增加或减少，这时，拟合二次曲线是合适的，其回归方程模型为

$$\hat{y}_i = a + bx_i + cx_i^2 \tag{8-16}$$

式中，a、b、c 是待定参数，由下面三元一次方程组确定：

$$\begin{cases} \sum_{i=1}^{n} y_i = na + b\sum_{i=1}^{n} x_i + c\sum_{i=1}^{n} x_i^2 \\ \sum_{i=1}^{n} x_iy_i = a\sum_{i=1}^{n} x_i + b\sum_{i=1}^{n} x_i^2 + c\sum_{i=1}^{n} x_i^3 \\ \sum_{i=1}^{n} x_i^2y_i = a\sum_{i=1}^{n} x_i^2 + b\sum_{i=1}^{n} x_i^3 + c\sum_{i=1}^{n} x_i^4 \end{cases}$$

可以看出，由公式求解参数，其计算过程是比较烦琐的。以下通过实例介绍由 Excel 做散点图再添加趋势线，从而快速而准确地求回归曲线方程的方法。

【例 8-10】某企业产量与所需工人人数之间的关系的历史记录如表 8-9 所示。配合工人人数对产量的回归方程。

表 8-9 某企业产量与所需工人人数关系数据

产量 x（万件）	工人数 y（人）	产量 x（万件）	工人数 y（人）
11	21	19	32
11	22	21	31
11	23	20	32
14	25	24	34
17	28	28	34
16	30	31	36

解： 由 Excel 所做的散点图如图 8 - 10 所示。

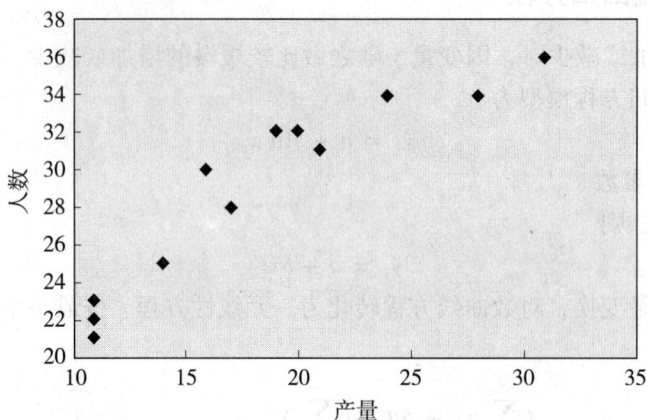

图 8 - 10　产量与工人人数的散点图

从散点图看，产量与所需工人人数之间的关系接近于直线、对数曲线或二次曲线。究竟哪条线更合理呢？通过散点图分别添加直线、对数曲线、二次曲线及相应的回归方程和判定系数，分别如图 8 - 11、图 8 - 12 和图 8 - 13 所示。判定系数最接近于 1 的回归方程最优。

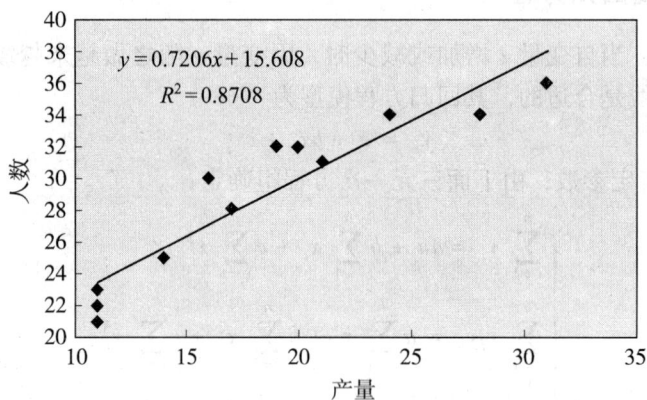

$y = 0.7206x + 15.608$
$R^2 = 0.8708$

图 8 - 11　产量与工人人数回归直线及判定系数

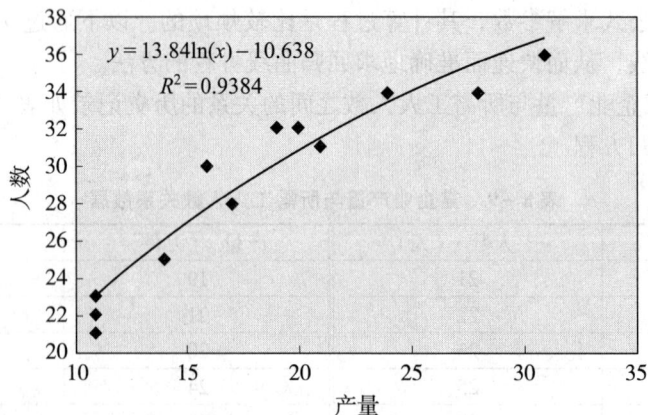

$y = 13.84\ln(x) - 10.638$
$R^2 = 0.9384$

图 8 - 12　产量与工人人数回归对数曲线及判定系数

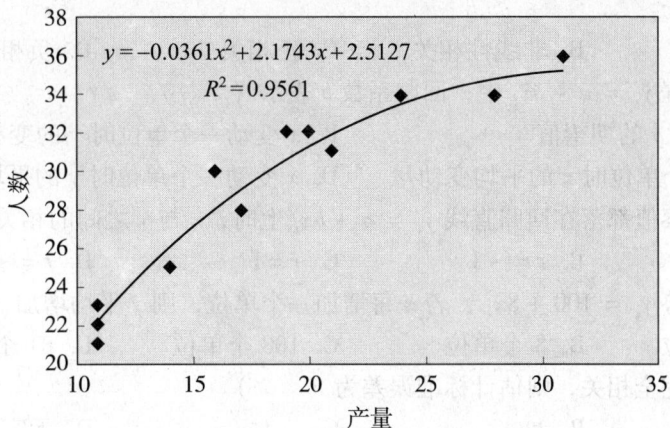

$$y = -0.0361x^2 + 2.1743x + 2.5127$$
$$R^2 = 0.9561$$

图 8 – 13　产量与工人人数回归二次曲线及判定系数

　　通过散点图添加曲线的操作方法与添加直线的方法类似，此处不再赘述。二者的不同之处是：通过散点图添加对数曲线的方法是在"添加趋势线"对话框中的"类型"选项卡中选择"对数"选项；通过散点图添加二次曲线的方法是在"添加趋势线"窗口的"类型"选项卡中选择"多项式"选项，"阶数"选 2。

　　从图 8 – 11、图 8 – 12 和图 8 – 13 的对比中可以看出，图 8 – 13 中所有散点比其他二图更紧密地围绕在二次曲线的周围，同时其回归方程的判定系数也最接近于 1，所以，本例中二次曲线回归方程最优。

　　另外，指数曲线也是一种常见的曲线，当散点图呈现指数形态时，就需要添加指数曲线，方法是在"添加趋势线"对话框的"类型"选项卡中选择"指数"即可。

思考与练习题

一、思考题

1. 什么是相关关系？相关关系与函数关系有何区别与联系？

2. 什么是相关分析？相关分析与回归分析有何区别与联系？

3. 相关系数的意义是什么？怎样利用相关系数来判别现象间的相关关系？

二、单项选择题

1. 相关关系是指（　　）。

A. 现象间客观存在的依存关系

B. 现象间客观存在的数值固定依存关系

C. 现象间客观存在的数值不固定依存关系

D. 因果关系

2. 用最小平方方法配合直线趋势方程 $\hat{y}_i = a + bx_i$，当 b 为负数时，则直线是（　　）。

A. 上升趋势　　　　　　　　　　B. 不升不降

C. 下降趋势　　　　　　　　　　D. 上述三种情况都可能出现

3. 当一个现象的数量由小变大，而另一个现象的数量相反地由大变小时，这种相关关系称为（　　）。

  A. 线性相关   B. 非线性相关   C. 正相关   D. 负相关

4. 在回归方程 $\hat{y}_i = a + bx_i$ 中，回归系数 b 表示（　　）。

  A. 当 $x = 0$ 时 y 的期望值   B. x 变动一个单位时 y 的变动总额

  C. y 变动一个单位时 x 的平均变动量 D. x 变动一个单位时 y 的平均变动量

5. 当所有观察值都落在回归直线 $\hat{y}_i = a + bx_i$ 上时，x 与 y 之间的相关系数（　　）。

  A. $r = 0$ B. $r = -1$ C. $r = 1$ D. $r = +1$ 或 $r = -1$

6. 对直线趋势 $\hat{y}_i = 100 + 8x_i$，若 x 每增加一个单位，则 y 平均增加（　　）。

  A. 100 个单位 B. 8 个单位   C. 108 个单位 D. 81 个单位

7. 若两变量完全相关，则估计标准误差为（　　）。

  A. 0   B. 1   C. -1 D. 无穷大

8. 已知某工厂甲产品产量和生产成本有直线关系，在这条直线上，当产量为 1 000 时，其生产成本为 30 000 元，其中不随产量变化的成本为 6 000 元，则成本总额对产量的回归方程是（　　）。

  A. $\hat{y}_i = 6\,000 + 24x_i$ B. $\hat{y}_i = 6 + 0.24x_i$

  C. $\hat{y}_i = 24\,000 + 6x_i$ D. $\hat{y}_i = 24 + 6\,000x_i$

9. 已知变量 x 与 y 之间存在着负相关，则下列回归方程中肯定错误的是（　　）。

  A. $\hat{y}_i = -10 - 0.8x_i$ B. $\hat{y}_i = 100 - 1.5x_i$

  C. $\hat{y}_i = -150 + 0.9x_i$ D. $\hat{y}_i = 25 - 0.7x_i$

10. 合理施肥量与农作物亩产量之间的关系是（　　）。

  A. 函数关系 B. 相关关系   C. 双向因果关系 D. 严格的依存关系

三、计算题

1. 2008 年"长三角"地区 16 个城市的居民人均可支配收入及人均消费支出的统计数据如下表所示。

表　2008 年"长三角"地区 16 个城市的居民人均可支配收入及人均消费支出

序号	城市	人均可支配收入（元）	人均消费支出（元）
1	上海市	26 675	19 398
2	宁波市	25 304	16 719
3	台州市	24 181	16 379
4	杭州市	24 104	15 715
5	苏州市	23 867	15 183
6	无锡市	23 605	15 133
7	绍兴市	23 509	14 967
8	南京市	23 123	14 837
9	舟山市	22 257	14 497
10	湖州市	21 822	14 288
11	常州市	21 592	14 233
12	嘉兴市	21 177	13 563

续表

序号	城市	人均可支配收入（元）	人均消费支出（元）
13	镇江市	19 044	12 217
14	南通市	18 903	11 613
15	扬州市	17 398	11 562
16	泰州市	17 198	10 985

要求：

（1）以人均可支配收入作为自变量 x，人均消费支出作为因变量 y，绘制散点图，并说明二者之间的关系形态。

（2）计算两个变量之间的线性相关系数，说明两个变量之间的关系强度。

（3）利用最小二乘法求出估计的回归方程，并解释该回归系数的实际意义。

（4）计算判定系数，并解释其意义。

2. 现对某行业 10 个企业的产量和单位成本进行调查，相关数据如下表所示。

表 某行业 10 个企业的产量和单位成本数据

企业编号	1	2	3	4	5	6	7	8	9	10
产量（千件）	10	17	25	33	41	52	57	61	66	72
单位成本（元）	81	69	57	46	39	34	32	30	29	27

要求：配合单位成本对产量的回归曲线。

第九章　时间序列分析和预测

时间序列分析主要是用于描述和研究社会经济现象发展变化的数量规律，从而做出相应的预测，为决策提供重要依据。本章的主要内容有：时间序列及分析指标，包括时间序列的概念、时间序列的动态分类、水平指标和速度指标；平稳序列预测方法，包括简单平均法、移动平均法和指数平滑法；趋势序列预测，包括线性模型分析预测和二次曲线模型分析预测；复合序列的因素分析，包括季节性因素分析和周期性因素分析。

第一节　时间序列及分析指标

社会经济问题的基本分析方法中，有静态分析和动态分析两种。静态分析研究社会经济变量在同一时期内的相互关系，是对经济运行的一种短期分析。它只说明短期社会经济发展情况，不能说明经济运行的变化过程。宏观经济学中对一定时点或时期上若干变量相互关系的分析就是静态分析。例如，每个时期国民收入的水平取决于储蓄和投资的对比状况，即储蓄和投资相等时，则有均衡国民收入，这就是静态分析。比较静态分析属于另一种均衡状态分析，它研究从一种均衡状态到另一种均衡状态的变化趋势，分析社会经济变量对均衡的影响，但这种分析基本上不涉及时间问题，所以属于静态分析。动态分析研究社会经济变量在不同时期的变动规律，是对社会经济运行的一种长期分析。它分析长期社会经济情况，并解释经济运行过程及变化动因。例如，对经济增长问题的研究就属于动态分析方法，如凯恩斯的国民收入决定理论的动态化就是哈罗德－多马经济增长模型。

静态分析和动态分析的主要区别在于：前者不考虑时间因素，而后者考虑时间因素。具体地说，静态分析是一种横向分析，即考虑一定时期内各种社会经济变量之间的相互关系，动态分析则是一种纵向分析，是时间序列分析，考察不同时期各种社会经济变量的变动规律。静态分析和动态分析也有一定的联系。这种联系表现在：静态分析是动态分析的基础，它为动态分析提供基础数据，便于准确分析社会经济运行规律；而动态分析则是静态分析的发展和延伸。一般来说，先进行静态分析，在静态分析的基础上进行动态分析。而社会经济运行数据的时间序列及其分析指标就是动态分析的基本依据和方法。

一、时间序列的概念

在统计学中，将反映不同时间社会经济情况的统计指标数值按时间先后顺序进行排列，所形成的数列称为时间序列，也称时间数列或动态数列。因此，时间序列是一定时间条件下的统计指标数值。时间序列一般用表格和图形来描述，如表 9－1 和图 9－1 所示。通常用 a 表示时间序列统计指标数值，用 t 表示时间序号（$t = 0, 1, 2, 3, \cdots, n$），用 at 表示对应于 t 时序的统计指标数值，时间序列表示为 $a_0, a_1, a_2, \cdots, a_n$。

　　社会经济问题的基本分析方法中，还有流量分析和存量分析。流量是指某一时期内经济变量的数值，如一年内国民生产总值、一年内银行吸收存款的数量、一年内的钢产量等。而存量是指某一时点上的经济变量，如年末的国民财富总量、年初银行存款总额、年末钢材库存等。流量和存量的关系十分密切。一般来说，流量来自存量，流量又归入存量之中。例如，一年生产的国民生产总值是年初（或上年末）各种资源存量充分利用的结果，而到年末未消耗的国民生产总值又归入存量之中。流量和存量是互相影响的，流量增加能使存量增加，存量增加又促使流量增加。

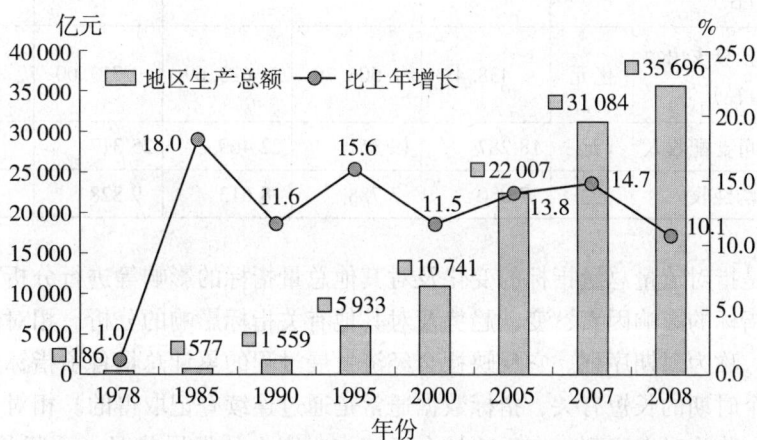

图 9 – 1　1978—2008 年广东省生产总值及增长速度

表 9 – 1　2006—2008 年广州市国民经济主要指标

指标名称	单位	2005 年	2006 年	2007 年	2008 年	2006—2008 年年平均增减（%）
广州市生产总值（当年价）	亿元	5 154.23	6 073.83	7 109.18	8 215.82	14.0
第一产业	亿元	130.22	128.50	149.87	167.72	0.1
第二产业	亿元	2 045.22	2 430.02	2 806.76	3 198.96	13.5
第三产业	亿元	2 978.79	3 515.31	4 152.55	4 849.14	14.9
广州市人均生产总值（当年价）	元	53 809	63 100	71 808	81 233	12.0
工业总产值（当年价）	亿元	6 767.96	8 112.40	9 875.79	12 639.05	16.7
农林牧渔业总产值（当年价）	亿元	220.81	217.84	254.47	290.19	4.1
社会消费品零售总额	亿元	1 898.74	2 182.77	2 595.00	3 140.13	18.3
商品出口总额	亿美元	266.68	323.77	379.03	429.64	17.2

指标名称	单位	2005 年	2006 年	2007 年	2008 年	2006—2008 年 年平均增减（%）
外商直接投资额实际使用额	亿美元	26.49	29.23	32.86	36.23	11.0
全社会固定资产投资额	亿元	1 519.16	1 696.38	1 863.34	2 104.56	11.5
地方财政一般预算收入 （按当年口径）	亿元	371.26	427.08	523.79	621.96	18.7
地方财政一般预算支出 （按当年口径）	亿元	438.41	506.79	623.69	713.00	17.6
城市居民年人均可支配收入	元	18 287	19 851	22 469	25 317	11.4
农村居民年人均纯收入	元	7 080	7 788	8 613	9 828	11.6

流量分析是指对流量总量指标的变化及对其他总量指标的影响等进行分析。存量分析是指对存量总量指标的影响因素、变动趋势及其对其他有关指标影响的分析。相对于流量的指标数值时间序列，称为时期序列。它反映社会经济发展过程的累计总量各项指标值，每项指标值的大小与这个时期的长短有关，指标数据通常是通过连续登记取得的。相对于存量的指标数值时间序列，称为时点序列。它反映社会经济在时点上的发展状况（瞬间状况），各项指标相加无实际经济意义，每项指标值的大小与时点间隔的大小无直接关系，指标数值通常是通过一定时期登记一次取得的。

二、时间序列的动态分类

社会经济现象在较长时间期内呈现出的某种持续变化的长期态势，如持续增长和下降，或循环重复等，称为趋势。趋势可以反映出某些可能的动态变化规律。根据时间序列有无趋势特征，可以把时间序列分为平稳序列和非平稳序列。

1. 平稳序列

平稳序列中的各观察值基本上在某个固定水平上波动，虽然在不同的时间段波动的程度不同，但并不存在某种规律或长期态势。波动可以看成是随机的不规则波动。

2. 非平稳序列

非平稳序列是有趋势特征的时间序列，其趋势特征一般包含趋势性、季节性和周期性三种因素。而这里的趋势性因素，专指持续增长或减少的趋势特征。非平稳序列可能包含其中一种趋势特征，或几种趋势特征，每个趋势特征都是由社会经济发展的内在与外在因素的制约而形成的。根据形成趋势特征的因素成分，可以将时间序列分为趋势性序列和趋势性、季节性、周期性等混合在一起的复合序列。这种区分形成趋势特征因素成分的分析，也称为因素分析，或构成分析。

1）趋势性序列。

趋势性序列是指主要呈现出趋势性因素的时间序列，即是指由于某种固定的、根本性的原因的作用而形成的，某一社会经济现象在相当长的时间里，持续增加向上发展或持续减少向下发展的态势。尽管在这个时期内也会有上下波动，但不影响其长期的基本态势。例如，世界人口由于出生率高于死亡率，有逐年增加的趋势；工业生产在成长期内，产量和利润呈上升趋势，成本水平呈下降趋势，而到了衰退期，产量和利润转为下降趋势，成本水平转为上升趋势；还有股票市场的"牛市"和"熊市"。这些现象的时间序列都是趋势性序列。

　　2）复合序列。

　　复合序列中的趋势性在趋势性序列中已经表述。这里只介绍季节性和周期性。

　　（1）季节性，又称季节变动，是指由于自然条件、社会条件的影响，某一社会经济现象在一年内随着季节的转变而引起的周期性变动。在农业生产、交通运输、建筑、旅游、商品销售和工业生产中都有明显的季节性。例如，蔬菜生产受季节气候变化的影响，有淡季和旺季之分，淡季产量低，价格高，旺季产量高，价格低；衣着、食品、电风扇、燃料的需求都有季节性的变动；学校放假、职工探亲、客运量成倍增长等也形成了季节性的变化特征。

　　（2）周期性，又称循环变动，是指某一社会经济现象以若干年为周期波浪式的变动。虽然每次变动周期的长短不同，其上下波动的幅度也不一定一致，但是每一周期都呈现出盛衰起伏的现象。周期性通常是由市场经济活动引起的，它不同于趋势性序列的单一方向的持续变动，是起伏的交替变动，也不同于季节性变动的时间周期基本固定和波动幅度基本相同。例如，周期性经济危机，即属于周期性循环变动，每一周期都包括危机、萧条、复苏、高涨四个阶段，成为以数年为周期的循环变动；股票市场的"牛市"和"熊市"的交替变化过程，也有周期性特征。

　　如图9－2所示描述了我国国内生产总值（GDP）的同比年增长率。从图中可以直观地分析出，自1978年以来，我国经济增长率最高的波峰年分别是1978年（11.7%）、1984年（15.2%）、1992年（14.2%）和2007年（13%）；经济增长率最低的波谷年分别是1981年（5.2%）、1990年（3.8%）、1999年（7.6%）和2009年（假设2009年为本轮周期的波谷年，增长率为8%）。如果依据波峰年计算周期的长度，则从1978—2007年的29年间，总共形成了3个经济周期，周期的平均长度为9.66年；若依据波谷年计算周期的长度，则从1981—2009年的28年间也形成了3个经济周期，周期的平均长度为9.33年。这就是说，1978年以来，我国经济周期的平均长度是9.5年左右。

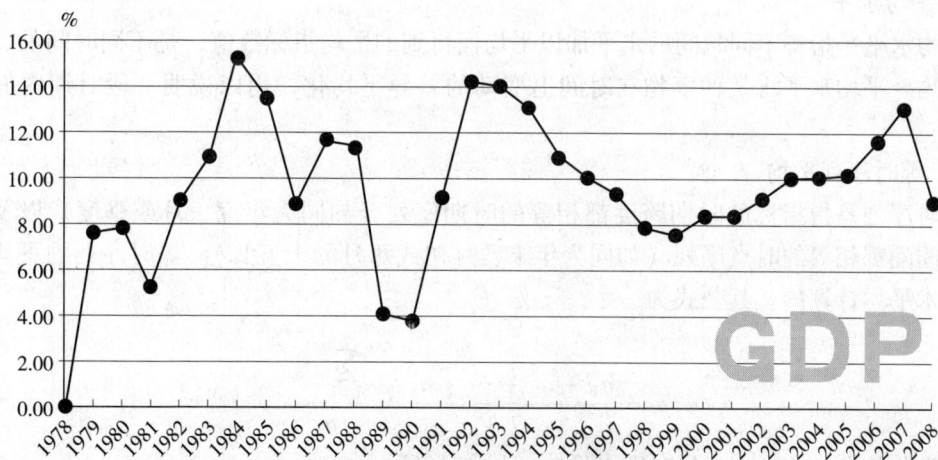

图9－2　我国国内生产总值（GDP）的同比年增长率

三、时间序列的水平指标

1. 发展水平

发展水平是指时间数列中的某个指标数值，它可以是社会经济活动在某一时期或时点上的观测值，称为绝对指标，如 2007 年广州市第三产业生产值；也可以是不同类型的社会经济活动观测值经过比较得到的指标数值，称为相对指标，如 2007 年广州第三产业生产值占当年生产总值的比重。发展水平用 a_t 来表示。如图 9 - 3 所示的就是绝对指标的趋势图。

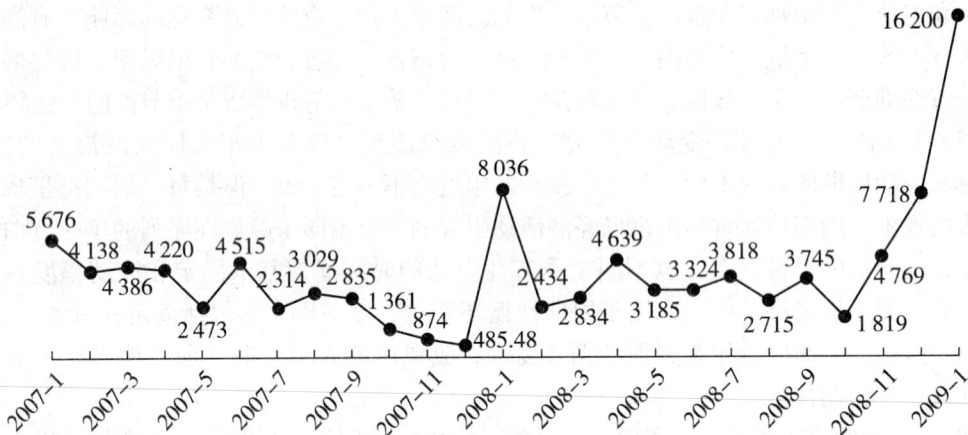

图 9 - 3 我国国内新增贷款额/亿元

为了将时间数列中的发展水平进行比较分析，通常将时间序列的时间起始指标数值 a_0 称为初期水平，将时间序列的时间末尾指标数值 a_n 称为末期水平，将在时间序列中要分析研究的某一时间的指标数值称为报告期水平。将其他时间序列与该时间序列进行比较，作为比较参照值的某一时间的指标数值称为基期水平。基期水平可以是时间序列中的数值，也可以是序列之外的同类指标数值。

2. 平均水平

平均水平是指将不同时间的水平加以平均而得到的平均指标数值，是不同时间的、动态上的平均。平均水平将某种事物在时间上变动的差异平均化，用以说明一段时期内的一般水平。

1）等时序列平均

等时序列是指指标的时期跨度都相等的时期序列（如同为年度、月或季度）以及指标的时间间隔都相等的时点序列（如同为年末、月初或每月的十五日）。等时序列的平均是用简单算术平均计算的。其公式为

$$\bar{a} = \frac{a_1 + a_2 + \cdots + a_n}{n} = \frac{\sum\limits_{i=1}^{n} a_i}{n} \tag{9-1}$$

式中，$\bar{a}$ 为平均水平；a_i 为各时序水平；n 为总时序数。

【例 9 - 1】某企业 2009 年 1 ~ 6 月总产值资料如表 9 - 2 所示。请根据表中资料，计算上

半年月平均工业总产值。

表 9 – 2　某企业 2009 年 1 ～ 6 月总产值

月　　份	1 月	2 月	3 月	4 月	5 月	6 月	合计
工业总产值（百万元）	19	19	22	24	22	26	132

解： 月平均工业总产值 $= \dfrac{19+19+22+24+22+26}{6} = \dfrac{132}{6} = 22$ （百万元）

对于时间间断的时点序列，为了使指标更好地代表各时点之间这一时间段的水平，往往使用相邻两个时点指标的均值作为时点间的时期平均指标来进行平均水平的计算。

【例 9 – 2】 某公司 2009 年 3 ～ 6 月各月月末的职工人数资料如表 9 – 3 所示。请根据资料，计算本季度月平均人数。

表 9 – 3　某公司 2009 年 3 ～ 6 月各月月末职工人数

月　　份	3 月末	4 月末	5 月末	6 月末
月末职工人数/人	180	200	220	230

解： 第二季度平均人数 $= \dfrac{\dfrac{180+200}{2} + \dfrac{200+220}{2} + \dfrac{220+230}{2}}{3}$

$$= \dfrac{190+210+225}{3} = 208 \text{（人）}$$

【例 9 – 3】 某工厂 2009 年 3 ～ 7 月生产数据资料如表 9 – 4 所示。根据资料，计算第二季度的劳动生产率。

表 9 – 4　某工厂 2009 年 3 ～ 7 月生产数据

月　　份	3 月	4 月	5 月	6 月	7 月
工业增加值（百万元）	11.0	12.6	14.6	16.3	18.0
月末全员人数（人）	2 000	2 000	2 200	2 200	2 300

解： 第二季度的劳动生产率 $= \dfrac{(12.6+14.6+16.3) \times 100}{\dfrac{2\,000+2\,000}{2} + \dfrac{2\,000+2\,200}{2} + \dfrac{2\,200+2\,200}{2}}$

$$\approx 0.690\,4 \text{（万元/人）}$$

2）不等时序列平均

不等时序列是指指标的时期跨度不相等的时期序列和指标的时间间隔不相等的时点序列。不等时序列的平均是用时间跨度为权数进行加权平均计算的。其公式为

$$\bar{a} = \frac{a_1 f_1 + a_2 f_2 + \cdots + a_n f_n}{f_1 + f_2 + \cdots + f_n} = \frac{\sum\limits_{i=1}^{n} a_i f_1}{\sum\limits_{i=1}^{n} f_i} \tag{9 – 2}$$

式中，f_i 为时间跨度权数。

【例 9 - 4】某商品，自 6 月 11 日起，其零售价从 70 元调整到 50 元，计算该商品 6 月的平均零售价格。

解：在一个月 30 天内，该商品的 70 元价格维持了 10 天，设权数为 10；50 元价格维持了 20 天，设权数为 20。则：

$$6 月份的平均售价格 = \frac{70 \times 10 + 50 \times 20}{10 + 20} = 56.67 （元）$$

【例 9 - 5】某镇 2008 年各统计时点统计的人口数如表 9 - 5 所示。计算该镇 2008 年月平均人口数。

表 9 - 5　某镇 2008 年各统计时点人口数

统计时点	1 月 1 日	4 月 1 日	7 月 1 日	11 月 1 日	12 月 31 日
人口数/万人	14.35	15.20	16.10	17.50	18.77

解：该镇 2008 年月平均人数为

$$\bar{a} = \frac{\dfrac{14.35 + 15.20}{2} \times 3 + \dfrac{15.20 + 16.10}{2} \times 3 + \dfrac{16.10 + 17.50}{2} \times 4 + \dfrac{17.50 + 18.77}{2} \times 2}{3 + 3 + 4 + 2}$$

$$= 16.23 （万人）$$

3. 增长水平

增长水平是指时间序列的各指标数值相对于同类指标数值的改变量，也称增长量。它描述了社会经济现象在一定时期内发生改变的绝对数量。其中，各期水平相对于基期水平的改变量，称为累计增长量；各期水平相对于其前一期水平的改变量，称为逐期增长量，如表 9 - 6 所示。

累计增长量为

$$a_1 - a_0, a_2 - a_0, a_2 - a_0, \cdots, a_n - a_0 \tag{9 - 3}$$

逐期增长量：

$$a_2 - a_1, a_3 - a_2, a_4 - a_3, \cdots, a_n - a_{n-1} \tag{9 - 4}$$

若设报告期水平为 a_t，某个前期时序水平为 a_i，那么 a_t 相对于 a_i 的累计增长量为

$$a_t - a_i = (a_{i+1} - a_i) + (a_{i+2} - a_{i+1}) + \cdots + (a_{t-1} - a_{t-2}) + (a_t - a_{t-1}) \tag{9 - 5}$$

平均增长水平，也称平均增长量，是指累计增长量对于某一段时间内的时序数的简单算术平均。a_t 相对于 a_i 在每个时序时间平均增长量为：

$$\frac{a_t - a_i}{t - i} = \frac{(a_{i+1} - a_i) + (a_{i+2} - a_{i+1}) + \cdots + (a_{t-1} - a_{t-2}) + (a_t - a_{t-1})}{t - i} \tag{9 - 6}$$

四、时间序列的速度指标

1. 发展速度与增长速度

速度是指两个相关变量的比率，也就是这两个变量的比值。它是描述比较两个变量相对变化的快慢程度的指标。例如，行程速度，也称行程速率，就是行程与所用时间的比值，表示单位时间的行程数，从而描述了行程的快慢程度。时间序列的速度指标是反映某种社会经

济现象在一定时期内发展变化的快慢程度的指标。与行程速度不同的是，时间序列的速度指标往往不是相对于时间的速度，而是同类指标的比率，通常用倍数和百分数表示。

时间序列中的指标数值相对于某一基期水平的比率，称为定基发展速度。它是时间序列中报告期水平和基期水平的比值，反映了从基期到报告期这段时间内，总量指标的发展速度，也称总速度。时间序列中的指标数值相对于其前一期水平的比率，称为环比发展速度。它是时间序列中报告期水平和其前一期水平的比值，反映了报告期的时序时间内指标的逐期发展速度。如表9-6所示。

定基发展速度为：

$$\frac{a_1}{a_0}, \frac{a_2}{a_0}, \frac{a_3}{a_0}, \cdots, \frac{a_n}{a_0} \tag{9-7}$$

环比发展速度为：

$$\frac{a_1}{a_0}, \frac{a_2}{a_1}, \frac{a_3}{a_2}, \cdots, \frac{a_n}{a_{n-1}} \tag{9-8}$$

报告期水平与前一年同期水平的比值，称为同比速度。它是为了消除季节性影响而设置的速度指标。

增长速度是增长量与某一时序水平的比率。它是反映某种社会经济现象在一定时期内增长量变化的快慢程度的指标，也称增长率。报告期增长量与基期水平的比值，称为定基增长速度，或定基增长率。它反映现象在观察期内总增长的变化速度。报告期增长量与其前一期水平的比值，称为环比增长速度，或环比增长率。它反映现象逐期增长变化的速度。如表9-6所示。而图9-4反映的是同比增长速度。

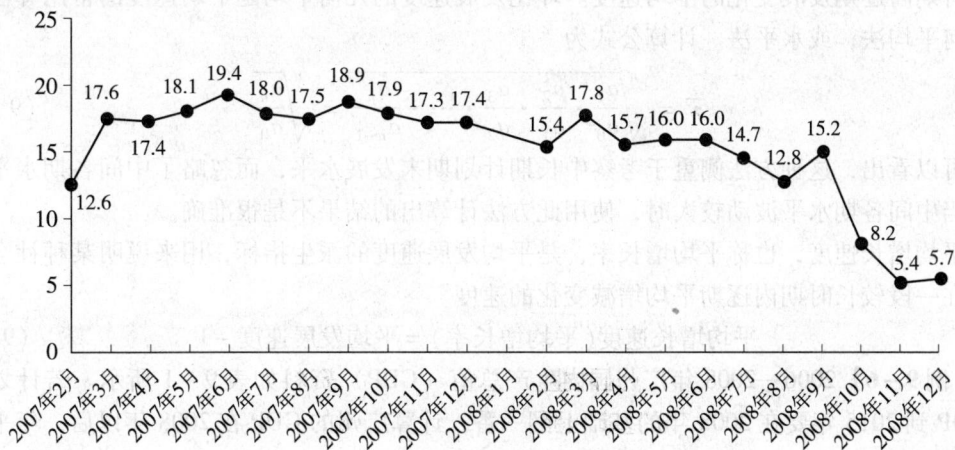

图9-4 我国工业生产增加值月份同比增速

定基增长速度为：

$$\frac{a_1 - a_0}{a_0}, \frac{a_2 - a_0}{a_0}, \frac{a_3 - a_0}{a_0}, \cdots, \frac{a_n - a_0}{a_0}$$

或

$$\frac{a_1}{a_0} - 1, \frac{a_2}{a_0} - 1, \frac{a_3}{a_0} - 1, \cdots, \frac{a_n}{a_0} - 1 \tag{9-9}$$

环比增长速度为：

$$\frac{a_1 - a_0}{a_0}, \frac{a_2 - a_1}{a_1}, \frac{a_2 - a_1}{a_1}, \frac{a_3 - a_2}{a_2}, \cdots, \frac{a_n - a_{n-1}}{a_{n-1}}$$

或

$$\frac{a_1}{a_0} - 1, \frac{a_2}{a_1} - 1, \frac{a_3}{a_2} - 1, \cdots, \frac{a_n}{a_{n-1}} - 1 \qquad (9-10)$$

可见，增长速度实际上就是发展速度减1。当发展速度大于1或100%时，增长速度为正，称为增长率；当发展速度小于1或100%时，增长速度为负，称为负增长率或降低率。

表 9 - 6 某生产企业 2003—2008 年工业总产值资料

年　　份		2003	2004	2005	2006	2007	2008
工业总产值（万元）		530	540	832	1 250	1 480	2 127
增长量（万元）	累计	—	10	302	720	950	1 597
	逐期	—	10	292	418	230	647
发展速度（%）	定基	100	101.9	157	235.8	279.2	401.3
	环比		101.9	154.1	150.2	118.4	143.7
增长速度（%）	定基		1.9	57.0	135.8	179.2	301.3
	环比		1.9	54.1	50.2	18.4	43.7

2. 平均速度与平均增长速度

平均速度是指环比发展速度，相对于时序的平均数，用来说明某种社会经济现象在一段较长时期内逐期发展变化的平均速度。环比发展速度的几何平均是平均速度的常用算法，称为几何平均法，或水平法。计算公式为

$$\bar{x} = \sqrt[n]{\frac{a_1}{a_0} \cdot \frac{a_2}{a_1} \cdot \frac{a_3}{a_2} \cdot \cdots \cdot \frac{a_n}{a_{n-1}}} = \sqrt[n]{\frac{a_n}{a_0}} \qquad (9-11)$$

可以看出，这种方法侧重于考察中长期计划期末发展水平，而忽略了中间各期水平。因此，当中间各期水平波动较大时，使用此方法计算出的结果不是很准确。

平均增长速度，也称平均增长率，是平均发展速度的派生指标，用来说明某种社会经济现象在一段较长时期内逐期平均增减变化的速度。

$$平均增长速度（平均增长率）= 平均发展速度 - 1 \qquad (9-12)$$

【**例 9 - 6**】2006—2008 年广州国内生产总值（GDP）资料如表 9 - 1 所示。若计划广州的 GDP 到 2015 年要在 2008 年的基础上翻一番，计算广州的 GDP 在 2008 年以后，年平均增长率需达到多少。

解：根据表 9 - 1、式（9 - 11）和式（9 - 12），可知 2008 年广州的 GDP 为

$$a_0 = 8\ 215.82 （亿元）$$

而 2015 年的 GDP 为

$$a_7 = 2a_0$$

则

$$年平均增长率 = \sqrt[7]{\frac{a_7}{a_0}} - 1 = \sqrt[7]{2} - 1 = 0.104 = 10.4\%$$

第二节 平稳序列预测

根据以往的数据推测未来的结果就是预测。利用时间序列进行预测时，通常假设社会经济问题的过去变化态势也会延续到未来，这样就可以根据过去变化的形态和模式来进行预测。本节主要介绍平稳序列的传统预测方法，包括简单平均法、移动平均法和一次指数平滑法。这些方法都是以某种方式消除时间序列中的波动，从而显现出其中的变化态势，因此统称为平滑法。平滑法既可以对平稳序列进行短期预测，也可以对有趋势序列进行趋势描述。

一、简单平均法

简单平均法是指通过对时间序列进行简单平均，或者在比观察值更长的时期水平上进行平均，形成在更长时期水平上的平均序列，从而消除原序列观察值之间的波动，呈现出长期的变化态势，并根据这种简单平均值或平均序列的简单平均进行预测的方法。整理出更长时期平均水平序列的方法也称为时距扩大平均法。

如表9-7所示是某工厂某年各月增加值完成情况的资料。将其按季度进行整理可以得到季度水平序列，如表9-8所示。由月资料整理出的季度资料，其趋势明显是不断增长的，原来的月资料则表现出波动。计算季度平均将得到季度平均水平序列，如表9-9所示，从表中可以看出逐期增长的态势。很明显，这种平滑方法不适宜对本身具有波动趋势的序列进行预测。

表9-7 某工厂某年各月增加值完成情况　　　　　　　　　　万元

月份	1	2	3	4	5	6	7	8	9	10	11	12
增加值	50.5	45.0	52.0	51.5	50.4	55.5	53.0	58.4	57.0	59.2	58.0	60.5

表9-8 某工厂某年完成季度增加值情况　　　　　　　　　　万元

季度	第一季度	第二季度	第三季度	第四季度
增加值	147.5	157.4	168.4	177.7

表9-9 某工厂某年完成季度平均增加值情况　　　　　　　　　　万元

季度	第一季度	第二季度	第三季度	第四季度
平均增加值	49.2	52.5	56.1	59.2

由于采用简单平均法时，对早期数据和近期数据同样看待，而现象的发展过程往往是近期对未来的影响要大于远期，所以对于有趋势的序列的预测，该方法不准确。但简单平均法可以描述有趋势序列。

【例9-7】如表9-10所示是2000—2006年我国居民消费指数（CPI）的资料，可以看出基本上是平稳序列。用简单平均法预测2007年的CPI。

解：2007 年的 CPI = $\dfrac{100.4 + 100.7 + 99.2 + 101.2 + 101.8 + 101.5}{7} = 101.24$

表 9 – 10　2000—2006 年我国居民消费指数（CPI）的资料

年　　份	2000	2001	2002	2003	2004	2005	2006
居民消费价格指数（上年 = 100）	100.4	100.7	99.2	101.2	103.9	101.8	101.5

二、移动平均法

移动平均法是指将时间序列资料逐项递推移动，依次计算包含一定时序项数的时期平均数，形成一个新的时间序列，从而平滑了时间序列，反映出其长期态势，并进行外推预测的方法。移动平均法既可消除时间序列中的不规则变动，也可消除季节变动和周期变动的影响。

仍以表 9 – 7 的资料为例，可得：

月份	1	2	3	4	5	6	7	8	9	10	11	12
增加值 y（万元）	50.5	45	52	51.5	50.4	55.5	53	58.4	57	59.2	58	60.5
三项移动平均 y_c	—	49.2	49.5	51.3	52.5	53	55.6	56.1	58.2	58.1	59.2	—

则　　　　　　　移动平均后的序列项数 = 原序列项数 – 移动平均项数 + 1　　　　　（9 – 13）

显然，经过移动平均处理，序列态势更加明显，但预测的序列数值与实际值有滞后偏差。为了消除影响，预测时常用以下公式：

$$T_{t+m} = \bar{a}_t + \left(\frac{p-1}{2} + m \right) b \qquad\qquad (9 - 14)$$

式中，T 目标期预测值；$\bar{a}_t$ 为第 t 期的移动平均数；p 为移动时序项数；m 为从 t 期至预测目标期的时期数；b 为近若干期移动平均数的平均增长量。

若仍以表 9 – 7 中资料为例，预测该工厂下一年 1 月份的生产增加值，则为

$$T_{11+2} = 59.2 + \left(\frac{3-1}{2} + 2 \right) \left(\frac{58.2 - 56.1 + 58.1 - 58.2 + 59.2 - 58.1}{3} \right) = 62.3 \,(\text{万元})$$

平滑后的序列比原序列项数较少。所以在进行统计分析预测时，若序列两端的数据比较重要，则不宜使用此法。移动平均法只是简单平均法在平均方法上的改进，使平滑后的态势更能代表原序列态势，误差更小。本质上讲，移动平均法对有趋势序列的预测依然不够准确，但也可以描述趋势序列，如图 9 – 5 所示。

移动时序项数可以选择奇数，也可以选择偶数，如表 9 – 11 所示。若采用奇数项移动平均（如"3 项"），则平均值是对准在奇数项的居中时序的时期；若采用偶数项移动平均，则平均值因未对准原来时序的时期，还要再计算一次平均数。故一般都用奇数项移动平均。

那么，取几项进行移动平均为好呢？一般来讲，如果现象有周期变动，则以周期为长度。例如，季度资料可取四项移动平均；各年月份资料，可取十二项移动平均；以五年为一周期的资料，可取五项移动平均。移动平均的目的是消除周期变动的影响，但是，平移时序项数越多，忽略的数据就越多，敏感性越低，预测容易失真；平移时序项数越少，反映的敏

感性越高，但易受不规则变动干扰，态势曲线不够平滑。如图 9-5 所示。

表 9-11 某工厂某年各月增加值四项移动平均值 万元

月份	1	2	3	4	5	6	7	8	9	10	11	12
y	50.5	45	52	51.5	50.4	55.5	53	58.4	57	59.2	58	60.5
四项移动平均			49.8	49.7	52.4	52.6	54.3	56.0	56.9	58.2	58.7	
二项移正y_c				49.8	51.1	52.5	53.5	55.2	56.6	57.6	58.5	

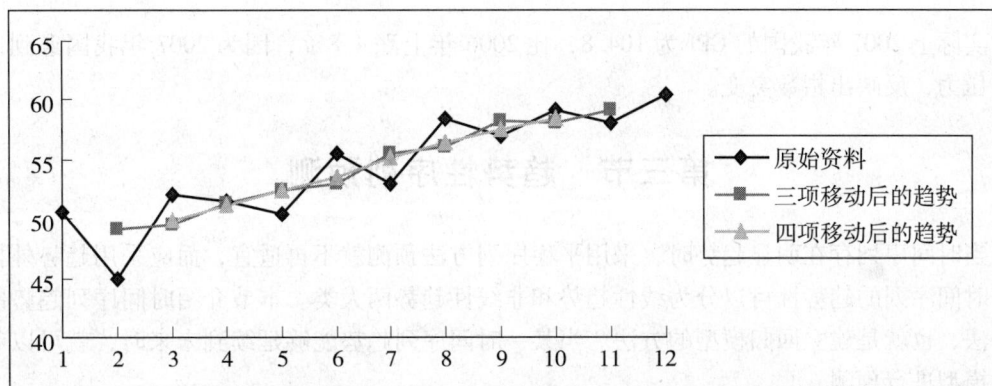

图 9-5 某工厂某年各月增加值和三、四项移动平均值曲线

三、指数平滑法

指数平滑法是一种特殊的加权平均法。它通过加权的方法，考虑早期与近期数据的区别，对简单平均和移动平均在数据方面进行修正。这种方法因为权数随着序列发生变化，所以称为指数平滑法。根据考虑权数因素的多少，指数平滑法又分为一次指数平滑法、二次指数平滑法、三次指数平滑法等。这里只介绍一次指数平滑法。

一次指数平滑法只考虑一种权数，其特点是对离预测期较近的观察值给予较大的权数，对离预测期较远的观察值给予较小的权数。这里的权数也称为平滑系数。

一次指数平滑法的预测模型为

$$T_{t+1} = \alpha y_t + (1-\alpha)T_t \qquad (9-15)$$

式中，T_{t+1} 为 $t+1$ 期的预测值；T_t 为 t 期的预测值；y_t 为 t 期的实际观察值；α 为平滑系数 $(0 < \alpha < 1)$。

通过式（9-15）可以看出，$t+1$ 期的预测值实际上是 t 期的预测值和 t 期的实际观察值的加权平均。由于不可能有 1 期预测值，所以用 1 期实际观察值代替，即 $T_1 = y_1$。

平滑系数的选择非常重要，因为不同的 α 对预测的影响很大。一般来讲，当原始数列无明显的增减趋势，且波动幅度不大时，α 取值大小均可；若原始数据有明显而稳定的增减趋势，则 α 取值宜大些，以便预测能跟上变化；若原始数列有明显的增减趋势，且波动幅度又较大，则 α 取值宜小些。在实际应用中，多是采用预测误差计算的方法来获得最优平滑系数。

【例 9-8】用一次指数平滑法计算例 9-7，资料如表 9-12 所示。

表 9-12　2007 年我国居民消费指数（CPI）指数平滑预测

年　　份	2000	2001	2002	2003	2004	2005	2006	2007
居民消费价格指数（上年 = 100）	100.4	100.7	99.2	101.2	103.9	101.8	101.5	—
$\alpha = 0.5$	—	100.4	100.6	99.9	100.6	102.3	102.1	101.8
$\alpha = 0.7$	—	100.4	100.6	99.6	100.7	102.9	102.2	101.7
$\alpha = 0.9$	—	100.4	100.7	99.4	101.0	103.6	102.0	101.5

实际上 2007 年我国的 CPI 为 104.8，比 2006 年上涨 4.8%，因为 2007 年我国遇到通货膨胀压力，反映出指数突变。

第三节　趋势性序列预测

当时间序列存在明显趋势时，采用平稳序列方法预测就不再适宜，而应采用趋势外推预测。时间序列的趋势性可以分为线性趋势和非线性趋势两大类。本节介绍时间序列趋势的拟合方法，也就是建立回归模型的方法。当某一时间序列趋势能够延续到未来时，就可以利用回归模型进行预测。

一、线性模型预测

当两个变量之间呈一次函数关系时，在坐标图形上表现为一条直线，这种关系称为线性关系。社会经济现象中的变量，随着时间的推移，有些也表现出增长率大体相同，呈现出线性变化规律。拟合相关离散变量的关系，称为建立模型，而用所建立的模型进行分析研究的方法，称为模型分析方法。模型分析法是人文、社会和经济领域中基本的分析方法之一。

在第八章中，已经介绍了一元线性回归模型。我们知道，这一线性趋势的拟合方法通常采用最小二乘法，即利用实际值和趋势预测值的离差平方和为最小，来获得最优线性趋势模型。时间序列的一元线性回归模型的自变量是时间，即时间序列的时序数。

线性模型为

$$T_t = a + bt \tag{9-16}$$

式中，T_t 为 t 期的预测值；t 为时序数；α 为趋势在 Y 轴上的截距；b 为趋势线的斜率。

$$\begin{cases} b = \dfrac{n\sum ty - \sum t \sum y}{n \sum t^2 - (\sum t)^2} \\ a = \bar{y} - b\bar{t} \end{cases} \tag{9-17}$$

式中，n 为时序总项数；t 为时序数；y 为时间序列数值。

趋势预测的误差可以用估计标准误差来衡量。

【例 9 - 9】某地区 GDP 资料如表 9 - 13 所示。请建立线性模型,并预测 2009 年的水平。

解:已知 $n = 13$,$\sum t = 91$,$\sum y = 182\,505.8$,$\sum ty = 1\,516\,487.3$,$\sum t^2 = 819$,则:

$$b = \frac{n\sum ty - \sum t\sum y}{n\sum t^2 - (\sum t)^2} = \frac{13 \times 1\,516\,487.3 - 91 \times 182\,505.8}{13 \times 819 - 91^2}$$

$$= 1\,312.89$$

$$a = \bar{y} - b\bar{t} = \frac{182\,505.8}{13} - 1\,312.89 \times \frac{91}{13} = 4\,848.68$$

即直线趋势方程为

$$T_t = 4\,848.68 + 1\,312.89\,t$$

则

$$T_{2009} = 4\,848.68 + 1\,312.89 \times 14 = 23\,229.14(亿元)$$

表 9 - 13 某地区 GDP 资料和线性模型计算表 亿元

年份	t	GDP (y)	ty	t^2
1996	1	7 610.6	7 610.6	1
1997	2	8 491.3	16 982.6	4
1998	3	9 448.0	28 344.0	9
1999	4	9 832.2	39 328.8	16
2000	5	10 209.1	51 045.5	25
2001	6	11 147.7	66 886.2	36
2002	7	12 735.1	89 145.7	49
2003	8	14 452.9	115 623.2	64
2004	9	16 283.1	146 547.9	81
2005	10	17 993.7	179 937.0	100
2006	11	19 718.4	216 902.4	121
2007	12	21 454.7	257 456.4	144
2008	13	23 129.0	300 677.0	169
合计	91	182 505.8	1 516 487.3	819

二、二次曲线模型预测

社会经济现象中的变量在随时间的变化过程中,很多都表现出非线性趋势特征。这里简单介绍利用最小二乘原理拟合的二次曲线(二次抛物线)模型和预测。

二次曲线模型为

$$T_t = a + bt + ct^2 \tag{9-18}$$

其中常数项和系数由下面三元一次方程组确定：

$$\begin{cases} \sum y = na + b\sum t + c\sum t^2 \\ \sum ty = a\sum t + b\sum t^2 + c\sum t^3 \\ \sum t^2 y = a\sum t^2 + b\sum t^3 + c\sum t^4 \end{cases} \qquad (9-19)$$

为了计算方便，可用序列的中期为坐标原点，使式（9-19）中的 $\sum t = 0, \sum t^3 = 0$，简化后可求解得：

$$\begin{cases} a = \dfrac{\sum t^4 \sum y - \sum t^2 \sum t^2 y}{n\sum t^4 - (\sum t^2)^2} \\ b = \dfrac{\sum ty}{\sum t^2} \\ c = \dfrac{n\sum t^2 y - \sum t^2 \sum y}{n\sum t^4 - (\sum t^2)^2} \end{cases} \qquad (9-20)$$

【例 9-10】某厂 1978—2008 年产量资料如表 9-14 所示。请建立二次曲线模型，并预测 2011 年和 2014 年的水平。

表 9-14　某厂年产量资料及二次曲线模型配合计算表　　　　　　万件

年份	序号 t	实际产量 y	ty	t^2	$t^2 y$	t^4	趋势值
1978	-15	102	-1 530	225	22 950	506 255	108
1979	-14	118	-1 652	196	23 128	38 416	122
1980	-13	136	-1 768	169	22 984	28 561	138
1981	-12	156	-1 872	144	22 464	20 736	156
1982	-11	177	-1 947	121	21 417	14 641	176
1983	-10	200	-2 000	100	20 000	10 000	197
1984	-9	225	-2 025	81	18 225	6 561	221
1985	-8	250	-2 000	64	16 000	4 096	247
1986	-7	280	-1 960	49	13 720	2 401	275
1987	-6	310	-1 860	36	11 160	1 296	305
1988	-5	345	-1 725	25	8 625	625	336
1989	-4	380	-1 520	16	6 080	256	370
1990	-3	405	-1 215	9	3 645	81	406
1991	-2	440	-880	4	1 760	16	444
1992	-1	480	-480	1	480	1	484

续表

年份	序号 t	实际产量 y	ty	t^2	t^2y	t^4	趋势值
1993	0	520	0	0	0	0	526
1994	1	565	565	1	565	1	570
1995	2	610	1 220	4	2 440	16	616
1996	3	660	1 980	9	5 940	81	664
1997	4	710	2 840	16	11 360	256	714
1998	5	760	3 800	25	19 000	625	767
1999	6	815	8 490	36	29 340	1 296	820
2000	7	870	6 090	49	42 630	2 401	876
2001	8	940	7 520	64	60 160	4 096	934
2002	9	1 000	9 000	81	81 000	6 561	994
2003	10	1 060	10 600	100	106 000	10 000	1 056
2004	11	1 125	12 875	121	136 125	14 641	1 120
2005	12	1 190	14 280	144	171 360	20 736	1 186
2006	13	1 255	16 315	169	212 095	28 561	1 254
2007	14	1 325	18 550	196	259 700	38 416	1 324
2008	15	1 390	20 850	225	312 750	50 625	1 396
合计	0	18 799	106 441	2 480	1 663 103	356 624	—

由式（9 - 20）得

$$a = 525.9, b = 42.92, c = 1.006$$

代入式（9 - 18），则二次抛物线方程式为

$$T_t = 525.9 + 42.9t + 1.006t^2$$

如果要预测 2011 年和 2014 年该产品产量，则用 $t = 18$ 和 $t = 21$ 分别代入方程式：

$$T_{2011} = 525.9 + 42.92 \times 18 + 1.006 \times 18^2 = 1\,624\,（万件）$$

$$T_{2014} = 525.9 + 42.92 \times 21 + 1.006 \times 21^2 = 1\,871\,（万件）$$

本节讲述了如何对趋势性时间序列建立模型并进行预测。而无论是通过对时间序列数据进行直观判断来建立预测模型，还是通过确定其相关性后建立回归模型，统计学中都有一套评价预测模型的方法。通常是通过观察值和预测值（趋势值），获得误差项，然后对误差项进行统计检验或统计估计，判别误差是否随机，若误差随机，则预测模型有效。

第四节　复合序列因素分析

时间序列的态势构成分为四种，即趋势性（T）、季节性（S）、周期性或循环性（C）、

随机性或不规则波动（I）。这四种因素对时间序列的影响方式不同。人们针对不同的影响方式建立了多种模型，如乘法模型、加法模型、混合模型等。复合序列是包含了趋势性、季节性、周期性和随机性的时间序列。通过平滑的方法和单一关系模型进行分析，都无法描述现象的真实情况，预测也会失真。传统的方法是：先分析时间序列中的某个趋势因素特征及数据描述，然后在复合序列中将此因素分离；通过各因素的分离，从而获得全部因素的特征和数据描述，也可了解消除某因素后时间序列的形态。

复合序列因素分析一般先将季节因素分离出来，再分离出趋势因素，最后得到周期性因素和随机因素。通常采用乘法模型：

$$Y = T \times S \times C \times I \qquad (9-21)$$

一、季节性因素分析

季节性因素分析一般是根据以月、季为单位的时间数列资料，测定以年为周期的、随季节转变而发生的周期性变动的规律性。主要是通过季节指数来表示各年的季节成分，描述季节变动模式。季节性因素分析的步骤是：先计算季节指数，再分离季节性因素。测定季节变动的资料时间至少要有 3 个周期以上。例如，季节资料至少要有 12 季；月度资料至少要有 36 个月等，以避免资料太少而产生偶然性。

1. 季节指数

季节指数是描述序列在各年度内的月份或季度的典型季度特征的指标。在乘法模型中，季节指标是以平均数为100%，并以此为基数获得的相对数指标。它反映了月份或季节的数值占全年平均数的百分比。因此，如果现象的过程没有明显的季节变动，那么各期的季节指数都应等于100%。如果某期的季节指数大于100%，那么表示该期为旺季；如果小于100%，则表示为淡季。季节变动的程度是根据各期季节指数与100%的偏差程度来判定的。

季节指数的计算方法有很多，这里介绍移动平均趋势剔除法。移动平均趋势剔除法实际上是利用移动平均法的平滑功能，根据季节特征选择移动期数，再通过平均数比率，剔除序列中的其他因素，将季节性变化特征显现出来的方法。

移动平均趋势剔除法主要步骤如下。

（1）计算移动平均数。如果是季度数据，以四期平移，如果是月份数据，以 12 期平移。

（2）计算移动平均的比值，即季节比率。将序列的各观察值除以相应的移动平均值，然后再计算出各比值的季度（或月份）平均值。

（3）季节指数调整。这一步是对季节比率的平均值不等于 1 时进行的调整，就是将各季节比率平均值除以它们的总平均值，最终得到季节指数。

下面以某商场羽绒服销售资料为例，来说明移动平均趋势剔除法生成季节指数的计算过程。

某商场三年来羽绒服月销售量的资料，如表 9-15 所示。为了方便计算，将其整理成季度资料，如表 9-16 所示。根据表 9-16，以 4 期平移进行移动平均计算，并进行二项平均移正和计算季节比率。最后计算季节比率平均值，并进行调整，得到季节指数，如表 9-17 所示。根据季节指数描述的羽绒服销售季节变动情况，如图 9-6 所示。从图中可以很明显地看出，第 2、3 季度为淡季。

表9-15　某商场三年来羽绒服月销售量的资料 件

年份	月　份												合计
	1	2	3	4	5	6	7	8	9	10	11	12	
第一年	150	90	40	26	10	8	12	20	35	85	340	360	1 176
第二年	230	150	60	40	20	10	32	40	70	150	420	480	1702
第三年	280	120	80	30	12	9	37	48	84	140	470	500	1 820
合计	660	360	180	96	42	27	81	108	189	375	1 230	1 340	4 698

表9-16　某商场羽绒服销售量季度资料和移动平均值及比值 件

年度	季度	销售量 y（件）	四项移动平均	二项移正 y_c	$y/y_c \times 100\%$
第一年	1	280		—	—
	2	44		—	—
	3	67	294.00	314.000	21.34
	4	785	334.00	337.250	232.77
第二年	1	440	340.50	349.875	125.76
	2	70	359.25	392.375	17.84
	3	142	425.50	430.500	32.98
	4	1 050	435.50	433.125	242.42
第三年	1	480	430.75	434.125	110.57
	2	51	437.50	446.250	11.43
	3	169	455.00	—	—
	4	1 120		—	—

表9-17　某商场三年来羽绒服销售量季节指数计算 %

年度	季度（%）				合计
	第一季	第二季	第三季	第四季	
第一年	—	—	21.34	232.77	—
第二年	125.76	17.84	32.98	242.42	—
第三年	110.57	11.43	—	—	—
合计	236.33	29.27	54.32	475.19	—
平均	118.17	14.64	27.16	237.59	99.39
季节指数 100%	1.189	0.147	0.273	2.391	

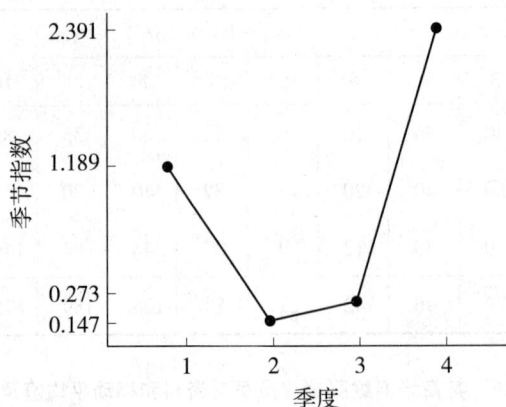

图 9 – 6　某商场羽绒服销售季节变动示意

2. 季节性因素分离

算出季节指数后，就得到了复合序列中季节性因素的度量，就可以从观察值中分离季节因素。在乘法模型中的做法是将观测值除以相应的季节指数。公式为

$$\frac{Y}{S} = \frac{T \times S \times C \times I}{S} = T \times C \times I \tag{9 – 22}$$

仍以某商场羽绒服销售资料为例，如表 9 – 18 所示为分离季节因素后的序列，反映了没有季节变动影响下的时间序列形态。

表 9 – 18　某商场羽绒服销售季节因素分离后的趋势值　　　　　　　　件

年度	季度	销售量 y（件）	季节指数	季节性因素分离后的趋势值
第一年	1	280	1.189	235.49
	2	44	0.147	299.32
	3	67	0.273	245.42
	4	785	2.391	328.31
第二年	1	440	1.189	370.06
	2	70	0.147	476.19
	3	142	0.273	520.15
	4	1 050	2.391	439.15
第三年	1	480	1.189	403.70
	2	51	0.147	346.94
	3	169	0.273	619.05
	4	1 120	2.391	468.42

从季节性因素分离后的趋势值中，我们还可以看出淡、旺季的销售情况，从而可以有一个公平的比较方法。

二、趋势性因素分析

在第三节中，已经介绍了如何建立线性回归模型和二次抛物线回归模型。通过回归模型就能得到时间序列每一期的趋势值，如表 9 – 14 所示。也可以利用时间序列进行季节性因素分离后得到的趋势值来建立回归模型，从而得到消除了季节性因素的回归模型和趋势值。

在乘法模型中，可以通过观察值除以由回归模型得到的趋势值来分离趋势性因素对时间序列的影响。对于有季节性波动的序列，通常先进行季节因素分离，然后进行趋势性因素分离。

趋势性因素分离公式为

$$\frac{Y}{T} = \frac{T \times S \times C \times I}{T} = S \times C \times I \tag{9 – 23}$$

分离季节性因素后，分离趋势性因素公式为

$$\frac{Y}{S \times T} = \frac{T \times S \times C \times I}{S \times T} = C \times I \tag{9 – 24}$$

三、周期性因素分析

复合序列在通过式（9 – 24）分离了季节因素和趋势因素后，其数值中就只包含周期性（循环变动）因素和随机不规则因素。现实中，由于周期性变动的周期长短不一和波幅大小不一，因此，周期性因素总是与不规则波动交织在一起，很难单独进行分析和描述。分析周期性因素的常用方法为剩余法。这种方法是先分离季节性因素和趋势性因素，再用平滑法消除不规则变动，从而测定周期性（循环变动）。而关于消除不规则变动的平滑方法，常采用移动平均法（MA）。

由式（9 – 24）可知：

$$C \times T = \frac{T \times S \times C \times I}{S \times T}$$

则周期性因素的数值为

$$C = MA(C \times I) = MA\left(\frac{T \times S \times C \times I}{S \times T}\right) \tag{9 – 25}$$

显然，得到周期性因素后，也可以得到随机不规则因素 I，即

$$I = \frac{T \times S \times C \times I}{S \times T \times C} \tag{9 – 26}$$

思考与练习题

一、思考题

1. 简述时间序列的概念和种类。
2. 简述平稳序列和非平稳序列的含义。
3. 说明时间序列各指标间的关系。
4. 简述平滑法的含义。
5. 什么是时间序列的因素分析？它有什么意义？各因素的概念是什么？它们之间有什

么区别?

6. 移动平均法的作用是什么? 移动平均趋势剔除法有哪些步骤?

7. 利用线性模型进行预测的条件是什么?

8. 计算季节指数的步骤是什么?

二、选择题

1. 时期数列中所包含的指标（   ）。

A. 反映社会经济现象在某一段时期的发展过程中的总量

B. 反映社会经济现象在某一瞬间所达到的水平

C. 反映社会经济现象之间的相互关系

D. 反映社会经济现象的一般水平

2. 下列数列中，其指标数值可以相加的是（   ）。

A. 平均数时间数列　　B. 相对数时间数列　　C. 时期数列　　　　D. 时点数列

3. 若无季节变动，则季节指数应为（   ）。

A. 0　　　　　　　　B. 1　　　　　　　　C. 大于1　　　　　　D. 小于1

4. 计算五年的钢产量的平均发展速度，如果是为了侧重考察五年中最末一年钢产量的发展水平，则应采用（   ）。

A. 算术平均法　　　　B. 调和平均法　　　　C. 几何平均法　　　　D. 方程法

5. 若报告期同基期比较，产品实物量增长5%，价格降低5%，则产品产值（   ）。

A. 增加5%　　　　　B. 减少5%　　　　　C. 减少0.25%　　　D. 没有变动

6. 采用三项移动平均修匀后得到的时间序列，比原时间序列首尾各少（   ）。

A. 一项数值　　　　　B. 二项数值　　　　　C. 三项数值　　　　　D. 四项数值

7. 下面属于时期数列的是（   ）。

A. 我国近几年来的耕地总面积　　　　　B. 我国历年新增人口数

C. 我国历年图书出版量　　　　　　　　D. 我国历年黄金储备

E. 某地区国有企业历年资金利税率

8. 某企业某种产品原材料月末库存资料如下表所示，则该动态数列（   ）。

月　　份	1月	2月	3月	4月	5月
原材料库存量（t）	8	10	13	11	9

A. 各项指标数值是连续统计的结果

B. 各项指标数值反映的是现象在某一时点上的总量

C. 各项指标数值反映的是现象在一段时期内发展的总量

D. 各项指标数值是不连续统计的结果

E. 各项指标数值可以相加得到5个月原材料库存总量

9. 定基发展速度和环比发展速度的关系是（   ）。

A. 二者都属于速度指标

B. 相邻两个定基发展速度之商等于相应的环比发展速度

C. 定基发展速度的连乘积等于环比发展速度

D. 环比发展速度的连乘积等于定基发展速度

E. 相邻两个环比发展速度之商等于相应的定基发展速度

10. 增长速度和发展速度的关系是（　　　）。

A. 增长速度 = 发展速度 − 1

B. 定基增长速度 = 各环比增长速度之积

C. 定基发展速度 = 定基增长速度 + 1

D. 定基增长速度 = 各环比发展速度连乘积 − 1

E. 环比增长速度 = 定基增长速度 + 1

三、计算题

1. 某工业企业的调查资料如下表所示，试运用时间序列指标的相互关系：（1）确定时间序列的发展水平和表中所缺的指标；（2）以 2004 年为基期，计算平均发展速度。

年份	总产值	定基指标		
		增长量	发展速度（%）	增长速度（%）
2004	253	—	—	—
2005		30		
2006			116.7	
2007				28.0
2008		147.3		

2. 某地区人口数从 2003 年起每年以 9‰ 的增长率增长，截至 2008 年，人口数为 2 100 万人。该地区 2003 年人均粮食产量为 350 kg，到 2008 年人均粮食产量达到 400 kg。试计算该地区粮食总产量的年平均增长速度。

3. 根据下列资料计算某地区第四季度就业人口数占劳动力资源数的平均比重。

日　　　期	9 月 30 日	10 月 31 日	11 月 30 日	12 月 31 日
就业人口（万人）	280	285	280	270
劳动力资源人口（万人）	680	685	684	686

4. 利用指标间的关系将下表中所缺数字补齐，并计算该地区 2004—2008 年这五年期间的粮食产量的年平均增长量以及按水平法计算的年平均增长速度。

年　　份	2003	2004	2005	2006	2007	2008
粮食产量（万吨）	200					
逐期增长量（万吨）	—		31	40		
环比发展速度（%）	—	110			105	93

5. 某地区 1997 年平均人口数为 100 万人，2008 年人口变动情况如下表所示。

月　份	1	2	5	9	11	2009 年 1 月
月初人数	120	130	145	156	161	166

计算：（1）2008 年的平均人口数；

（2）1997—2008 年该地区人口的平均增长速度；

（3）假设从 2008 年起该地区人口以 8‰的速度增长，则到 2023 年该地区人口数量将达到什么水平？

（4）如要求到 2018 年时该地区人口数不超过 200 万人，则人口平均增长速度应控制在什么水平？

6. 某地区 2004—2008 年国民生产总值数据如下表所示。

年　份		2004	2005	2006	2007	2008
国民生产总值（亿元）		40.9		68.5	58	
发展速度（%）	环比	—				
	定基	100			151.3	
增长速度（%）	环比	—	10.3			
	定基	—				

要求：（1）填列表中所缺数字；

（2）计算 2004—2008 年年平均国民生产总值；

（3）以 2004 年为固定基期，计算 2005—2008 年国民生产总值年平均发展速度和平均增长速度。

7. 某企业产品的单位成本 2005 年比 2004 年降低 2%，2006 年比 2005 年降低 5%，2007 年比 2006 年降低 3%，2008 年比 2007 年降低 1.5%。试以 2004 年为基期，计算 2005—2008 年该企业单位成本总的降低速度和平均降低速度。

8. 某地区 2004—2008 年粮食产量资料如下表所示。

年　份	2004	2005	2006	2007	2008
产量（万吨）	220	232	240	256	280

要求：（1）建立线性模型；

（2）预测 2010 年该地区的粮食产量。

9. 某地区的农业生产零售额资料如下表所示。根据表中资料计算季节指数，并计算分离季节因素后的趋势值。

年 份	季度销售额（亿元）				
	一季度	二季度	三季度	四季度	全年合计
2003	62.6	88.0	79.1	64.0	293.7
2004	71.5	95.3	88.5	68.7	324.0
2005	74.8	106.3	96.4	68.5	346.0
2006	75.9	106.0	95.7	69.9	347.5
2007	85.2	117.6	107.3	78.4	388.5
2008	86.5	131.1	115.4	90.3	423.3
合 计	456.5	644.3	582.4	439.8	2 123.0

第十章 指　　数

指数是社会经济分析中用于反映现象的数量相对变动情况的一种常用的统计方法。本章介绍了指数的基本概念，并讨论了指数的编制方法及应用。主要内容有：指数的概念和分类；加权指数，包括加权综合指数和加权平均指数编制及其应用；指数体系和因素分析；常用的价格指数，包括消费价格指数、生产价格指数以及零售价格指数等基础知识。

第一节　指数的概念及分类

一、指数的概念

从 18 世纪中叶物价指数产生开始，统计指数至今已有三百多年的历史了。随着社会的不断发展，统计指数的应用也不断被推广到社会经济领域的各个方面，统计指数的概念也在不断扩大和完善。一般认为：统计指数是研究社会经济现象在数量方面的时间变动状况和空间对比关系的分析方法。同时还认为，统计指数有广义和狭义之别。从广义上来说，凡是用来反映所研究社会经济现象的时间变动和空间对比状况的相对数，如动态相对数、比较相对数和计划完成情况相对数，都可称为指数。从狭义上来说，统计指数仅指用来综合反映所研究社会经济现象复杂总体数量的时间变动和空间对比状况的一种特别的相对数。所谓复杂总体是指由不同度量单位或性质各异的若干事物所组成的、数量不能直接相加或对比的总体。本章所述的指数概念，是指狭义指数，不是指广义指数。

为了更好地理解指数的概念、意义和作用，下面以 2008 年上半年广东农产品价格指数以及统计分析为例，讲解指数的相关内容。通过表 10-1 可以看出，2008 年上半年广东农产品生产价格比去年同期上涨了 21.9%；农业、林业、畜牧业和渔业产品价格同比分别上涨 6.8%，9.4%，37.9% 和 21.4%。以下是对其中农业产品生产价格的统计分析。

2008 年上半年广东农业产品价格持续走高，与去年同期比上涨了 6.8%，涨幅比去年同期增加了 3 个百分点。谷物及其他作物生产价格比去年同期上涨了 1.5%。其中，谷物、玉米、豆类、油料价格同比分别上涨 7.9%，17.2%，20.5% 和 18.5%。涨幅较大的品种有：早籼稻（价格上涨 7.9%）、晚籼稻（价格上涨 7.8%）、黄玉米（价格上涨 19.5%）、花生（价格上涨 18.5%）、大豆（价格上涨 25.0%）和绿豆（价格上涨 20.0%）。谷物类价格上涨的主要原因有：一是近期国际粮食价格大幅上涨；二是自去年以来，国内市场上的食用植物油、猪禽蛋等的价格不断上涨，推动了相关谷物类价格的上涨。糖料价格受市场上供过于求的影响，在去年下降的基础上继续走低，同比下降 18.2%，降幅比去年同期增加 17.5 个百分点。受春节前后低温天气及 4、5 月持续暴雨天气的影响，上半年蔬菜生产价格同比上涨 8.1%，涨幅上升 1.7 个百分点。其中，叶菜类产品上涨 8.1%，块根、块茎菜上涨 12.9%，茄果菜上涨 21.9%。但瓜菜类因市场供应充足，下跌 3.55%。由于燃油价格上涨，水果运输成本和储藏成本增加，再加上今年冷冻灾害天气的影响，时令水果大幅减少，上半年水果价格同比上涨 14.7%，涨幅比去年同期增加 12.2 个百分点。其中荔枝上涨 57.6%，菠萝上涨 10.0%，李子上涨 123.5%。

从上例中可以看出，指数有着一些基本的属性。

1. 相对性

根据对指数的定义，可以说指数是个相对数。这种相对又表现为不同时间的相对，如2008 年的现象数值与 2007 年同期相比，也有表现为空间地域之间的相对，如广东与浙江相比；有表现单个变量在时间、空间上的相对，如生猪肉价格，也有综合若干变量的相对，如食品价格；有数量上的相对，如产量，也有质量上的相对，如价格、合格率。因为指数是相对数，所以总是用百分比来表示。通常将对比的基数设为 100%。

表 10 – 1　2008 年上半年广东农产品价格指数　　　　　　　（上年同期 = 100）

产品名称	1 季度	2 季度	上半年
生产价格总指数	125.09	119.78	121.90
一、农业产品	111.11	105.94	106.80
谷物及其他作物	99.84	105.89	101.45
谷物（原粮）	107.33	111.94	107.87
薯类	110.30	119.88	118.08
油料	122.22	112.44	118.49
豆类	123.47	124.22	120.50
糖料	82.33	85.99	81.80
其他农作物	110.76	101.03	104.44
蔬菜、园艺作物	121.34	98.72	108.07
蔬菜	121.35	98.68	108.09
花卉	100.12	103.53	102.56
水果、坚果、饮料和香料	98.61	128.46	113.85
水果、坚果	98.08	130.36	114.66
茶及其他饮料（干品）	110.22	97.54	99.33
二、林业产品	108.45	109.70	109.37
竹木采运	108.86	112.09	110.23
林产品的采集	98.99	89.23	87.88
三、牧业（畜产品）	139.94	133.44	137.89
牲畜的饲养	120.38	116.24	119.25
猪的饲养	151.57	141.07	148.92
家禽	110.19	117.68	111.11
其他畜牧业	108.17	117.91	115.26

产品名称	1季度	2季度	上半年
四、渔业	123.32	120.58	121.44
海水水产品	125.70	103.80	117.80
内陆水域水产品	121.83	124.71	122.89

2. 综合性

指数的价值就在于能反映在多种因素的作用下，复杂现象的变动水平。因为指数是一个将多种不同度量单位、不同性质的因素水平统一考虑的综合指标，所以才形成了独立的指数体系和理论方法。由于具有综合性的特点，指数能反映总体的变动方向和长期的变动趋势，从而为科学决策提供可靠的依据和预测，体现出指数广泛的应用价值，特别是在宏观经济领域。

3. 代表性

指数的意义不只是在于它的综合性，还在于这种综合对复杂现象总体的反映是准确的、充分的、可比的，这就是指数的代表性。指数的代表性主要是通过加权和平均来进行分析。用加权的方法使不同度量单位、不同性质的因素具有可比性，如同度量因素加权；用加权的方法来区分不同要素对现象的作用程度，将充分多的因素纳入权数体系，并随着事物的变化进行变权，对权数进行不断修正，从而使指数具备准确性和充分性。用均值来代表现象发展过程中某一时期的水平，就是以平均的方法来实现代表性。

由于统计指数具有独特的性质，因此，在社会经济活动中能够发挥重要的作用，具体表现在以下几个方面。

（1）综合反映复杂社会经济总体在时间和空间方面的变动程度和变动趋势。这是统计指数最重要的作用。在社会经济现象中，存在着大量不能直接相加，或不能直接对比的复杂总体，为了综合反映和研究它们的变动程度和变动趋势，只能通过统计指数法，编制统计指数。

（2）分析和测定社会经济现象总体变动受各因素变动的影响。社会经济现象总体中包含着数量因素和质量因素，通过编制数量因素指数和质量因素指数，可以分析和测定各因素变动对总体变动的影响，也使各因素的作用具有了可比性。

（3）研究平均指标指数变动和水平因素、结构因素变动对平均指数的影响。平均指标中包含水平因素和结构因素，因此可以通过编制可变构成指数、固定构成指数和结构影响指数来研究平均指标的变动及其各因素变动对平均指标变动的影响。

二、指数的分类

统计指数按照不同的研究目的和要求，可以做如下各种分类。

1. 个体指数和总指数

统计指数按所研究对象的范围不同，可分为个体指数和总指数。个体指数反映某种社会经济现象中个别事物变动的情况，如反映某一种商品物价变动的情况。总指数是综合反映某种事物包括若干个别事物的总的变动情况，如反映若干商品总的物价变动情况。有时为了研究需要，在介于个体指数与总指数之间，还编制组指数（或分类指数）。组指数的编制方法与总指数相同。

2. 数量指标指数和质量指标指数

统计指数按所表示的特征不同，可以分为数量指标指数和质量指标指数。数量指标指数反映现象总体的规模和水平的变动状况，如产量指数、职工人数指数等。质量指标指数则反映现象总体内涵质量的变动，如商品物价指数、劳动生产率指数等。本书以 q 表示数量指标，以 p 表示质量指标，以 q_0 和 q_1 分别表示基期和报告期（计算期）的数量指标，以 p_0 和 p_1 分别表示基期和报告期的质量指标。

3. 动态指数和静态指数

统计指数按其本来的含义，都是指动态指数。但在实际运用过程中，其含义渐渐扩展到了静态事物和空间对比，因而产生了静态指数。所谓静态指数是指在同一时间条件下将不同单位、不同地区间同一事物数值进行对比所形成的指数，或将同一单位、同一地区计划指标与实际指标进行对比所形成的指数。

4. 定基指数和环比指数

统计指数按在指数数列中所采用的基期不同，可以分为定基指数和环比指数。定基指数是指在数列中以某一固定时期的水平作为对比基准的指数；环比指数则是指以其前一时期的水平作为对比基准的指数。

三、指数理论及其发展过程

统计指数起源于物价指数，距今约有三百多年的历史。1650 年，英国经济学家沃汉用某种商品价格的比较来计算单个物价指数，以说明物价变动情况。1675 年，美国经济学家伏享曾编制谷物、家畜、布帛等物价指数，首创了物价指数。1707 年，英国主教佛里特伍德也曾编制了 39 种物品的价格指数，属于广义的指数范畴。1738 年，法国学者杜托将商品集合的两个时期各自的单价进行单纯加总对比，综合反映商品集团的价格变化情况，其计算公式为：$\dfrac{\sum p_1}{\sum p_0}$。此为综合指数法（又称总和指数法）的初端。此指数的编制，标志着统计指数从广义指数发展为狭义指数。但杜氏指数法提出后，因其方法本身存在严重缺陷，故采用者不多。1750 年，意大利贵族卡里用公式 $\dfrac{\sum (p_1/p_0)}{n}$ 计算多种商品的物价指数，为用平均法计算物价指数之首创。$\dfrac{\sum p_1}{\sum p_0}$ 和 $\dfrac{\sum (p_1/p_0)}{n}$ 这两个简单的指数计算公式，虽是指数计算综合法和平均法的雏形，但已显示出指数方法论的两个发展方向。而这二者的关系问题，开始成为指数研究中一个极为重要的问题。此后在西方统计指数的发展过程中，综合法指数基本上被舍弃了，而平均法指数却得到了充分的发展。在平均法指数初期，所采用的 $\dfrac{\sum (p_1/p_0)}{n}$ 公式，虽有综合反映多种商品价格变动状况的一面，但另一方面却因该方法是没有加权的简单平均，不能正确反映物价水平的平均变动，所以西方物价指数编制方法的进一步发展，就集中在对各商品物价变动的个体指数的加权问题上。

平均数指数从不加权到加权，是一次重大的飞跃，它大大地促进了指数理论的发展和计算方法的科学化。不过，在解决加权问题上，又经历了从主观权数法到客观权数法的重大转折。在初期，人们虽然认识到需要加权，但却不知道如何加权。于是有些人在计算物价总指数时，便主观决定将某种商品的价格计算一次，另外一些商品的价格则计算二次、三次、四次等。这就是所谓的主观加权法。它缺乏客观的依据，不够科学，故遭到各方面的责难。在客观权数方面，德国统计学家拉斯佩利斯和派斯切有重大的贡献。1864年，拉斯佩利斯主

张以基期数量为权数计算物价指数，其计算公式为：$\dfrac{\sum \dfrac{p_1}{p_0}p_0q_0}{\sum p_0q_0}$，一般简称为 L 式；1874 年，

派斯切则主张以报告期数量为权数，计算物价指数，其计算公式为：$\dfrac{\sum \dfrac{p_1}{p_0}p_0q_1}{\sum p_0q_1}$，一般简称

为 P 式。拉氏指数是从维持基期生活水平出发的，其优点是用常量权数，各期权数相同，可以相互比较；不足之处是经济意义稍逊。派氏指数是从维持计算期生活水平出发的，其优点是具有现实经济意义；不足之处是用变化权数，各期权数不同，难以互相比较。从西方指数理论分析，不论是 L 式还是 P 式，均是采用算术加权平均数计算，按数学原理分析，则二者存在着所谓的"型偏误"。同时，由于采用基期或计算期数量为权数进行加权，所以二者又都存在着"权偏误"。在静态经济条件下，L 式为上权偏误，P 式为下权偏误，而在动态经济条件下，L 式为下权偏误，P 式为上权偏误。两个偏误的方向相反，绝对值几乎相等。尽管拉氏指数和派氏指数被人认为存在"权型兼备偏误"，不是优良指数，但从它们创立时起，至今一直在西方统计实践中被广泛应用。

为了清除"型偏误"，19 世纪 90 年代，美国经济学家马歇尔与另一美国统计学家埃奇

沃斯曾先后提出过修正公式，后被合称为"马歇尔—埃奇沃斯公式"，即 $\dfrac{\sum \left(p_1 \dfrac{q_1 + q_0}{2}\right)}{\sum \left(p_0 \dfrac{q_1 + q_0}{2}\right)}$。

此外，埃奇沃斯还认为"权偏误"影响不大，影响指数不超过 1/20，因此也就没有提出什么消除"权偏误"的方法。

在西方指数理论发展史上，最有名的代表人物——美国统计学家、经济学家、耶鲁大学教授费宣，在统计方面主要从事价格指数的研究，他被推崇为西方指数理论方面的权威。他曾在 1911 年出版的《货币购买》一书中，专论"指数"，对指数的计算方法详加论述，认为拉氏指数和派氏指数均不理想，介绍了纠正二者"权型偏误"的改良公式，即用交叉法将二者指数相乘，并用几何法将其乘积开平方，调和两者的"权型偏误"，得出了优良的指

数数值。其计算公式为：$\sqrt{\dfrac{\sum \dfrac{p_1}{p_0}p_0q_0}{\sum p_0q_0} \times \dfrac{\sum \dfrac{p_1}{p_0}p_0q_1}{\sum p_0q_1}}$。他认为用这一公式计算得到的指数值，

虽然不是指数真值，但是已非常理想地接近真值。因此，他认为这是计算指数的"理想公式"。1922 年，费宣还在其所编的《指数编制》一书中，集当时指数公式之大全，搜罗了134 个指数计算公式。为了检验这些公式的优劣，他提出了三种检验方法，即时间互换测验、因子互换测验和循环测验。检验结果，只有 14 种公式能满足前两种测验。在西方统计实践中被广泛使用的 L 式和 P 式，均不能完全满足三种测验，就连他自己创立的"理想公

式"，也不能满足因子互换测验。但最不合理的简单综合法和简单平均法以及没有什么经济意义的基期数量加权的算术平均数指数，却能较好地满足测验。

以上以物价指数为代表，简单回顾了西方指数的发展历史。从中可以看出，西方指数理论研究主要集中在三个问题上：第一，从个体指数出发，将平均数作为计算总指数的基本形式；第二，选择平均数的形式问题；第三，选择加权平均数的权数问题。

东方指数理论是苏联和原东欧计划经济国家在 20 世纪 30 年代建立起来的，是在总结以往的指数理论和实践的基础上，结合当时的社会条件研究创建的，使在数理统计上的经济计划达到了登峰造极的地步。其指数理论有以下几个特点。

（1）东方理论指数不是西方指数以平均数作为计算总指数的基本形式，而主张采用综合公式计算。因此，综合指数便成为计算总指数的基本形式，而平均数指数则视为综合指数的变形。这就解决了指数两个发展方向的关键问题。

（2）东方理论指数从经济意义角度确定了指数的形式和权数，从理论上找到了判别采用指数公式的标准，从而否定了西方指数理论中的"偏误论"和测验方法。

（3）东方理论指数用互相联系的观点，分析社会经济现象的变动状况，从而创立了"指数体系"的概念和编制方法。

（4）东方理论指数在总量指标指数体系的基础上，将指数体系的理论推广到平均指标指数，从而进一步确立了平均指标指数体系（可变组成指数体系）的概念和编制方法。

（5）东方理论指数拓宽了指数的概念和运用范围，从动态比较发展到静态比较、计划比较等，从而提高了指数的作用和功能。

当然，东方指数理论也有不足之处，主要表现在僵化运用综合指数，而忽视了平均数指数的灵活应用。

我国于晚清时代开始编制指数，迄今约有 100 多年的历史。新中国成立前，我国统计指数主要沿袭西方的指数理论，只编制过极少数经济指数。新中国成立后，我国统计指数理论主要向苏联学习，排斥了西方的指数理论和方法，运用东方指数理论，结合我国的实践情况，编制了一些重要的经济指数，取得了许多宝贵的经验。改革开放以来，我国在统计学术上对统计指数理论进行了广泛探讨，在实践上也编制一些重要的经济指数，并吸收了西方统计指数理论中许多有益的东西。例如，综合经济效益指数等就是采用平均法编制的。

第二节　加权指数

第一节介绍了指数一方面通过加权来使不同度量单位、不同性质的因素具有可比性，从而综合反映复杂现象的总体变动水平，呈现其综合性特征；另一方面又通过加权来进行各种个体指数的平均，从而综合反映复杂现象的总体变动水平，呈现其代表性特征。本节将介绍加权综合指数和加权平均指数。

一、加权综合指数

加权综合指数是指先对不同度量单位、不同性质的因素进行综合，然后进行对比的指数方法。对不同度量单位、不同性质的因素进行综合的方法是引入同度量因素进行加权，就是将进行综合的不同度量单位、不同性质的指数因素都与同度量因素相乘，其乘积为可比较的同度量指标。同度量因素在这里既是实现同度量化的因素，又起到指数因素权重的作用。一般来讲，当指数因素为数量指标时，同度量因素为质量指标；当指数因素为质量指标时，同度量因素为数量指标。例如，指数因素为销售量，那么同度量因素为销售价格；反之，指数因素为销售价格，那么同度量因素为销售量。销售量×销售价格＝销售额，销售额为可比的同度量指标。为了单纯考察销售量的变动情况，在计算销售额指标时，还必须把作为同度量因素的价格固定在同一时期，以消除价格因素变动的影响，即报告期和基期的价格都以同一时期来计算；而为使两个时期销售额的对比能单纯地反映商品价格的变动，也必须把作为同度量因素的销售量固定在同一个时期。

1. 拉氏指数

拉氏指数是指以基期数值作为同度量因素，计算综合指数的方法。

拉氏数量指数公式为

$$\overline{K_q} = \frac{\sum q_1 p_0}{\sum q_0 p_0} \tag{10-1}$$

拉氏质量指数公式为

$$\overline{K_p} = \frac{\sum p_1 q_0}{\sum p_0 q_0} \tag{10-2}$$

2. 派氏指数

派氏指数是指以报告期数值作为同度量因素，计算综合指数的方法。

派氏数量指数公式为

$$\overline{K_q} = \frac{\sum q_1 p_1}{\sum q_0 p_1} \tag{10-3}$$

派氏质量指数公式为

$$\overline{K_p} = \frac{\sum p_1 q_1}{\sum p_0 q_1} \tag{10-4}$$

现以表10-2所示的某商店三种商品的销售情况为例，来说明综合指数的计算方法。

1）关于计算数量综合指数的问题

若计算每种商品的销售量个体指数，只需用报告期销售量除以基期销售量，即 $k_q = q_1/q_0$。表10-2的计算结果表明，该商店甲商品的销售量，报告期比基期增长了12.5%，乙商品增长了10%，丙商品增长了5%。但若要综合说明这三种商品销售量总的变动方向和程度，就必须计算销售量的加权综合指数，如表10-3所示。

表10-2 某商店三种商品的销售量及价格资料

名称	计量单位	销售量		个体指数 $k_q = q_1/q_0$	价格（元）		个体指数 $k_p = p_1/p_0$
		基期 q_0	报告期 q_1		基期 p_0	报告期 p_1	
甲	米	3 200	3 600	1.125	100	120	1.200
乙	件	800	880	1.100	420	410	0.976
丙	千克	2 000	2 100	1.050	75	75	1.000

依据表 10-3 的计算结果，将有关数据代入式（10-1），得：

$$\overline{K}_q = \frac{\sum q_1 p_0}{\sum q_0 p_0} = \frac{88.71}{80.6} = 110.06\%$$

计算结果表明，该商店三种商品的销售量，报告期比基期总的上升了 10.06%。

表 10-3　某商店三种商品销售量指数、价格指数计算表

商品名称	销售量		价格（元）		销售额（万元）			
	基期 q_0	报告期 q_1	基期 p_0	报告期 p_1	基期 $p_0 q_0$	假定 $p_0 q_1$	假定 $p_1 q_0$	报告期 $p_1 q_1$
甲	3 200	3 600	100	120	32.0	36.00	38.4	43.20
乙	800	880	420	410	33.6	36.96	32.8	36.08
丙	2 000	2 100	75	75	15.0	15.75	15.0	15.75
合计	—	—	—	—	80.6	88.71	86.2	95.03

若按公式（10-3）计算，则：

$$\overline{K}_q = \frac{\sum q_1 p_1}{\sum q_0 p_1} = \frac{95.03}{86.2} = 110.24\%$$

计算结果表明，该商店三种商品的销售量，报告期比基期总的上升了 10.24%。

不难看出，按式（10-1）和式（10-3）计算出的销售量综合指数的结果不同。那么，在计算商品销售量综合指数时，应该选用哪个时期的价格作为同度量因素呢？

在实际计算中，应根据研究目的来确定同度量因素的时期。从理论上看，式（10-1）和式（10-3）都是成立的，它们都是综合反映销售量的变动情况的。但联系到实际应用，就需要结合分析研究的目的来确定采用哪一个公式。就计算商品销售量指数的目的而言，应只是为了反映商品销售量的变化，不应同时反映价格的变动。如果用式（10-1）计算，即同度量因素固定在基期，所得到的销售额指标中仅包含了销售量这一个因素的变动，这意味着按原有价格水平来测定销售量的综合变动，符合我们的研究目的。如果按式（10-3）计算，即同度量因素固定在报告期，这样计算得到的销售额指标，实际上其中已包含了价格的变动，这意味着是按调整后的价格来测定销售量的综合变动。显然，这与计算该指数的目的不符。因此，在计算商品销售量总指数时，应将作为同度量因素的价格固定在基期。由此可以得出编制数量指标综合指数的一般原则是：应以基期的质量指标作为同度量因素，即采用拉氏公式。

2）关于计算质量综合指数的问题

仍以表 10-2 中的资料为例，三种商品价格个体指数计算式为 $k_p = p_1 / p_0$。从表 10-2 可知，该商店甲商品的价格报告期比基期增长了 20%，乙商品则降低了 2.4%，而丙商品无变动。为了综合说明这三种商品价格总的变动方向和程度，需要计算价格综合指数。

将表 10-3 中的有关数据代入式（10-2），得：

$$\overline{K}_p = \frac{\sum q_0 p_1}{\sum q_0 p_0} = \frac{86.2}{80.6} = 106.95\%$$

计算结果表明，该商店三种商品的销售价格，报告期比基期总的上升了 6.95% 。

若按式（10-4）计算，则：

$$\overline{K}_p = \frac{\sum q_1 p_1}{\sum q_1 p_0} = \frac{95.03}{88.71} = 107.12\%$$

计算结果表明，三种商品的价格，报告期比基期总的上升了 7.12% 。

用式（10-2）和式（10-4）计算出的价格总指数的结果也不同。依然根据研究目的来看，如果只是为了反映商品价格总的变动方向，则用式（10-2）为好，因为它不包含产量因素变化的影响。但如果研究的目的不仅是为了反映商品价格总的变动方向，同时还要分析由于价格变动带来的实际经济效果，就要用式（10-4）计算才能满足要求。因此，在计算价格综合指数时，应将作为同度量因素的销售量固定在报告期，才具有现实的经济意义。所以编制质量指标综合指数的一般原则为：应以报告期的数量指标作为同度量因素，即采用派氏公式。

二、加权平均指数

由于综合指数能完整地反映出所研究现象的经济内容，因此，它是计算综合指数的基本形式。但是，编制综合指数需要将指数所涉及的很多品种在两个时期的数量指标和质量指标分别对应相乘，然后求和。这样计算是比较麻烦的，特别是对大数量品种的统计。而各个品种的个体指数往往也是我们的一个统计目标，利用已知的个体指数能使计算更加方便，所以统计实务中常用个体指数的平均指数来编制总指数。

所以平均指数，就是指以个体指数为基础，通过对个体指数进行加权平均计算来编制的总指数（亦称为平均数指数）。其操作过程是：先进行比较，获得个体指数，然后再平均，获得总指数。平均指数可分为综合指数变形权数和固定权数两种形式。通常认为，综合指数变形权数的平均指数是综合指数的另外一种形式，其本质上仍然是综合指数，而固定权数的平均指数完全不同于综合指数，它具有独立的意义和特殊的应用价值。

1. 综合指数变形权数的平均指数

如上所述，平均指数在一定的权数条件下，可作为综合指数的变形形式来应用。这里，我们只讨论根据一般原则确定的数量指标综合指数和质量指标综合指数的变形形式。

1）加权算术平均指数

加权算术平均指数是指对个体指数按加权算术平均方式进行平均，即以个体指数为变量值，以综合指数公式的分母项为权数，计算个体指数的加权算术平均数，也就是以基期总量为权数。

仍以表 10-2 中的资料为例，来说明用加权算术平均指数的方法计算销售量（数量指标）指数的过程。

现实中要计算 $\sum q_1 p_0$ ，需要把每件商品的销售量乘以各自基期的价格，当商品品种比较多时，如日用品，计算工作就比较繁重。当然，应用现代计算机数据库技术计算也没有太大的问题，但是，在社会经济统计中往往也会考察各代表商品的销售情况，需要计算它们的销售量个体指数，这样就可以知道个体数量指数 k_q 。当个体基期的销售额 $q_0 p_0$ 已知时，可以通过 $k_q = q_1 / q_0$ ，得 $q_1 = k_q \cdot q_0$ ，代入式（10-1），则：

$$\overline{K}_q = \frac{\sum q_1 p_0}{\sum q_0 p_0} = \frac{\sum k_q q_0 p_0}{\sum q_0 p_0} \qquad (10-5)$$

将表 10-4 的相关数据代入（10-5）式，得：

$$\overline{K}_q = \frac{\sum k_q q_0 p_0}{\sum q_0 p_0} = \frac{88.71}{80.6} = 110.6\%$$

计算结果与采用综合指数公式的结果相同。

表 10-4 某商店三种商品销售量指数计算表

商品名称	计量单位	销售量			基期销售额（万元）	假定销售额（万元）
		基期 q_0	报告期 q_1	个体指数 $k_q = q_1/q_0$	$p_0 q_0$	$q_1 p_0 = k_q \cdot q_0 p_0$
甲	米	3 200	3 600	1.125	32.0	36.00
乙	件	800	880	1.100	33.6	36.96
丙	千克	2 000	2 100	1.050	15.0	15.75
合计	—	—	—	—	80.6	88.71

2）加权调和平均指数

加权调和平均指数是指对个体指数按加权调和平均方式进行平均，个体指数仍是变量值，而权数是综合指数公式的分子项，据此而计算的个体指数的加权调和平均数，也就是以报告期总量为权数。

仍以表 10-2 资料为例，说明用加权调和平均指数的方法计算商品价格（质量指标）指数的过程。

表 10-5 某商店三种商品价格指数计算表

商品名称	计量单位	销售价格			报告期销售额（万元）	假定销售额（万元）
		基期 p_0	报告期 p_1	个体指数 $k_p = p_1/p_0$	$q_1 p_1$	$q_1 p_0 = q_1 p_1/k_p$
甲	米	100	120	1.200	43.20	36.00
乙	件	420	410	0.976	36.08	36.96
丙	千克	75	75	1.000	15.75	15.75
合计	—	—	—	—	95.03	88.71

假设已知 k_p 和 $q_1 p_1$，要求编制价格总指数。由 $p_1/p_0 = k_p$，得 $p_0 = p_1/k_p$，将其代入式（10-4），则：

$$\overline{K}_p = \frac{\sum q_1 p_1}{\sum q_1 p_0} = \frac{\sum q_1 p_1}{\sum \frac{1}{k_p} q_1 p_1} \qquad (10-6)$$

将表 10 - 5 中的相关数据代入式（10 - 6），得：

$$\overline{K}_p = \frac{\sum q_1 p_1}{\sum \dfrac{1}{k_p} q_1 p_1} = \frac{95.03}{88.71} = 107.12\%$$

计算结果与采用综合指数公式的结果相同。

2. 固定权数的平均指数

固定权数的平均指数是指以占总体的相对数（如比重）作为个体的权数，进行加权平均的平均指数。在平均的形式上，固定权数的平均指数以算术平均形式居多。因其具有独立的形式和应用价值，在国内外已得到了广泛的应用。目前，在我国社会经济生活中常见的固定权数的平均指数有商品零售价格指数、工业生产指数和股票价格指数等。

以商品零售物价指数为例，来说明固定权数的平均指数的计算。

商品零售物价指数采用加权算术平均指数公式计算，每年根据住户调查资料调整一次权数，每种商品的价格个体指数采用代表规格品的平均价格计算。其公式为：

$$\overline{K}_p = \frac{\sum k_p W}{\sum W} \tag{10 - 7}$$

式中，k_p 为各种代表规格品的个体价格指数；W 为各种代表品所代表的商品零售额的比重（固定权数）。

我国在编制商品零售物价时，统一规定了商品分类：全部商品分为 14 个大类，每个大类又分若干中类，中类再分为小类，小类又包括若干商品。各大类、中类、小类中各部分零售额比重之和都为 100%。因此，各小类的加权平均指数便是中类的指数，各中类的加权平均指数便是大类的指数，各大类的加权平均指数就是总指数，即商品零售物价指数。

第三节　指数体系与因素分析

一、指数体系

社会经济现象之间总是相互联系的，某一现象往往可以分解为两个或多个现象（或影响因素）的乘积。对于这类现象，仅靠单个指数进行分析是无法全面反映的，必须借助于指数体系做更深入的研究和探讨，才能说明多种影响因素的作用。指数体系是深入分析问题的一个重要基础。

1. 指数体系的概念

一般地说，三个或三个以上的有联系的经济指数之间如果能构成一定的数量对等关系，就可以把这种现实中有逻辑联系、数量上有对等关系的若干个指数构成的体系，称为指数体系。指数体系一般保持两个对等关系，即各个影响因素指数的乘积等于现象总体指数；各个影响因素变动额之和等于现象总体变动额。

例如：

商品销售额指数 = 销售量指数 × 价格指数

产品产值指数 = 产量指数 × 价格指数

总成本指数 = 单位成本指数 × 产品产量指数

产品产量指数 = 劳动生产率指数 × 工人人数

这种指数体系内部的数量对等关系，不仅表现在相对数之间，也表现在绝对数之间，即

销售额的实际差额 = 销售量变动影响的差额 + 价格变动影响的差额

产品产值的实际差额 = 产品产量变动影响的差额 + 价格变动影响的差额

总成本增减额 = 单位成本变动影响的差额 + 产量变动而影响的差额

产品产量增减额 = 劳动生产率变动而影响的差额 + 工人人数变动而影响的差额

2. 指数体系的作用

（1）用于指数之间的相互推算。由于指数体系表现为指数之间的对等关系，当已掌握指数体系中若干个指数，只剩下其中某个未知指数时，就可以运用指数体系的关系式进行推算。例如，反映我国居民消费水平的消费品零售量指数，就是用零售额指数除以零售价格指数求得的。

（2）通过指数体系，可以对复杂现象的变动进行因素分析，说明其各个构成因素的变动情况和影响程度。这是指数体系的主要作用。

必须指出，编制指数体系就是编制体系中的各个指数公式，各个指数的构造都要以综合指数的编制原理为出发点。在综合指数变形权数的平均指数之间，亦可构成相应的指数体系。

例如：

$$实际工资指数 = \frac{平均工资指数}{生活费物价指数}$$

$$成本指数 = \frac{生产支出额指数}{产量指数}$$

$$货币购买力指数 = \frac{1}{职工生活费指数}$$

【例 10 - 1】某商品因价格降低，导致同一数目的人民币购买该商品的数量增加了 15%，试求该商品的物价指数。

解：物价指数 $= \frac{1}{115\%} = 86.96\%$

【例 10 - 2】已知某商品价格上升了 1.0%，销售量增长了 10%，试求该商品流转额发展速度。

解：商品流转额指数 $= 110\% \times 101\% = 111.10\%$

二、因素分析

因素分析是依据指数体系的理论，分析受多种因素影响的社会经济现象的变化过程中，各因素的影响方向和程度的方法。

根据指数体系分析现象的复杂程度和构成因素多少的不同，因素分析可分为总量指标的两因素分析、总量指标的多因素分析、平均指标的两因素分析、含有平均指标的总量指标的多因素分析四类，其计算的方法和过程存在差异。下面仅就其中两因素分析进行讨论。

1. 总量指标的两因素分析

总量指标的两因素分析是因素分析的基本方法，它是针对两个构成因素的现象，来分析各因素对其总量变动的影响。

在统计实务中，由于编制指数所选择的同度量因素的时期不同，指数体系也有不同。一般说来，多采用下面一套指数体系。

分析简单现象总体量变动的指数体系为：

$$\frac{p_1 q_1}{p_0 q_0} = \frac{p_0 q_1}{p_0 q_0} \times \frac{p_1 q_1}{p_0 q_1} = \frac{q_1}{q_0} \times \frac{p_1}{p_0} = k_q \times k_p \qquad (10-8)$$

$$p_1 q_1 - p_0 q_0 = (q_1 - q_0)p_0 + q_1(p_1 - p_0) \qquad (10-9)$$

分析复杂现象总体总量变动的指数体系为：

$$\frac{\sum p_1 q_1}{\sum p_0 q_0} = \frac{\sum p_0 q_1}{\sum p_0 q_0} \times \frac{\sum p_1 q_1}{\sum p_0 q_1} = K_q \times K_p \qquad (10-10)$$

$$\sum p_1 q_1 - \sum p_0 q_0 = \left(\sum p_0 q_1 - \sum p_0 q_0\right) + \left(\sum p_1 q_1 - \sum p_0 q_1\right) \qquad (10-11)$$

【例 10-3】根据表 10-6 中的资料，分析某厂三种产品产值的变动及变动的原因。

表 10-6　某厂产品产量、价格及产值资料统计表

产品	单位	产量		出厂价格（元）		产品产值（万元）		
		基期 q_0	报告期 q_1	基期 p_0	报告期 p_1	基期 $p_0 q_0$	假定 $p_0 q_1$	报告期 $p_1 q_1$
甲	件	1 000	1 150	100	100	10.0	11.50	11.5
乙	千克	2 000	2 100	55	50	11.0	11.55	10.5
丙	台	400	500	200	250	8.0	10.00	12.5
合计	—	—	—	—	—	29.0	33.05	34.5

解：（1）计算产值指数和产值差额如下：

$$\overline{K}_{qp} = \frac{\sum q_1 p_1}{\sum q_0 p_0} = \frac{34.53}{29.0} = 118.97\%$$

$$\sum q_1 p_1 - \sum q_0 p_0 = 34.5 - 29.0 = 5.5(万元)$$

计算结果表明，该厂产品产值报告期比基期增长了 18.97%，净增产值 5.5 万元。

如前所述，产品产值的变动是由于产品产量和价格两个因素变动的结果，因此要分别测算每个因素的变动对产值的影响。

（2）计算产量指数和产量影响的产值差额如下：

$$\overline{K}_q = \frac{\sum q_1 p_0}{\sum q_0 p_0} = \frac{33.05}{29.0} = 113.97\%$$

$$\sum q_1 p_0 - \sum q_0 p_0 = 33.05 - 29.0 = 4.05(万元)$$

计算结果表明，该厂产品产量总的说来增长了 13.97%，从而使产值净增 4.05 万元。

（3）计算价格指数和价格影响的产值差额如下：

$$\overline{K}_p = \frac{\sum q_1 p_1}{\sum q_1 p_0} = \frac{34.53}{33.05} = 104.39\%$$

$$\sum q_1 p_1 - \sum q_1 p_0 = 34.5 - 33.05 = 1.45 (万元)$$

计算结果表明，该厂产品价格总的来说提高了 4.39%，从而使产值净增 1.45 万元。

将以上各个指数的计算结果联系起来，并分别代入式（10 - 10）和式（10 - 11），即

$$118.97\% = 113.97\% \times 104.39\%$$

$$5.5 = 4.05 + 1.45 （万元）$$

这就说明了该厂三种产品产值报告期比基期增长了 18.97%，净增 5.5 万元，其中，由于产品产量增长 13.97%，使产值增加了 4.05 万元；而产品价格上涨 4.39%，使产值增加了 1.45 万元。

2. 平均指标的两因素分析

由统计的平均理论可知，具有同一内容的现象总体，在分组的条件下，其总体平均水平的变动受两个因素的影响：一个是各组变量值的变动，另一个是总体结构（如各组比重权数系数）的变动。在统计中通过将内容相同的不同时期平均指标的数值进行对比，来反映经济现象一般水平的变动程度。这种由两个平均指标对比而形成的相对数指标，称为平均指标指数。由式（5 - 3）可知，平均指标指数的一般公式为

$$\overline{K_{\overline{x}}} = \left(\sum x_1 \cdot \frac{f_1}{\sum f_1} \right) \bigg/ \left(\sum x_0 \cdot \frac{f_0}{\sum f_0} \right) = \frac{\overline{x}_1}{\overline{x}_0}$$

从式中可以看出，在平均指标指数中，同时包含各组平均值 x 与各组的权数系数（$f / \sum f$）这两个因素的变动。统计上把包括这两个因素变动的平均指标指数称为可变构成指数，简称可变指数（$\overline{K}_{可变}$）。其公式为

$$\overline{K}_{可变} = \frac{\sum x_1 f_1}{\sum f_1} \bigg/ \frac{\sum x_0 f_0}{\sum f_0} = \frac{\overline{x}_1}{\overline{x}_0} \qquad (10 - 12)$$

按照指数的原理，如果设总体的结构（这里的结构特征是各部分占总体的比重或权数系数）因素固定不变，只是单纯地测定各组平均值的变动对总平均指标变动的影响程度指数，则该指数称为固定构成指数（$\overline{K}_{固定}$）。如果各组平均数是一个质量指标，一般将总体结构因素（权数系数）固定在报告期。其公式为

$$\overline{K}_{固定} = \frac{\sum x_1 f_1}{\sum f_1} \bigg/ \frac{\sum x_0 f_1}{\sum f_1} = \frac{\overline{x}_1}{\overline{x}_n} \qquad (10 - 13)$$

式中，$\overline{x}_n$ 为以报告期权数系数加权的基期各组平均值，也称假定平均值。

如果使总体结构中的各组平均值因素固定不变，仅测定总体结构因素的变动对总平均指标的影响程度指数，则该指数称为结构影响指数（$\overline{K}_{结构}$）。用权数系数计算结构影响指数，应把各组平均值因素固定在基期。

$$\overline{K}_{结构} = \frac{\sum x_0 f_1}{\sum f_1} \bigg/ \frac{\sum x_0 f_0}{\sum f_0} = \frac{\overline{x}_n}{\overline{x}_0} \qquad (10 - 14)$$

上述三个指数构成了一个指数体系，即

$$\overline{K}_{可变} = \overline{K}_{固定} \times \overline{K}_{结构} \qquad (10 - 15)$$

$$\overline{x}_1 - \overline{x}_0 = (\overline{x}_1 - \overline{x}_n) + (\overline{x}_n - \overline{x}_0) \qquad (10 - 16)$$

【例 10 - 4】以表 10 - 7 的资料为例，对某企业总平均工资变动进行因素分析。

表10-7　某企业平均工资变动分析表

工人级别	工人数（人）		平均工资（元）		工资总数（万元）		
	基期 f_0	报告期 f_1	基期 x_0	报告期 x_1	基期 x_0f_0	假定 x_0f_1	报告期 x_1f_1
技工	600	630	800	850	48.0	50.4	53.55
徒工	400	870	400	450	16.0	34.8	39.15
合计	1 000	1 500	640	618	64.0	85.2	92.70

根据表10-7可知，需先计算两个时期的总平均工资及 x_n。

$$\bar{x}_0 = \frac{\sum x_0f_0}{\sum f_0} = \frac{640\ 000}{1\ 000} = 640（元）$$

$$\bar{x}_1 = \frac{\sum x_1f_1}{\sum f_1} = \frac{927\ 000}{1\ 500} = 618（元）$$

$$\bar{x}_n = \frac{\sum x_0f_1}{\sum f_1} = \frac{852\ 000}{1\ 500} = 568（元）$$

1）计算工人的总平均工资指数（即可变指数）

$$\bar{K}_{可变} = \frac{\bar{x}_1}{\bar{x}_0} = \frac{618}{640} = 96.56\%$$

$$\bar{x}_1 - \bar{x}_0 = 618 - 640 = -22（元）$$

计算结果说明，全体工人的总平均工资报告期比基期降低了3.44%，平均每人减少工资22元。

为分析总平均工资变动的原因，应进一步计算其影响因素指数。

2）计算固定构成指数

$$\bar{K}_{固定} = \frac{\bar{x}_1}{\bar{x}_n} = \frac{618}{568} = 108.8\%$$

$$\bar{x}_1 - \bar{x}_n = 618 - 568 = 50（元）$$

计算结果说明，如果排除工人人数变化的影响，单纯反映各组平均工资变动对总平均工资的影响，那么报告期的总平均工资应比基期提高8.8%，平均每人应增加50元。

3）计算结构影响指数

$$\bar{K}_{结构} = \frac{\bar{x}_n}{\bar{x}_0} = \frac{568}{640} = 88.75\%$$

$$\bar{x}_n - \bar{x}_0 = 568 - 640 = -72（元）$$

计算结果说明，由于各组工人结构（人数）的变动，使总平均工资报告期比基期降低了11.25%，平均每人减少工资72元。

三个指数所构成的平均指标指数体系为

$$96.56\% = 108.8\% \times 88.75\%$$

$$-22 = 50 + (-72)（元）$$

上述分析说明，该企业工人总平均工资报告期比基期下降了3.44%，总平均工资减少了

22 元。其原因在于各组工人工资水平提高了 8.8%，使总平均工资上升了 50 元，而同时各组工人人数变动却使总平均工资降低了 11.25%，减少了 72 元。

综合上面的计算可以知道：平均指标动态的结构分析，由于是把分组法与对各种影响因素的分析有机结合起来，所以能确切地测定各因素的变化对总平均水平变动的影响。因此，在指数的因素分析中，还常常用这一方法对平均单位成本的变动、平均商品价格的变动以及平均劳动生产率的变动等进行影响因素分析。所以，它是指数分析法中的重要内容之一。

还可以运用指数体系的分析，来测定数量指数和质量指数这两个因素分别对于平均指标变动的影响。统计实务中常用的是以基期总量加权的算术平均数量指数和报告期总量加权的调和平均质量指数形成的指数体系，其分析方法如下。

$$\frac{\sum q_1 p_1}{\sum q_0 p_0} = \frac{\sum k_q p_0 q_0}{\sum q_0 p_0} \times \frac{\sum q_1 p_1}{\sum \frac{1}{k_p} q_0 p_0} = \frac{\sum \frac{q_1}{q_0} q_1 p_1}{\sum q_0 p_0} \times \frac{\sum q_1 p_1}{\sum \frac{1}{p_1/p_0} q_0 p_0} \quad (10-17)$$

$$\sum q_1 p_1 - \sum q_1 p_1 = \left(\sum k_q p_0 q_0 - \sum q_0 p_0 \right) + \left(\sum q_1 p_1 - \sum \frac{1}{k_p} q_0 p_0 \right)$$

$$= \left(\sum \frac{q_1}{q_0} q_1 p_1 - \sum q_0 p_0 \right) + \left(\sum q_1 p_1 - \sum \frac{1}{p_1/p_0} q_0 p_0 \right) \quad (10-18)$$

第四节　常用价格指数介绍

编制指数的一般程序为：① 对现象进行分类，并按类挑选代表性品种；② 采集品种的价格数据，计算个体价格指数；③ 确定品种的权数；④ 对个体价格指数进行加权平均。

加权算术平均公式为

$$K_P = \frac{\sum \frac{P_1}{P_0} W}{\sum W} \quad (10-19)$$

加权调和平均公式为

$$K_P = \frac{\sum W}{\sum \frac{P_0}{P_1} W} \quad (10-20)$$

式中，$\frac{P_1}{P_0}$ 为代表性品种的个体价格指数；W 为代表性品种的权数。

一、消费者价格指数

消费者价格指数（CPI）是关系国计民生最重要的一种指数，在我国被称为全国城乡居民消费价格指数，发布时通常用月度同比变动率来表示，在国外也被称为消费指数或生活费用指数。该指数可用于分析居民实际收入水平的变化，也是国民经济核算和宏观经济分析与决策的重要指标，是反映一定时期内城乡居民所购买的生活消费品价格和服务项目价格变动的趋势和程度的相对数，是对城市居民消费价格指数和农村居民消费价格指数进行综合汇总计算的结果。利用居民消费价格指数，可以观察和分析消费品的零售价格和服务价格的变动对城乡居民实际生活费支出和对职工货币工资的影响程度。消费者价格指数采用加权算术平均方法，由代表商品或服务的个体指数逐级加权平均为总指数，即由基本分类指数，再到中类、大类，最终由各大类指数加权平均为城市（或农村）居民消费价格总指数。代表商品或服务的权数主要由实际支出来确定，如图10-1、表10-8和表10-9所示。

指数编制的关键问题在于：商品分类、代表品选择、价格采集、权数确定等。消费者价格指数编制的过程主要如下。

1. 要确定编制指数的商品

按照国家统计局现行的《价格统计报表制度》的规定，必须按照全国统一规定的必报商品和服务项目目录填报，同时，为反映地区消费的特点，各地区可根据当地的实际情况再适当增加一些调查品种。编制居民消费价格指数，全国统一规定的必报商品和服务项目共计325种，还可根据各个地区居民消费的实际情况，在征求有关专业部门意见的基础上，增加若干种商品和服务项目。现阶段我国编制价格指数的商品和服务项目是根据全国城乡近11万户居民家庭消费支出的构成资料和有关规定确定的，目前共包括食品、烟酒及用品、衣着、家庭设备用品及服务、医疗保健及个人用品、交通和通信、娱乐教育文化用品及服务、居住八个大类，251个基本分类，约700个代表品种，是在对全国550个样本市、县，近3万个采价点进行价格调查的基础上，根据国际规范的流程和公式算出来的。

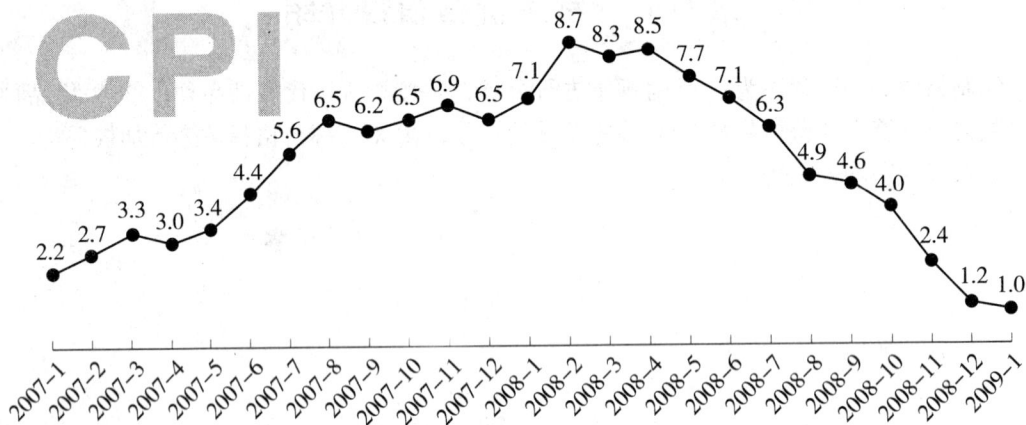

图10-1 我国居民消费价格指数月份同比增长

由于确定的调查商品是一个商品集合，而且各商品的规格、等级、产地、牌号各异，因此，在编制物价指数过程中，不可能把所有的商品价格都采集到，必须结合各个地区的实际情况，在众多的规格等级牌号中选出在该地区最有代表性的代表品，以此代表该商品集合的价格变动趋势和程度。同时，对规格等级比较复杂的商品还要选择1~2种与代表规格品质量相近似的规格品进行调查，以便在必要时进行补充或替换。

2. 采集代表规格品的价格

物价调查统计人员要按规定时间对已确定的商店和市场的商品价格进行调查、登记。各种商品的采价次数是根据该商品价格变动的特点而定的。例如，鲜活商品价格变动较为频繁，与人民生活关系密切，规定每月采价6次；干菜、干果、烟、酒、茶等放开商品，每月采价 3 次；日用消费品、服务行业收费等价格相对稳定，每月采价 1 次。为了真实地反映居民实际支付的消费价格，在采价时一般不受挂牌价格的限制，而应采集居民在商店或农贸市场实际成交的价格。

3. 确定编制指数所需的权数

权数是反映不同的商品和服务项目的价格变动，对总指数形成具有不同的重要程度的统计指标。根据国家统计局现行的《价格统计报表制度》的规定，编制居民消费价格指数的类权数和大部分商品、服务项目的权数，是根据市在区居民家庭支出情况调查中的居民上一年的实际消费构成计算而成的；部分在调查中不编码汇总计算的商品和服务项目的权数，则是根据典型调查资料推算出的。权数每年确定一次，但对季节影响较大的鲜菜、鲜果的具体品种权数，则根据居民当月的实际消费构成每月计算一次。按照国家统计局规定，各地每年确定权数后，均须报国家统计局审定后方可使用，一经审定，当年不得更改。

4. 汇总计算物价指数

首先，将调查人员在不同调查地点采集到的价格资料录入到计算机中，计算出每种商品的综合平均价格。其计算方法主要是：① 每次调查的同一商品或服务项目的平均价格，由同时调查的几个调查点的价格进行简单平均计算。② 各种商品或服务项目的月平均价格，用月内各次调查的价格按简单平均计算。③ 调价项目的平均价格按计算期内商品调前、调后的销售天数加权平均计算。其次，依照国家统计局的调查方案规定，根据各调查商品和服务项目的基期和报告期的平均价格，采用加权算术平均公式汇总计算出物价指数。

在我国，还编制有城市居民消费价格指数和农村居民消费价格指数。

城市居民消费价格指数是指反映城市居民家庭所购买的生活消费品价格和服务项目价格变动的趋势和程度的相对数。通过城市居民消费价格指数，可以观察和分析消费品的零售价格和服务项目价格变动对职工货币工资的影响，作为研究职工生活和确定工资政策的依据。它还是用来反映通货膨胀（紧缩）程度的指标。

农村居民消费价格指数是指反映农村居民家庭所购买的生活消费品价格和服务项目价格变动趋势和程度的相对数。通过农村居民消费价格指数，可以观察和分析农村消费品的零售价格和服务项目价格变动对农村居民生活消费支出的影响，直接反映农民生活水平的实际变化情况，为分析和研究农村居民生活问题提供依据。

一般来讲，在消费者经常购买的一系列商品和劳务的价格变化中，能源和食品的价格变化很大，因此，将它们扣除以后得到的"核心资料"，能更为真实地反映价格的变化。

消费价格指数按年度计算的变动率通常被视为反映通货膨胀或通货紧缩程度的指标，是研究具体生活、宏观经济分析和决策、价格总水平监测和调控的依据。从 2001 年起，我国采用国际通用做法，逐月编制并公布以 2000 年价格水平为基期的居民消费定基价格指数，作为反映我国通货膨胀（或紧缩）程度的主要指标。经国务院批准，国家统计局城调总队负责全国城市居民消费价格指数的编制及相关工作，并组织、指导和管理各省、区、市的消费价格调查统计工作。

消费价格指数的应用主要有：

（1）通货膨胀率（％）＝ $\dfrac{\text{计算期消费价格指数}}{\text{基期消费价格指数}} \times 100\%$

（2）货币购买力指数＝ $\dfrac{1}{\text{居民消费价格指数}}$

（3）居民实际收入指数 = $\dfrac{居民平均收入指数}{居民消费价格指数}$

　　　　　　　　　　= 居民平均收入指数 × 货币购买力指数

（4）计算商品的需求价格弹性系数。

二、生产者价格指数

生产者价格指数（PPI）与消费者价格指数不同，其主要目的是衡量企业购买的一系列物品和劳务的总费用。由于企业最终要把它们的费用以更高的消费价格的形式转移给消费者，所以，通常认为生产物价指数的变动对预测消费物价指数的变动是有用的。

生产者物价指数反映了生产者在生产过程中所需采购品的物价状况，因此这项指数包括了原料、半成品和最终产品等（美国约采用 3 000 种东西）三个生产阶段的物价资讯。过去衡量大宗物资批发价格状况的指数，称为批发物价指数或趸售物价指数（WPI），它是消费价格指数（CPI）的前导指数。从理论上来说，生产过程中所面临的物价波动将反映至最终产品的价格上，因此观察 PPI 的变动情形将有助于预测未来物价的变化状况，所以这项指标受到市场的重视。

可以说，生产者价格指数反映了各种产品在非零售市场上首次交易价格的动态，在我国主要包括工业品出厂价格指数、批发价格指数、农产品收购价格指数等。我国媒体通常提到的 PPI 是指工业品出厂价格指数，发布时通常也用月度同比变动率来表示，如图 10 - 2 所示。工业品出厂价格指数的统计调查分生产资料价格和生活资料价格两大类，前者包括采掘、原料和加工三个子类；后者包括食品、衣着、一般用品和耐用品四个子类。按行业可分为八大类商品：燃料、动力类；黑色金属类；有色金属材料类；化工原料类；木材及纸浆类；建材类——钢材、木材、水泥；农副产品类；纺织原料类，如表 10 - 10 所示。

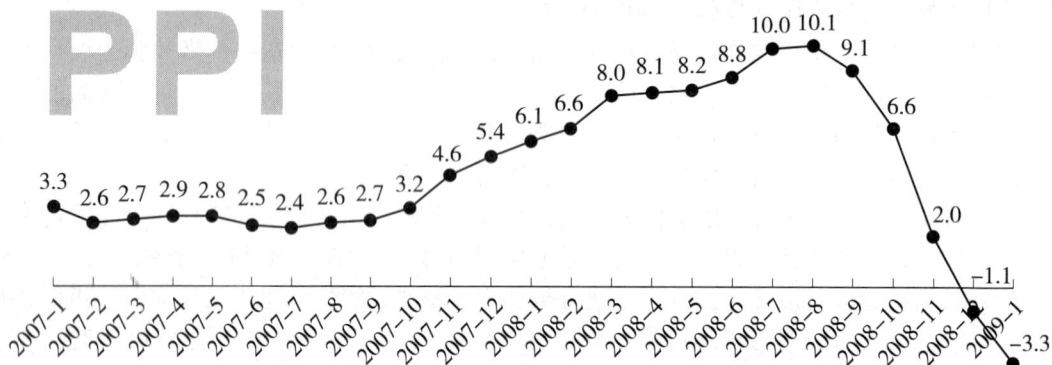

图 10 - 2　我国工业品出厂价格指数月份同比增长

在生产者价格指数中，将食物及能源因素剔除后，称为"核心 PPI"指数。该指数可以正确判断物价的真正走势，因为由于食物及能源价格一向受到季节及供需的影响，波动比较剧烈。

我国的生产价格指数与消费价格指数有着密切的关系。二者的主要区别有：生产价格指数很少包括服务项目，而消费价格指数包括很多；在农副产品方面，生产价格指数不包括未进入工业加工环节的商品，而消费价格指数包括；生产价格指数很少包括出口商品，而消费价格指数涉及进口商品。从统计商品的构成来看，统计范围有很大一部分是重叠的，所以对于进入国内最终消费市场的国内工业品而言，生产价格指数与消费价格指数的差异，主要在于批发价格和零售价格之间的差异。但即使是针对同一商品，二者的价格权数在不同体系，也不能简单比较。

我国有些分析者认为，在一定时期内，国内通货膨胀受到供给方面的冲击，首先表现为生产价格指数的上升，然后在经过一段时间后，带动消费者价格指数的上升，并因此形成社会公众普遍感觉到的通货膨胀。这个看法认为，生产者价格水平的上升不仅在时间上出现较早，而且也是消费者价格指数上升的原因。从本质上讲，就是生产价格指数的上涨反映了生产者价格的提高；相应地，生产者生产成本的增加，必然会转嫁或传递到消费者身上，导致消费价格指数的上涨。所以生产价格指数是衡量通货膨胀的潜在性指标。但是，也有分析者认为，中国经济中有着一些特殊的因素，如在产业结构、市场结构和对外经济关系等方面的情况，促使生产价格指数上涨向消费者价格指数上涨的传递不能充分实现。对于 2004 年消费价格指数与生产价格指数走势的差别（见图 10－3），许多分析者在承认生产价格指数向消费价格指数传递的前提下，探讨传递效率的问题。例如，认为产业链条延长导致传递效率降低，时滞延长；"重投资、轻需求"的粗放型经济结构，使得生产价格指数变动幅度高于消费价格指数；对于生产价格指数向消费价格指数传递受阻的主要解释，还有受垄断性生产资料市场和竞争性生活资料市场，以及全球化经济下进口渗透率等因素影响的说法。

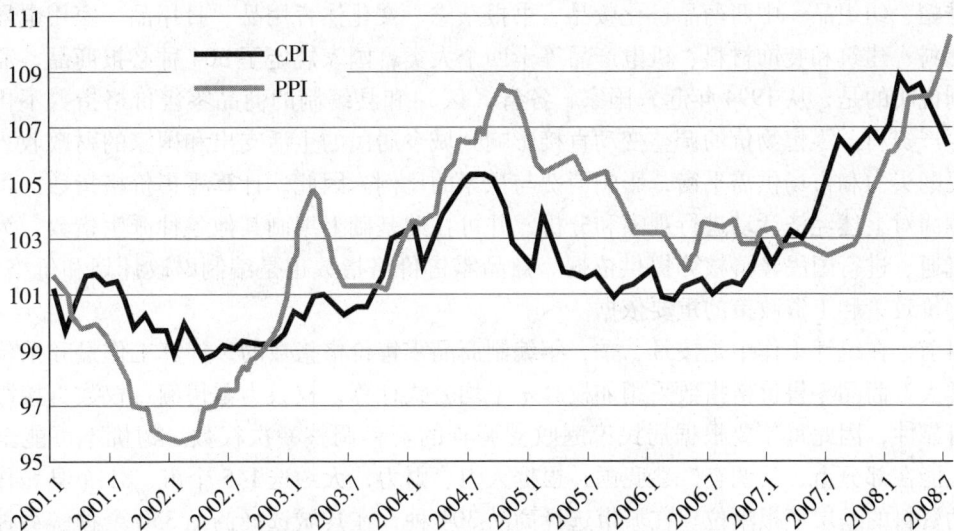

图 10－3 我国 CPI 和 PPI 月份同比变动率

图 10－3 显示了 2001 年 1 月至 2008 年 7 月我国生产价格指数（工业品出厂价格指数）和消费者价格指数月度变动率。可以看出，在观察期间，两个价格指数变动率及其起伏情况有很大差别。尤其值得注意的是，在 2003 年初、2004 年下半年和 2008 年第三季度中，两个价格指数变动率的走势有巨大差别，都表现为生产价格指数上涨率超过消费者价格上涨率。有学者对这一时期两者的月份变动率数据进行格兰杰因果关系检验，认为在所考察的时期内，生产者价格指数变动率不是消费者价格指数变动率的格兰杰原因，但后者是前者的格兰杰原因；同时，在所考察时期内，消费者价格指数变动倾向于在经过三个月时滞后引起生产

者价格指数同方向变动。

事实上，生产价格指数与消费价格指数的关系非常复杂，是需求影响供给和供给影响需求的相互交织状态。有明显是生产价格指数带动消费价格指数的，如燃料、能源；有明显是消费价格指数带动生产价格指数的，如食品；有相互独立变动的，如服务；也有协同变动的，如工资、汇率因素作用。

关于生产价格指数和消费价格指数的比较对企业利润的影响，有学者认为：我国企业的利润率稳定在上升水平之后，生产价格指数增速高于消费价格指数增速的局面并没有导致利润收缩。如果以净利润总额对销售额的比率来表示我国企业的平均利润率，那么可以看到，2003年以来我国企业的利润率开始上升。而近年来虽然原材料成本大增，但利润率仍处于周期高位。从经验性研究来看，企业利润率和 PPI－CPI 增速差额之间存在明显的正相关关系，这与许多人认为的情况恰恰相反，而且下游产业同样存在这种正相关关系。如果说企业利润率和 PPI－CPI 增速差额之间确实存在着经验性因果关系，那么从数据来看，事实是生产价格指数增速的加快往往意味着利润增速的上升。

三、商品零售价格指数

商品零售价格指数是指在一定时期内商品零售价格变动趋势和变动程度的相对数。它是反映城乡商品零售价格变动趋势的一种经济指数。商品零售价格指数分为食品、饮料烟酒、服装鞋帽、纺织品、中西药品、化妆品、书报杂志、文化体育用品、日用品、家用电器、首饰、燃料、建筑和装饰材料、机电产品等十四个大类，国家规定了304种必报商品。需要予以特别说明的是，从1994年起，国家、各省（区）和县编制的商品零售价格指数不再包括农业生产资料。零售物价的调整变动直接影响到城乡居民的生活支出和国家的财政收入，影响居民购买力和市场供需平衡，影响消费与积累的比例。因此，计算零售价格指数，可以从一个侧面对上述经济活动进行观察和分析，并可在此基础上编制其他各种派生指数，为研究市场流通、进行国民经济核算提供依据。商品零售价格指数也是编制财政计划和价格计划、制定物价政策和工资政策的重要依据。

目前，在统计工作中是按月、季、年编制商品零售价格指数的，计算工作量和采价工作量非常大。商品零售价格指数采用加权算术平均公式计算，权数为零售额。权数直接影响指数的可靠性，因此每年要根据居民家庭收支调查的资料调整一次权数。物价不可能全面调查，只能在部分市、县调查，在我国，根据人力、财力，大约选145个市、81个县城作为物价变动资料的基层填报单位。在城市选择商品304种，在县城选择商品350余种。每种商品的指数采用代表规格品的平均价格计算。

商品零售价格指数也可以用来计算通货膨胀率，其公式为

$$通货膨胀率 = \frac{报告期零售商品价格指数}{基期零售商品价格指数} \times 100\%$$

居民消费价格指数和商品零售价格指数的区别主要有以下几个方面。

（1）城市居民消费价格指数和城市商品零售价格指数是两种不同领域的价格指数，而且它们的编制意义是不相同的。城市居民消费价格指数属于消费领域的价格指数，它是反映一定时期居民生活消费品及服务项目价格变动趋势和程度的一种相对数，它可以观察居民生活消费品及服务项目价格变动对居民生活的影响，为各级政府掌握居民消费状况，研究和制

定居民消费价格政策、工资政策以及为新国民经济核算体系中消除价格变动因素的核算提供科学依据。商品零售价格指数属于流通领域的价格指数，它是反映一定时期市场零售价格变动趋势和变动程度的一个相对数，据此掌握零售商品的平均价格水平，为各级政府制定经济政策，研究市场流通和国民经济核算体系提供科学依据。商品零售价格指数是从卖方角度观察商品零售价格的变动情况，说明价格变动对卖者的影响；而居民消费价格指数则是从买方角度观察居民生活消费品零售价格和服务项目收费的变动情况，说明价格变动对居民（购买者）生活的影响。

（2）权数来源不同。编制居民消费价格指数的权数来源于居民用于各类商品和服务项目的消费支出额，以及各种商品、服务项目的实际消费支出额的构成比重，主要根据城镇居民住户调查资料计算。编制商品零售价格指数的权数来源于各类消费品零售额和各种消费品零售额的构成比重，主要根据社会消费品零售额资料计算，即前者是以居民消费支出构成作为权数，后者则以社会消费品零售额构成作为权数。例如，食品类在商品零售价格指数中的权数约为35%，而在居民消费价格指数中约为49%。

（3）用途不同。居民消费价格指数主要是用于说明价格变动对居民生活的影响程度，分析货币购买力的强弱，是反映通货膨胀的重要指标；而商品零售价格指数则主要用于说明市场商品价格的变动情况，分析供求关系，核算商业经济效益和经济规模。

（4）重要性不同。一般说来，商品零售价格指数弱于居民消费价格指数。消费者价格指数是世界各国政府和居民都很关注的价格指数，在实行工资指数化的国家中表现尤为突出，所以在各国的价格统计中都有。而商品零售价格指数在多数国家的价格统计中都只是一项派生指标，基本上是在居民消费价格指数的基础上派生出来的。

表 10 – 8 2007 年我国居民消费价格指数　　　　　　　　　　（上年 = 100）

项　　目	全　国	城　市	农　村
居民消费价格指数	104.8	104.5	105.4
食品	112.3	111.7	113.6
粮食	106.3	106.4	106.2
大米	105.4	105.3	105.5
面粉	107.3	107.0	107.5
淀粉	106.2	106.0	106.3
干豆类及豆制品	108.0	107.6	108.8
油脂	126.7	125.5	128.3
肉禽及其制品	131.7	131.6	131.8
蛋	121.8	122.2	121.1
水产品	105.1	104.5	106.5
菜	107.9	107.3	109.5
#鲜菜	107.3	106.6	109.4
调味品	104.1	104.4	103.7

续表

项 目	全 国	城 市	农 村
糖	101.6	102.1	100.7
茶及饮料	101.5	101.6	101.3
茶叶	103.3	103.5	102.9
饮料	100.7	100.7	100.5
干鲜瓜果	102.2	102.0	102.6
#鲜果	100.1	99.8	101.0
糕点饼干面包	103.6	103.8	102.8
液体乳及乳制品	102.7	102.8	102.1
在外用膳食品	107.3	107.3	107.5
其他食品	104.2	104.7	103.3
烟酒及用品	101.7	101.8	101.6
烟草	100.8	100.6	101.0
酒	103.5	104.3	102.6
吸烟、饮酒用品	100.1	100.1	100.1
衣着	99.4	99.1	100.2
服装	99.4	99.3	99.8
衣着材料	101.6	101.3	101.9
鞋袜帽	99.0	98.4	100.5
衣着加工服务	102.3	102.2	102.3
家庭设备用品及维修服务	101.9	101.9	102.1
耐用消费品	101.6	101.5	101.9
家具	101.9	101.4	102.8
家庭设备	101.4	101.5	101.3
室内装饰品	100.3	100.2	100.5
床上用品	99.4	99.1	100.1
家庭日用杂品	101.7	101.6	102.0
家庭服务及加工维修服务	107.2	107.3	106.8
医疗保健和个人用品	102.1	101.7	102.8
医疗保健	102.1	101.7	102.9
医疗器具及用品	98.2	98.4	98.0
中药材及中成药	107.9	107.5	108.8
西药	99.1	98.9	99.6

续表

项　目	全　国	城　市	农　村
保健器具及用品	101.1	101.1	100.9
医疗保健服务	102.2	101.4	103.2
个人用品及服务	102.1	101.8	102.6
化妆美容用品	100.1	100.0	100.3
清洁化妆用品	100.3	100.2	100.5
个人饰品	104.5	104.8	103.8
个人服务	103.1	102.3	104.4
交通和通信	99.1	98.4	100.6
交通	100.8	100.2	102.1
交通工具	97.7	96.9	99.2
车用燃料及零配件	103.5	103.3	103.9
车辆使用及维修费	102.4	102.4	102.6
市内公共交通费	101.3	100.7	104.0
城市间交通费	103.0	102.0	104.4
通信	97.1	96.5	98.7
通信工具	81.8	78.68	7.6
通信服务	100.6	100.1	102.0
娱乐教育文化用品及服务	99.0	99.3	98.4
文娱用耐用消费品及服务	93.1	91.8	95.8
教育	99.6	100.4	98.2
教材及参考书	99.1	99.6	98.2
学杂托幼费	99.6	100.5	98.2
文化娱乐	101.0	101.1	100.9
文化娱乐用品	99.5	99.2	100.2
书报杂志	100.7	100.7	100.7
文娱费	102.7	102.7	102.3
旅游	102.3	102.1	103.4
居住	104.5	104.5	104.4
建房及装修材料	105.1	105.3	105.1
租房	104.2	103.8	106.1
自有住房	107.0	107.4	105.7
水电燃料	103.0	103.0	103.0

表10-9 我国居民消费价格指数和商品零售价格指数　　　　　　（上年＝100）

年份 地区	居民消费价格			商品零售价格		
	总指数	城市	农村	总指数	城市	农村
1994	124.1	125.0	123.4	121.7	120.9	122.9
1996	108.3	108.8	107.9	106.1	105.8	106.4
1998	99.2	99.4	99.0	97.4	97.4	97.6
2000	100.4	100.8	99.9	98.5	98.5	98.5
2002	99.2	99.0	99.6	98.7	98.5	99.1
2003	101.2	100.9	101.6	99.9	99.6	100.5
2004	103.9	103.3	104.8	102.8	102.1	104.2
2005	101.8	101.6	102.2	100.8	100.5	101.4
2006	101.5	101.5	101.5	101.0	100.9	101.4
2007	104.8	104.5	105.4	103.8	103.3	104.9
北京	102.4	102.4	100.8	100.8		
天津	104.2	104.2	103.2	103.2		
河北	104.7	104.3	105.1	104.1	103.5	104.6
山西	104.6	104.2	105.7	104.2	103.9	104.7
内蒙古	104.6	104.3	105.2	103.6	103.4	104.0
辽宁	105.1	104.6	107.0	104.4	104.1	106.1
吉林	104.8	104.4	106.1	103.3	103.2	103.8
黑龙江	105.4	105.4	105.4	105.6	105.3	107.2
上海	103.2	103.2	102.4	102.4		
江苏	104.3	104.1	104.8	102.9	102.1	104.6
浙江	104.2	103.9	104.4	103.8	103.7	103.9
安徽	105.3	105.3	105.2	104.5	104.4	104.7
福建	105.2	105.1	105.4	104.3	104.0	105.0
江西	104.8	104.4	105.8	104.0	103.5	105.1
山东	104.4	103.8	105.3	103.6	103.1	104.6
河南	105.4	105.4	105.5	104.4	103.8	105.1
湖北	104.8	104.7	105.1	104.2	103.4	105.4
湖南	105.6	105.2	106.9	104.3	103.6	106.7
广东	103.7	103.7	103.5	103.4	103.2	103.8
广西	106.1	105.6	106.8	104.8	104.2	105.3
海南	105.0	104.6	106.2	103.8	102.8	105.2

| 年份 | 居民消费价格 | | | 商品零售价格 | | |
地区	总指数	城市	农村	总指数	城市	农村
重庆	104.7	104.7	103.7	103.7		
四川	105.9	105.9	106.0	105.3	105.1	105.5
贵州	106.4	105.9	107.4	104.2	103.6	105.2
云南	105.9	105.9	105.9	104.4	103.8	105.1
西藏	103.4	102.9	104.2	101.7	101.3	102.5
陕西	105.1	105.2	105.1	105.0	104.8	105.2
甘肃	105.5	105.2	106.3	104.4	103.9	105.5
青海	106.6	106.3	107.3	106.0	105.9	106.3
宁夏	105.4	105.1	105.9	104.1	103.7	105.4
新疆	105.5	104.6	107.2	105.1	104.7	105.9

表 10 - 10 按工业行业分我国工业品出厂价格指数 （上年 = 100）

行 业	2004	2005	2006	2007
工业品出厂价格指数	**106.1**	**104.9**	**103.0**	**103.1**
煤炭开采和洗选业	116.8	123.2	105.0	103.8
石油和天然气开采业	119.6	129.9	122.0	102.0
黑色金属矿采选业	145.3	112.3	96.8	110.3
有色金属矿采选业	117.6	119.6	123.4	112.6
非金属矿采选业	105.8	109.4	102.5	103.1
农副食品加工业	114.0	101.1	100.1	113.3
食品制造业	102.9	101.5	101.1	102.6
饮料制造业	100.6	100.6	100.5	101.2
烟草制品业	101.1	100.9	100.5	100.4
纺织业	104.3	100.5	102.1	100.8
纺织服装、鞋、帽制造业	100.7	99.8	100.9	100.7
皮革、毛皮、羽毛（绒）及其制品业	100.9	102.5	101.2	102.4
木材加工及木、竹、藤、棕、草制品业	102.2	101.8	102.3	103.6
家具制造业	101.8	102.7	100.3	101.5
造纸及纸制品业	101.3	101.4	100.7	101.0
印刷业和记录媒介的复制	98.1	99.6	99.8	100.5
文教体育用品制造业	102.2	102.0	101.4	101.5

续表

行　　业	2004	2005	2006	2007
石油加工、炼焦及核燃料加工业	112.2	118.4	118.0	105.0
化学原料及化学制品制造业	110.2	108.5	100.4	103.8
医药制造业	97.8	101.6	98.6	102.1
化学纤维制造业	108.1	104.7	101.2	103.3
橡胶制品业	101.0	104.5	104.7	103.3
塑料制品业	106.5	105.5	101.0	102.0
非金属矿物制品业	103.3	100.6	101.5	101.3
黑色金属冶炼及压延加工业	118.9	104.7	96.0	107.9
有色金属冶炼及压延加工业	118.9	111.7	122.5	113.9
金属制品业	107.4	104.0	101.0	102.6
通用设备制造业	103.1	101.8	100.2	101.3
专用设备制造业	101.8	101.8	101.2	101.5
交通运输设备制造业	98.2	98.9	99.5	100.1
电气机械及器材制造业	103.7	103.2	107.4	103.7
通信设备、计算机及其他电子设备制造业	95.1	95.3	96.6	97.5
仪器仪表及文化、办公用机械制造业	98.5	98.7	99.2	98.9
工艺品及其他制造业	105.7	103.9	102.5	104.3
废弃资源和废旧材料回收加工业	116.9	105.3	103.4	104.4
电力、热力的生产和供应业	102.4	104.2	102.8	102.2
燃气生产和供应业	102.5	105.2	106.8	104.8
水的生产和供应业	104.1	104.0	106.4	104.8

思考与练习题

一、思考题

1. 什么是统计指数？统计指数的意义有哪些？

2. 指数可划分为哪几类？

3. 什么是同度量因素？

4. 什么是综合指数？什么是平均指数？二者有什么联系和区别？

5. 什么是指数体系？指数体系中的数量对等关系表现在哪些方面？

6. 平均指标变动的因素分析应计算哪几种平均指标指数？

二、选择题

1. 按指数所反映的现象特征不同，指数可分为（　　　）。

A. 定基指数和环比指数
B. 数量指标指数和质量指标指数
C. 综合指数和平均指数
D. 个体指数和总指数

2. 销售价格综合指数 $\dfrac{\sum q_1 p_1}{\sum q_1 p_0}$ 表示（　　）。

A. 综合反映多种商品销售量变动程度
B. 综合反映多种商品销售额变动程度
C. 报告期销售的商品的价格综合变动的程度
D. 基期销售的商品的价格综合变动程度

3. 销售量综合指数为 $\dfrac{\sum q_1 p_0}{\sum q_0 p_0}$，那么 $\sum q_1 p_0 - \sum q_0 p_0$ 表示（　　）。

A. 商品价格变动引起销售额变动的绝对额
B. 价格不变的情况下，销售量变动引起销售额变动的绝对额
C. 价格不变的情况下，销售量变动的绝对额
D. 销售量和价格变动引起销售额变动的绝对额

4. 加权算术平均数指数变形为综合指数时，其特定的权数是（　　）。

A. $q_1 p_1$ 　　　　　 B. $q_0 p_1$ 　　　　　 C. $q_1 p_0$ 　　　　　 D. $q_0 p_0$

5. 加权调和平均数指数变形为综合指数时，其特定的权数是（　　）。

A. $q_1 p_1$ 　　　　　 B. $q_0 p_1$ 　　　　　 C. $q_1 p_0$ 　　　　　 D. $q_0 p_0$

6. 某企业的职工工资水平比上年提高 5%，职工人数增加 2%，则企业工资总额增长（　　）。

A. 10% 　　　　　 B. 7.1% 　　　　　 C. 7% 　　　　　 D. 11%

7. 编制质量指标综合指数时，同度量因素习惯上固定在（　　）。

A. 基期 　　　 B. 报告期 　　　 C. 计划期 　　　 D. 任意时期

8. 指数的作用是（　　）。

A. 综合反映复杂现象总体数量上的变动情况
B. 分析现象总体变动中受各个因素变动的影响
C. 反映现象总体各单位变量分布的集中趋势
D. 反映现象总体的总规模水平
E. 利用指数数列分析现象的发展趋势

9. 下列属于质量指标指数的是（　　）。

A. 商品零售量指数
B. 商品零售额指数
C. 商品零售价格指数
D. 职工劳动生产率指数
E. 销售商品计划完成程度指数

10. 下列属于数量指标指数的有（　　）。

A. 工业总产值指数
B. 劳动生产率指数
C. 职工人数指数
D. 产品总成本指数
E. 产品单位成本指数

三、计算题

1. 某工业企业两种产品的产量及出厂价格如下表所示。

产品名称	计量单位	产量		出厂价格（元）	
		基期	报告期	基期	报告期
甲	吨	500	550	20	21
乙	台	300	360	25	28

试计算：

（1）该两种产品的产量个体指数和出厂价格个体指数；

（2）该两种产品的产量总指数和由于产量变动而对产值的影响差额；

（3）该两种产品的出厂价格总指数和由于出厂价格变动而对产值的影响差额；

（4）该企业两种产品的产值总指数及报告期较基期的实际差额。

2. 某商场销售三种商品的有关资料如下表所示。

商品名称	计量单位	销售量增长速度（%）	销售额（万元）	
			基期	报告期
甲	件	3	50	60
乙	米	−2	20	20
丙	千克	8	100	120

试计算：

（1）各种商品的销售量个体指数和价格个体指数；

（2）三种商品的销售量总指数及销售量变动对销售额的影响差额；

（3）三种商品的价格总指数及价格变动对销售额的影响差额。

3. 某工厂产品产量和产品单位成本资料如下表所示。

商品名称	计量单位	产量		单位成本（万元）	
		基期	报告期	基期	报告期
甲	件	1 500	1 600	180	170
乙	吨	2 300	2 700	60	60
丙	台	300	300	340	310

试计算：

（1）该工厂产品的生产费用（总成本）指数及实际的增减额；

（2）从相对数和绝对数上分析产量与单位成本两个因素的变动对该工厂产品总成本变动的影响。

4. 某厂报告期的生产总成本与基期相同，而单位成本降低了 4%，则该厂报告期产量如何变动？如果该厂计划报告期产量要比基期增长 25%，而单位成本要求降低 10%，试问该厂的生产总成本将如何变动?

5. 某公司所属两个分厂的产品生产资料如下表所示。

分厂	产值（万元）		职工人数（人）	
	基期	报告期	基期	报告期
1	100.0	156.0	100	130
2	76.5	85.5	85	90

试计算:

（1）该公司的总平均劳动生产率指数及其差额;

（2）从相对数和绝对数两方面对该公司的总平均劳动生产率的变动进行因素分析。

第十一章　国民经济核算

国民经济核算是对一国经济主体进行统计描述的方法。本章内容主要有：国民经济核算概述，说明国民经济核算的功能、对象和基本内容；国内生产总值（GDP）核算，介绍国内生产总值的概念、计算方法、应用及局限性；绿色国内生产总值（绿色 GDP）的核算方法及其难点。

第一节　国民经济核算概述

一、国民经济核算的性质和功能

国民经济核算是指以统一的货币单位对一国国民经济整体进行的宏观核算。围绕国民经济核算所形成的一套理论和方法，被称为国民经济核算体系（The System of National Accounts，SNA）。

从描述对象上看，国民经济核算主要就各种经济活动予以统计，而且是把一国经济作为一个整体，对一定时期内的经济过程及其结果进行统计。因此，它不同于专门针对企业或不同产业进行的统计，属于宏观意义上的经济统计。

从方法上看，国民经济核算主要运用统计指标这种特有的手段，来达到描述现实经济状况的目的。其特点有：第一，以宏观经济理论为基础，形成构造统计指标体系的基本线索；第二，以货币作为统一的计量单位，对国民经济进行统一核算；第三，采用会计的复式记账原理，使整个核算在数量上相互联系，形成有机完整的指标体系，而不是松散的数据集合。

从功能上看，国民经济核算的一套统计指标体系，为进一步的应用分析提供了坚实的基础。它将整个国民经济视为一个系统运行的过程，一个在不同环节上体现不同部门关系的过程，这样，宏观管理和分析所关注的基本经济关系都可以在核算中得到体现，为研究这些问题提供基本数据。

二、国民经济核算的对象

国民经济核算的对象是一国国民经济整体，它表现为该国经济领土上的常住单位所完成的各种经济活动。

1. 经济领土和常住单位

所谓经济领土，是指由一国政府控制或管理的地理领土，该国公民、货物和资本可以在该领土上自由流动。所谓常住单位，是指在一国经济领土上拥有一定的活动场所（住宅、厂房或其他建筑物），从事一定规模的经济活动，并持续经营超过一定时期（一般以一年为标准）的经济单位。

2. 经济部门分类

国民经济由千千万万个常住单位组成。国民经济核算是按照一定标准将各经济单位区分为不同的部门，表现各部门之间的关系。国民经济核算中主要采用机构部门分类和产业部门分类。

1）机构部门分类

机构单位是指能以自己的名义拥有资产、发生负债、从事经济活动并与其他实体进行交易的经济实体，具有独立的财务决策权。按照机构单位的经济行为性质，一般将其归纳为以下几种机构部门。

（1）非金融企业部门。非金融企业部门由主要进行非金融活动的常住企业单位组成，包括国有企业单位、外资和合资合营企业单位、私营企业单位。其特征是：以营利为目的进行市场性经济活动，主要提供各种货物和非金融性服务，是国民经济中进行生产活动、提供产品的主要部门。

（2）金融机构部门。金融机构部门由所有主要从事金融活动的常住单位组成，包括中央银行、商业银行、保险公司以及投资公司等各种非银行性金融机构。金融机构在性质上与非金融企业部门相似，二者的不同之处在于，金融机构的职能主要是为整个国民经济提高金融中介服务，在整个国民经济资金运动过程中起着中转枢纽的作用。

（3）政府部门。政府部门由所有行使政府职能的各常住单位以及由政府资助的其他常住单位组成，包括中央政府和地方政府的行政机关、军队、警察，也包括以国家财政拨款为主要资金来源的各种非营利性事业单位、社会团体，如医院、学校、广播电视机构、科研机构、社团等。政府部门的职能之一是通过社会经济管理为居民和社会公众提供服务；职能之二是在全社会范围内对收入和财富进行再分配。

（4）住户部门（或称居民部门）。住户部门由所有常住住户组成，还包括为住户所拥有的个体经营单位。住户部门首先是实现消费的部门；围绕消费，住户部门还参与了生产、收入分配、投资等各种经济活动。

此外，与上述国内机构部门相对应，还有一个国外部门，包括所有与该国常住单位发生经济往来的国外单位。

机构部门分类在国民经济中具有广泛的应用。例如，反映政府、企业和住户对收入的占有关系以及对资产的占有关系，反映各部门之间的资金流动，反映各部门消费和积累的关系等。

2）产业部门分类

最常用的产业分类是三次产业分类法，即按照经济活动在历史上形成的先后层次，把全部的经济活动划分为第一产业、第二产业和第三产业。根据《国民经济行业分类》（GB/T 4754—2002），三次产业划分范围如下。

第一产业是指农、林、牧、渔业；第二产业是指采矿业，制造业，电力、燃气及水的生产和供应业，建筑业；第三产业是指除第一、二产业以外的其他行业，包括：交通运输、仓储和邮政业，信息传输、计算机服务和软件业，批发和零售业，住宿和餐饮业，金融业，房地产业，租赁和商务服务业，科学研究、技术服务和地质勘察业，水利、环境和公共设施管理业，居民服务和其他服务业，教育，卫生、社会保障和社会福利业，文化、体育和娱乐业，公共管理和社会组织，国际组织。

三、国民经济核算体系的内容框架

国民经济核算体系的形成经历了一个演变过程，目前世界各国应用的是由联合国主持制定的 1993 年版本。按照中国目前执行的制度，国民经济核算体系包括中心框架和附属核算表两部分。

中心框架是国民经济核算体系的基本部分，由国内生产总值核算、投入产出核算、资金流量核算、国际收支核算和资产负债核算五个子体系构成。其中，前四个子体系是关于经济流量的核算，反映核算期当期实际发生的经济活动总量；后一个子体系是关于存量的核算，反映在特定核算时点上一国或一部门所拥有的经济资产总量。五个子体系合在一起，直接反映了国民经济运行过程及其结果。国民经济分析中所应用的主要经济总量和分量指标几乎都是由中心框架提供的。

第二节 国内生产总值核算

一、国内生产总值的产生及演变

国内生产总值代表着目前世界通行的国民经济核算体系。它的发明与产生来之不易，是三百多年来诸多经济学家、统计学家共同努力的结果，1953 年才初步成形。由于国内生产总值核算体系仍然存在着一些统计上的技术缺陷，因此，在联合国的主持下，又经过 1968 年和 1993 年两次重大修改。由于世界各国都普遍采用国内生产总值核算体系，因此，国内生产总值作为核心指标，成为衡量一个国家发展程度的统一标准。我国的国内生产总值核算始于 1985 年，是统计改革开放的产物。在此之前，与计划经济体制相配套，我国国民经济核算使用的一直是 MPS 体系，即源于苏联计划经济的物质平衡表体系。1985—1992 年间，逐步向 SNA 过渡，即向联合国推荐的、源于西方市场经济的核算体系过渡。随着我国经济体制中市场化成分的不断增强和计划成分的不断削弱，SNA 核算体系越来越适合中国国民核算工作的需要。因此，自 1993 年起，国家统计局不再并列提供 MPS 核算资料，而是彻底转向 SNA 体系。国民经济主要总量指标的核算由 MPS 转向 SNA 的过渡期至此宣告结束。经过十几年的努力，国家统计局国民经济核算司已经完成了一整套包括国内生产总值核算在内的立足于中国国情的中国国民经济核算体系的构建工作。

国民经济活动总量从根本意义上讲就是生产活动总量，因此，国民经济核算首先就是对一国在一定时期内生产活动的核算，其核心指标就是国内生产总值。而且，在现实经济生活中，国内生产总值是最常用的经济指标。

二、生产活动及其产品

生产，一般是指经济生产，就是通过人类劳动将各种货物与服务投入转化为另一些货物与服务产出的过程。

在市场经济条件下，绝大多数生产属于市场化生产，其产品要通过市场交易提供给生产者以外的其他单位使用。但还有些生产是非市场化的，例如，政府向居民和社会公众提供的社会管理和经济管理服务，农民自产自用的粮食，由家庭成员完成的家务劳动服务等。根据现行的统计制度，生产统计范围一般仅限于市场化生产和上述非市场化生产中的前两种情况，而不包括家务劳动。

产品是生产活动的成果。从形态来看，产品包括货物和服务两种类型。其中，货物是有形的产出，而服务则是无形的产出。早期生产一般主要集中于货物生产，但随着经济的发展，服务生产越来越重要了。从使用方向来看，产品被区分为中间产品和最终产品两大类。中间产品是指在一个生产过程中生产出来，然后又在另一个生产过程中被完全消耗掉或形态被改变的产品，即被其他生产单位作为中间投入的产品。最终产品是指当期生产的被用于最终消费、积累或出口等最终用途的产品。

中间产品和最终产品的区分是相对的。例如，被棉纺厂消耗掉的棉花、被服装厂制作服装消耗掉的布都属于中间产品；而居民作为消费者，其使用的以及用于出口的棉花和布，则都属于最终产品。在国民经济核算中，区分中间产品和最终产品很重要，因为国内生产总值在实物形态上就是对最终产品的核算。

三、国内生产总值的基本含义

国内生产总值（Gross Domestic Products，GDP），是指以货币形式表现的一个国家（或地区）所有常住单位在一定时期内生产活动的最终成果。中国国内生产总值（GDP）核算的常住单位是指在中国内地的经济领土范围内拥有一定的活动场所（厂房或住宅），从事一定规模的经济活动，并持续经营一年以上的单位（包括住户），不包括中华人民共和国特别行政区香港、澳门以及中国领土台湾省内的单位。

就一国经济总体而言，可以从两种意义上理解国内生产总值（GDP）。第一，从价值构成来看，国内生产总值是一定时期内一国范围内各生产单位生产的增加值总和；第二，从实物构成来看，国内生产总值是一定时期内一国范围内各生产单位所生产的产品的价值总和。

增加值是一定时期内各单位在生产过程中新创造的价值，代表各单位对整个国内生产总值的贡献。它以国内生产总值为基础，计算产业增加值所占比重，可以分析经济的产业结构。最终产品是指用于消费、积累和出口的产品。它以国内生产总值为基础，可以计算消费、积累和出口各自所占的比重，对分析消费、积累这样一些主要的国民经济比例问题有重要意义。

四、国内生产总值的核算方法

GDP 核算与 GDP 不同。GDP 表示的仅仅是一个总量指标，而 GDP 核算则是指在一个完整的理论框架下，围绕 GDP 这个总量指标而进行的一系列核算活动。GDP 可以通过三种方法计算得到：生产法、收入法和支出法。这三种方法的计算结果，可以通过 GDP 在不同角度的构成，反映出经济循环过程不同阶段上的基本状况。

1. 生产法

生产法是指从生产的角度衡量所有常住单位在核算期内新创造的价值，是国民经济各产业各生产单位在核算期内增加值的总和。用公式表示如下：

$$增加值 = 总产出 - 中间消耗$$

$$GDP = \sum 增加值$$

$$= \sum (总产出 - 中间消耗) \tag{11-1}$$

总产出是指各生产单位在一定时期内所生产的全部货物和服务的总价值。其中，既包括将用于其他单位生产的中间产品，也包括将用于最终消费、积累和出口的最终产品。

中间投入又称中间消耗，是指在生产产品过程中所消耗的中间产品的价值，即由其他单位所提供的产品的价值，这些价值随着从投入到产出的转换过程一次性转移到了新产品的价值中。

总产出可以反映一个生产单位生产的全部产品的价值量，因此，在企业微观统计中很有用。但是，如果上升到一个产业部门以及整个国民经济，通过加总各生产单位的总产出而获得的部门总产出和国内总产出，却不太适合于表现该部门或整个国民经济的产出成果，因为在加总的过程中产生了中间产品价值的重复计算。为了避免这种结果，得到宏观意义上的GDP，需要从各生产单位的总产出价值中扣除生产中发生的中间消耗，计算各单位生产过程中的增加值，以此反映该生产单位对国民经济所做的净贡献。

2. 收入法

收入法也称分配法，是指从生产过程创造收入的角度，根据生产要素在生产过程中应得的收入份额以及因从事生产活动向政府支付的份额的角度来反映最终成果的一种计算方法。按照这种计算方法，GDP由全国各生产单位汇总的劳动者报酬、生产税净额（生产税－生产补贴）、固定资产折旧和营业盈余四部分组成。计算公式为

$$GDP = 劳动报酬 + 生产税净额 + 固定资产折旧 + 营业盈余 \qquad (11-2)$$

劳动报酬是指劳动者从其所在的生产单位通过各种渠道得到的所有货币形式或实物形式的劳动收入，代表劳动这种生产要素从生产的价值中所获得的收入。生产税净额是指生产税与生产补贴的差额，代表政府参与生产单位生产所获得的收入。固定资产折旧，即固定资产消耗，是指核算期内各生产单位为补偿生产活动中所耗用的固定资产而提取的价值，代表固定资产在生产过程中磨损的价值。营业盈余，是指生产单位的总产出扣除中间消耗、劳动报酬、生产税净额和固定资产消耗以后的余额，代表除劳动以外的土地、资本及管理等生产要素所得收入之和。

3. 支出法

支出法也称使用法，顾名思义，就是从最终使用的角度衡量核算期内生产的所有货物和服务的去向。按照支出法计算，GDP由居民消费、政府消费、固定资本形成总额以及货物和服务的净出口（出口减去进口后的差额）五项组成。计算公式为

$$GDP = 最终消费 + 资本形成总额 + 货物和服务净出口 \qquad (11-3)$$

最终消费是指当期在非生产过程中所使用的货物和服务价值，包括居民个人消费和政府公共消费两部分。资本形成总额反映用于积累的货物与服务价值，主要包括固定资本形成和存货增加两个部分。货物和服务净出口是指货物和服务出口减去进口的差额，其中，出口是被国外使用的货物和服务价值。之所以要将当期货物和服务进口从中扣除，原因在于消费、积累以及出口的货物与服务中有一部分是由国外进口的，只有将这部分进口扣除，才能推算出当期国内生产的最终产品价值。

从理论上讲，用上述三种方法计算得到的GDP应该是一致的，因为它们是使用不同的方法对同一事物进行核算。但在实际操作中并非如此，由于资料来源的不同以及基础数据质量上的差异，使采用这三种方法计算出的GDP之间存在着一定的计算误差。我国目前以用生产法计算出的GDP为准。

五、国内生产总值的指标的应用

GDP 的作用随用户对象的不同而不同。根据需求的近似性，可以将用户大致分为三大类，即政府用户、专家用户和其他一般公众用户。

对于政府用户来讲，GDP 核算的作用主要是用于了解宏观经济运行的总体规模和健康性，为政府宏观决策提供依据。例如，宏观决策者将根据 GDP 运行的总量、态势和轨迹来预计经济增长率、通货膨胀率和失业率，并制定相应的控制目标，采取必要的货币政策和财政政策来干预宏观经济的运行情况。

对于专家用户和研究团体来讲，GDP 将为他们提供实证分析和模型预测的基础数据，使他们可以根据理论对经济运转的合理性做出逻辑上的判断，对未来的经济活动进行预见或对现存的经济理论进行修正，从而向决策者提出合理化建议，帮助决策者共同实现宏观经济的健康运行与合理增长。具体地讲，他们可以利用 GDP 或人均 GDP 数据来研究诸如贫困问题、收入分配问题、经济增长问题、生产率问题等。

对于一般公众用户来讲，了解 GDP 以及政府是如何使用 GDP 的，便是了解了自己赖以生存的大环境。例如，如果一个企业知道财政政策、货币政策是根据 GDP 等有关信息做出的，那么该企业就能在宏观政策出台前，对可能出现的宏观政策做一个预测，如果货币紧缩的可能性很大的话，那么该企业就能知道下期生产获得资金不容易，生产成本会增高，就要及早地想办法调整计划。当一个人了解了 GDP 的相关知识后，他就能根据 GDP 的走向判断出自己的就业难度、工资增长可能性的大小等。经济增长率高（即按不变价计算的 GDP 增长速度），就业的难度就小，工资增长的可能性就大，但同时可能还要面对物价增高的情况，这样他就可以调整个人生活规划，降低生活成本，提高生活效用。可见，GDP 与我们每一个人的生活都是息息相关的。

从宏观层面来看，GDP 的应用可以归纳为以下几个方面。

（1）以 GDP 为基础，计算某一时期的经济增长。

（2）计算各产业增加值占 GDP 的比重，以此反映产业结构状况，如第一产业、第二产业、第三产业之间的结构状况。

（3）利用采用收入法计算出的 GDP 的构成数据，计算各收入要素所占的比重，如劳动者报酬所占的比重、生产税所占的比重等，以此描述收入的最初分配结构。

（4）利用采用支出法计算出的 GDP 的构成数据，计算消费率和投资率等指标，反映当期消费与投资的比例关系。

（5）以 GDP 作为产出指标，结合各种投入指标，计量国民经济的生产效率，比如劳动生产率、资本产出率等。

（6）计算人均 GDP 指标，衡量一国经济发展水平和国民富裕程度。

六、国内生产总值的局限性及绿色 GDP

（一）GDP 指标本身及其核算技术存在的问题

GDP 虽然是衡量国民经济发展情况的一个最重要的指标，是最受关注的宏观经济数字之一，但它仍存在着一些局限性。

人类经济的发展和社会的进步，不仅依赖于 GDP 的增长，还依赖于自然资源环境和谐统一度的提高。GDP是单纯的经济增长观念，它只反映经济发展，却没有反映出经济发展对资源环境的影响，它不统计环境污染和生态破坏，不反映经济增长的可持续性，容易过高地估计经济规模和经济增长，给人一种扭曲的经济图像。

环境和生态是一个国家综合经济的一部分，由于没有将环境和生态因素纳入其中，GDP核算法就不能全面反映国家的真实经济情况，核算出来的一些数据有时会很荒谬，因为环境污染和生态破坏也能增加GDP。例如，发生了洪灾，就要修堤坝，这就造成投资的增加和堤坝修建人员收入的增加，GDP数据也随之增加。再如，环境污染使病人增多，这明摆着是一种痛苦和损失，但同时使医疗产业得到了大的发展，GDP也随之得到了大的发展。中国是世界上近30年来经济增长最快的国家，但这种"增长"又是以多少自然资本损失和生态赤字换来的呢？不说环境与资源，即便从社会学角度看，GDP也不能反映社会贫富差距，不能反映社会分配的公平程度，不能反映国民生活的真实质量。总之，GDP统计存在着一系列明显的缺陷，长期以来被人们所批评，但长期以来也没有得到修正。20世纪中叶开始，随着环境保护运动的发展和可持续发展理念的兴起，一些经济学家和统计学家们尝试将环境要素纳入国民经济核算体系，以发展新的国民经济核算体系，1993年，联合国统计署正式出版《综合环境经济核算手册》，首次正式提出了"绿色GDP"的概念。

（二）绿色GDP及其核算难题

绿色GDP是指绿色国内生产总值，它是对GDP指标的一种调整，是扣除经济活动中投入的环境成本后的国内生产总值，简单地讲，就是从现行统计的GDP中，扣除由于环境污染、自然资源退化等因素引起的经济损失成本，从而得出真实的国民财富总量。绿色GDP是对GDP的一个补充和完善，例如，采伐林木使经济总量增加了，但过量采伐后对自然资源造成了破坏，相应的成本就应在经济总量中扣除掉。再如，生产过程中排放的有害物质对环境造成的负面影响也应从经济总量中扣除掉。在社会经济运行过程中，我们不能只看到发展、繁荣的一面，还要看到对资源环境的消极影响的一面，所以在核算体系中应该考虑资源环境因素。而绿色GDP力求将经济增长与环境保护统一起来，综合性地反映国民经济活动的成果与代价，包括生活环境的变化。

实施绿色GDP核算体系，面临着技术和观念上的两大难点。

1. 技术难点

GDP通常是以市场交易为前提的，产品和劳务一旦进入市场，其价值就由市场供求关系来决定，它传达出来的是以货币为手段的市场价格信号。一个产品值多少钱，只有在市场销售中才能确认。这就是说，市场供求规律所决定的自由市场价格是GDP权威性的唯一来源，环境要素并没有进入市场买卖。例如，砍伐一片森林，卖掉原木，原木的销售价即可表现出价格，即可以纳入GDP统计，但因为森林砍伐而导致依赖森林生存的许多哺乳动物、鸟类或微生物的灭绝，这个损失是多大呢？另外，因为森林砍伐而造成的大面积水土流失，这个损失又该如何核算呢？这些野生的鸟类、哺乳动物、微生物与流失的水土并没有市场价格，也没有货币符号，无法用数据来确定它们的价值。那么，如何衡量环境要素的价值呢？专家们提出过许多办法，其中一个是倒算法，即按市场成本来估算一个专题。例如，使黄河水变清澈要花多少钱？恢复一片原始森林要花多少钱？如果做不到，那就是价值无限，就不准砍伐，不准破坏。另外，按市场价格，有些具体项目的环境成本也可以科学推测。例如，昆明的滇池近几十年来受到严重污染，周围的农田、化工厂是主要污染源，如果将这些农田和化工厂几十年来的利润汇总，有几十个亿。这些利润虽然带动了当地的就业，创造了物质财富，但同时造成了严重的环境污染。如果现在要使滇池水变清澈，将劣五类水变回到二类水，最起码要投入几百个亿。这样一笔账算下来，即使不包括滇池内许多原有的鱼类和微生物的灭绝，也不包括昆明气候变化所造成的影响成本，滇池周围几十年来的经济活动可就亏大了！如今，各方面的专家们已研究出了不少测算模型与方法，它们各有优点，各有侧重，也各有缺陷，这只能在实践中逐步补充完善。

2. 观念的难点

绿色 GDP 建立在以人为本、协调统筹、可持续发展的观念之上，意味着一个国家发展观念的深刻转变，意味着全新的发展观与政绩观，因此，它必将带来干部考核体系的重大变革。过去各地区干部的政绩皆以单纯的 GDP 增长为业绩衡量标准，一旦实施并公布绿色 GDP，就意味着要将经济增长与社会发展、环境保护放在一起综合考评。一些表面上看起来发展很快、成绩很突出的地区，就会暴露出其背后透支环境、透支未来的巨大"黑洞"。因为一旦扣除了环境损失的成本，这些地区的经济增长数据就会大大下降，甚至可能变成负数，这些地方的官员原来政绩中的水分也将被挤干而露出本来面目。这会让有的地方官员难堪，甚至影响其仕途前程，因此实施绿色 GDP 必将会受到诸多阻力。

我国从 2005 年 1 月开始在十个省、市启动了以环境核算和污染经济损失调查为内容的绿色 GDP 试点工作。这十个试点省、市分别是北京市、天津市、河北省、辽宁省、浙江省、安徽省、广东省、海南省、重庆市和四川省。正如环保总局副局长潘岳所说，建立中国特色的绿色 GDP 核算体系在我国刚刚处于起步阶段，存在许多技术上、制度上、观念上的困难，更有许多尚待突破的学术领域。因此，应本着求真务实、科学谨慎的态度，积极稳妥地全面实施试点工作。鉴于中国当前环境与资源的严峻形势，无论有多大困难，绿色 GDP 的研究与试验工作都必须毫不犹豫地向前推进，为国家未来可持续发展战略的实施奠定坚实的基础。

3. 绿色 GDP 在国外的实践

绿色 GDP 的环境核算虽然困难，但在发达国家还是取得了很大的成绩。

挪威在 1978 年就开始了资源环境的核算，核算重点是矿物资源、生物资源、流动性资源（水力）、环境资源，还有土地、空气污染以及两类水污染物（氮和磷）。为此，挪威建立起了包括能源核算、鱼类存量核算、森林存量核算，以及空气排放、水排泄物（主要人口和农业的排泄物）、废旧物品再生利用、环境费用支出等项目的详尽统计制度，为绿色 GDP 核算体系奠定了重要的基础。

芬兰学着挪威也建立起了自然资源核算框架体系。其资源环境核算的内容有三项：森林资源核算、环境保护支出费用统计和空气排放调查。其中最重要的是森林资源核算。森林资源和空气排放的核算采用实物量核算法；环境保护支出费用的核算采用价值量核算法。

实施绿色 GDP 的国家还有很多，主要是欧美发达国家，如法国、美国等。

特别值得一说的是墨西哥。墨西哥是发展中国家，但它率先实行了绿色 GDP。1990 年，在联合国的支持下，墨西哥将石油、各种用地、水、空气、土壤和森林列入环境经济核算范围，再将这些自然资产及其变化编制成实物指标数据，最后通过估价将各种自然资产的实物量数据转化为货币数据。这便在传统国内生产净产出（NDP）的基础上，得出了石油、木材、地下水的耗减成本和土地转移引起的损失成本，然后，又进一步得出了环境退化成本。

与此同时，在资本形成概念基础上还产生了两个净积累概念：经济资产净积累和环境资产净积累。这些方法被印度尼西亚、泰国、巴布亚新几内亚等国纷纷仿效，并立即开始实施。

思考与练习题

一、思考题

1. 为什么要进行国民经济核算？其基本内容有哪些？

2. 如何区分国民经济核算中的机构部门和产业部门？

3. 简述国民经济核算体系的中心框架及相关内容。

4. 如何理解国内生产总值的含义及核算方法？

二、单项选择题

1. 以下行业不属于第二产业的是（　　　）。

A. 采掘业　　　　　　B. 林业　　　　　　C. 自来水业　　　　　　D. 制造业

2. 在国民经济核算中，划分国内经济活动和国外经济活动核算的基本依据是（　　　）。

A. 住户与法人单位　　　　　　　　B. 营利性单位和非营利性单位

C. 常住单位和非常住单位　　　　　D. 基层单位和产业部门

3. 以下属于国民经济机构部门分类的是（　　　）。

A. 金融保险业　　　　B. 第三产业　　　　C. 农业部门　　　　D. 住户部门

4. 按收入法计算国内生产总值，不包括的项目是（　　　）。

A. 固定资产损耗　　　B. 所得税　　　　C. 生产税净额　　　　D. 营业盈余

5. 按支出法计算国内生产总值，不包括的项目是（　　　）。

A. 总消费　　　　　　　　　　　　B. 总支出

C. 由国外获得的劳动报酬　　　　　D. 净出口

6. 国内生产总值等于（　　　）。

A. 社会总产品的价值　　　　　　　B. 总投资与总消费之和

C. 货物与服务生产总值　　　　　　D. 全部增加值之和

7. 工业部门创造的增加值等于（　　　）。

A. 工业部门创造的最终产品的价值

B. 工业部门的总产出减去工业部门的中间消耗

C. 用于消费、投资和净出口的工业品的价值

D. 工业部门的固定资产形成加劳动者报酬、生产税净额和营业盈余

8. 政府消费是指（　　　）。

A. 给政府工作人员所发的工资

B. 财政支出

C. 政府部门创造的增加值

D. 政府提供公共服务的支出以及为住户免费或以较低价格提供货物与服务的支出

9. 以下行业属于第二产业的是（　　　）。

A. 交通运输　　　　B. 电力工业　　　　C. 商业　　　　D. 仓储业

10. 保险公司所属的机构部门是（　　　）。

A. 非金融企业部门　　B. 金融部门　　　　C. 政府部门　　　　D. 住户部门

三、计算题

某地区有关国民经济核算资料如表 11－1、表 11－2 所示，试用生产法、收入法和支出法计算国内生产总值。

表 11－1

	总产值（万元）	中间消耗率（%）
农业	5 450	36
工业	22 240	72
建筑业	3 058	70
运输业	650	22
商业	1 615	48
服务企业	1 606	27
行政与事业	1 608	28

表 11－2

项　　目	数额（万元）
居民个人消费	7 080
政府消费	1 820
社会总投资	5 107
固定资产投资	4 700
库存增加	407
净流出（流入－流出）	160
劳动报酬	8 520
生产税净额	2 370
所得税	360
营业盈余	2 297
固定资产折旧	980

附录

附录1　随机数字表

```
03 47 43 73 86    36 96 47 36 61    46 98 63 71 62    33 26 16 80 45    60 11 14 10 95
97 74 24 67 62    42 81 14 57 20    42 53 32 37 32    27 07 36 07 51    24 51 79 89 73
16 76 62 27 66    56 50 26 71 07    32 90 79 78 53    13 55 38 58 59    88 97 54 14 10
12 56 85 99 26    96 96 68 27 31    05 03 72 93 15    57 12 10 14 21    88 26 49 81 76
55 59 56 35 64    38 54 82 46 22    31 62 43 09 90    06 18 44 32 53    23 83 01 30 30

16 22 77 94 39    49 54 43 54 82    17 37 93 23 78    87 35 20 96 43    84 26 34 91 64
84 42 17 53 31    67 24 55 06 88    77 04 74 47 67    21 76 33 50 25    83 92 12 06 76
63 01 63 78 59    16 95 55 67 19    98 10 50 71 75    12 86 73 58 07    44 39 52 38 79
33 21 12 34 29    78 64 56 07 82    52 42 07 44 38    15 51 00 13 42    99 66 02 79 54
57 60 86 32 44    09 47 27 96 54    49 17 46 09 62    90 52 84 77 27    08 02 73 43 28

18 18 07 92 45    44 17 16 58 09    79 83 86 49 62    06 76 50 03 10    55 23 64 05 05
26 62 38 97 75    84 16 07 44 99    83 11 46 32 24    20 14 85 88 45    10 93 72 88 71
23 42 40 64 74    82 97 77 77 81    07 45 32 14 08    32 98 94 07 72    93 85 79 10 75
52 36 28 19 95    50 92 26 11 97    00 56 76 31 38    80 22 02 53 53    86 69 42 04 53
37 85 94 35 12    83 39 50 08 30    42 34 07 96 88    54 42 06 87 98    35 85 29 48 39

70 29 17 12 13    40 33 20 38 26    13 89 51 03 74    17 76 37 13 04    07 74 21 19 30
56 62 18 37 35    96 83 50 87 75    97 12 25 93 47    70 33 24 03 54    97 77 46 44 80
99 49 57 22 77    88 42 95 45 72    16 64 36 16 00    04 43 18 66 79    94 77 24 21 90
16 08 15 04 72    33 27 14 34 09    45 59 34 68 49    12 72 07 34 45    99 27 72 95 14
31 16 93 32 43    50 27 89 87 19    20 15 37 00 49    52 85 66 60 44    38 68 88 11 80

68 34 30 13 70    55 74 30 77 40    44 22 78 84 26    04 33 45 09 52    68 07 97 06 57
74 57 25 65 76    59 29 97 68 60    71 91 38 67 54    18 58 18 24 78    15 54 55 95 52
27 42 37 86 53    48 55 90 65 72    96 57 69 36 10    96 46 92 42 45    97 60 49 04 91
00 39 68 29 61    66 37 32 20 30    77 84 57 03 29    10 45 65 04 26    11 04 96 67 24
29 94 98 94 24    68 49 69 10 82    53 75 91 93 30    34 25 20 57 27    40 48 73 51 92

16 90 82 66 59    83 62 64 11 12    67 19 00 71 74    60 47 21 29 68    02 02 37 03 31
11 27 94 75 06    06 09 19 74 66    02 94 37 34 02    76 70 90 30 86    38 45 94 30 38
35 24 10 16 20    33 32 51 26 38    79 78 45 04 91    16 92 53 56 16    02 75 50 95 98
33 23 16 36 38    42 38 97 01 50    87 75 66 81 41    40 01 74 91 62    48 51 84 08 32
31 96 25 91 47    96 44 33 49 13    34 85 82 53 91    00 52 43 48 85    27 55 26 89 62

66 67 40 67 14    64 05 71 95 86    11 05 65 09 68    76 83 20 37 90    57 16 00 11 66
14 90 84 45 11    75 73 88 05 90    52 27 41 14 86    22 98 12 22 08    07 52 74 95 80
68 05 51 18 00    33 96 02 75 19    07 60 62 93 55    59 33 82 43 90    49 37 38 44 59
20 46 78 73 90    97 51 40 14 02    04 02 33 31 03    39 54 16 49 36    47 95 93 13 30
64 19 58 97 79    15 06 15 93 20    01 90 10 75 06    40 78 78 89 62    02 67 74 17 33

05 26 93 70 60    22 35 85 15 13    92 03 51 59 77    59 58 78 06 83    52 91 05 70 74
07 97 10 88 23    09 98 42 99 64    61 71 62 99 15    06 51 29 16 93    58 05 77 09 51
68 71 86 85 85    54 87 66 47 54    73 32 08 11 12    44 95 92 63 18    29 56 24 29 48
26 99 61 65 53    58 37 78 80 70    42 10 50 67 42    32 47 55 85 74    94 44 67 13 94
14 65 52 68 75    87 59 36 22 41    26 78 63 06 55    13 08 27 01 50    15 29 39 39 48

17 53 77 58 71    71 41 61 50 72    12 41 94 96 26    44 95 27 36 99    02 96 74 30 83
90 26 59 21 19    23 52 23 33 12    96 93 02 18 39    07 02 18 36 07    25 99 32 70 23
41 23 52 55 99    31 04 49 69 96    10 47 48 45 88    13 41 42 89 20    97 17 14 49 17
60 20 50 81 69    31 99 73 68 68    35 81 33 08 76    24 30 12 48 60    18 99 10 72 34
91 25 38 05 90    94 58 28 41 36    45 37 59 03 09    90 35 57 29 12    82 62 54 65 60
```

34 50 57 74 37	98 80 33 00 91	09 77 93 19 82	74 94 80 04 04	45 07 31 66 43
85 22 04 39 43	73 81 53 94 79	33 62 46 86 28	08 31 54 46 31	53 94 13 38 47
09 79 13 77 48	73 82 97 22 21	05 03 27 24 83	72 89 44 02 60	35 80 39 94 88
88 75 80 18 14	22 95 75 42 49	39 32 82 22 49	02 48 07 70 37	16 04 61 67 87
90 96 23 70 00	39 00 03 06 90	55 85 78 38 36	94 37 30 69 32	90 89 00 76 33
53 74 23 99 67	61 32 28 69 84	94 62 67 86 24	98 33 41 19 95	47 53 58 38 09
63 38 06 86 54	99 00 65 26 94	02 82 90 23 07	79 62 67 80 60	75 91 12 81 19
35 30 58 21 45	06 72 17 10 94	25 21 31 75 96	49 28 24 00 49	55 65 79 73 07
63 43 36 82 69	65 51 18 37 83	61 38 44 12 45	32 92 85 88 65	54 34 81 85 35
98 25 37 55 26	01 91 82 81 46	74 71 12 94 97	24 02 71 37 07	03 92 18 66 75
02 63 11 17 69	71 50 80 89 56	38 15 70 11 48	43 40 45 86 93	00 33 26 91 03
64 55 22 21 82	48 22 28 06 00	61 54 13 43 91	82 78 12 23 29	06 66 24 12 27
85 07 26 13 89	01 10 07 82 04	59 63 69 36 03	69 11 15 83 80	13 29 54 19 28
58 54 16 24 15	51 54 44 82 00	62 61 65 04 69	38 18 65 18 97	85 72 13 49 21
34 85 27 84 87	61 48 64 55 26	90 18 48 13 26	37 70 15 42 57	65 65 80 39 07
03 92 18 27 48	57 99 16 96 56	30 33 72 85 22	84 64 38 56 98	99 01 30 98 64
62 93 30 27 59	37 75 41 66 48	86 97 80 61 45	23 53 04 01 63	45 76 08 64 27
08 45 93 15 22	60 21 75 46 91	98 77 27 85 42	28 88 61 08 84	69 62 03 42 73
07 09 55 13 40	45 44 75 13 90	24 94 96 61 02	57 55 66 33 15	71 42 37 11 61
01 85 89 95 66	51 10 19 34 88	15 84 97 19 75	12 76 39 43 78	64 63 91 08 25
72 84 71 14 35	19 11 58 49 26	50 11 17 17 76	86 31 57 20 18	95 60 78 46 75
88 78 28 16 84	13 52 53 94 53	75 45 69 30 96	73 89 65 70 31	99 17 43 43 76
45 17 75 65 57	28 40 19 72 12	25 12 74 75 67	60 40 60 81 19	24 62 01 61 16
96 76 28 12 54	22 01 11 94 25	71 96 16 16 88	68 64 36 74 45	19 59 50 88 92
43 31 67 72 30	24 02 94 08 63	38 32 36 66 02	69 36 38 25 39	43 03 45 15 22
50 14 66 44 21	66 06 58 05 62	68 15 54 35 02	42 35 48 99 32	14 52 41 52 43
22 66 22 15 85	26 63 75 41 99	58 42 36 72 24	58 37 52 18 51	03 37 18 39 11
96 24 40 14 51	23 22 30 88 57	95 67 47 29 83	94 69 40 06 07	18 16 36 78 86
31 73 91 61 19	60 20 72 93 48	98 57 07 23 09	35 95 39 89 58	56 80 30 16 44
78 60 73 99 84	43 89 94 36 45	56 69 47 07 41	90 22 91 07 12	73 35 34 08 72
84 37 90 61 56	70 10 23 98 05	85 11 34 76 60	76 48 45 34 90	01 61 18 39 96
36 67 10 08 23	98 93 35 08 86	99 29 76 29 81	33 34 91 58 93	68 14 52 32 52
07 28 59 07 48	39 64 58 89 75	83 85 62 27 89	30 14 78 56 27	36 63 59 80 02
10 15 83 37 60	79 24 31 66 56	21 48 24 06 93	91 98 94 05 49	01 47 59 38 00
55 19 68 97 65	03 73 52 16 56	00 53 55 90 27	33 42 29 38 87	22 13 88 34 34
53 81 29 13 39	35 01 20 71 34	62 33 74 82 14	53 73 19 09 03	56 54 29 56 93
51 86 92 68 92	33 98 74 66 99	40 14 71 94 58	45 94 19 38 81	14 44 99 81 07
35 91 70 29 13	80 03 54 07 27	96 94 78 32 66	50 95 52 74 33	18 80 55 62 54
37 71 67 95 13	20 02 44 95 94	64 85 04 05 72	01 32 90 76 14	55 89 74 60 41
93 66 13 83 27	92 79 64 64 72	28 54 96 53 84	48 14 52 98 94	56 07 93 89 30
02 96 08 45 65	13 05 00 41 84	93 07 54 72 59	21 45 57 09 77	19 43 56 27 44
49 83 42 48 35	82 88 33 69 96	72 36 04 19 76	48 45 15 18 60	82 11 03 95 07
84 60 71 62 46	40 80 81 30 37	34 39 23 05 38	25 15 35 71 30	88 12 57 21 77
18 17 30 88 71	44 91 14 88 47	89 23 30 63 15	56 34 20 47 89	99 82 93 24 98
79 69 10 61 78	71 32 76 95 62	87 00 22 58 40	92 54 01 75 25	43 11 71 99 31
75 93 36 57 83	56 20 14 82 11	74 21 97 90 65	96 42 68 63 86	74 54 13 26 94
38 30 92 29 03	06 28 81 39 38	62 25 06 84 63	61 29 08 93 67	04 82 92 08 09
51 29 50 10 34	31 57 75 95 80	51 97 02 74 77	76 15 48 49 44	18 55 63 77 09
21 31 38 86 24	37 79 81 53 74	73 24 16 10 33	52 83 90 94 76	70 47 14 54 36
29 01 23 87 88	58 02 39 37 67	42 10 14 20 92	16 55 23 43 45	54 96 09 11 06
95 33 95 22 00	18 74 72 00 18	38 79 58 69 32	81 76 80 26 92	82 80 84 25 39
90 84 60 79 80	24 36 59 87 38	82 07 53 89 35	96 35 23 79 18	05 98 90 07 35
46 40 62 98 32	54 97 20 56 95	15 74 80 08 32	16 46 70 50 80	67 72 16 42 79
20 31 89 03 48	38 46 82 68 72	32 14 82 99 70	80 60 47 18 97	68 49 30 21 30
71 59 73 05 50	08 22 23 71 77	91 01 93 20 49	82 96 59 26 94	66 39 67 93 60

附录 2　正态分布概率积分表

$$F(t) = \frac{2}{\sqrt{2\pi}} \int_0^1 e^{-\frac{t^2}{2}} dt$$

t	$F(t)$	t	$F(t)$	t	$F(t)$	t	$F(t)$	t	$F(t)$
0.00	0.000 0	0.52	0.396 9	1.04	0.701 7	1.56	0.881 2	2.16	0.969 2
0.01	0.003 0	0.53	0.403 9	1.05	0.706 3	1.57	0.883 6	2.18	0.970 7
0.02	0.016 0	0.54	0.410 8	1.06	0.710 9	1.58	0.885 9	2.20	0.972 2
0.03	0.023 9	0.55	0.417 7	1.07	0.715 4	1.59	0.888 2	2.22	0.973 6
0.04	0.031 9	0.56	0.424 5	1.08	0.719 9	1.60	0.891 2	2.24	0.974 9
0.05	0.039 9	0.57	0.431 3	1.09	0.724 3	1.61	0.892 6	2.26	0.976 2
0.06	0.047 8	0.58	0.438 1	1.10	0.728 7	1.62	0.894 8	2.28	0.977 4
0.07	0.055 8	0.59	0.444 8	1.11	0.733 0	1.63	0.896 9	2.30	0.978 6
0.08	0.063 8	0.60	0.451 5	1.12	0.737 3	1.64	0.899 0	2.32	0.979 7
0.09	0.071 7	0.61	0.458 1	1.13	0.741 5	1.65	0.901 1	2.34	0.980 7
0.10	0.079 7	0.62	0.494 7	1.14	0.745 7	1.66	0.903 1	2.36	0.981 7
0.11	0.087 6	0.63	0.471 3	1.15	0.749 9	1.67	0.905 1	2.38	0.982 7
0.12	0.095 5	0.64	0.477 8	1.16	0.754 0	1.68	0.907 0	2.40	0.983 6
0.13	0.103 4	0.65	0.484 3	1.17	0.758 0	1.69	0.909 0	2.42	0.984 5
0.14	0.111 3	0.66	0.490 7	1.18	0.762 0	1.70	0.910 9	2.44	0.985 3
0.15	0.119 2	0.67	0.497 1	1.19	0.766 0	1.71	0.912 7	2.46	0.986 1
0.16	0.127 1	0.68	0.503 5	1.20	0.769 9	1.72	0.914 6	2.48	0.986 9
0.17	0.135 0	0.69	0.509 8	1.21	0.773 7	1.73	0.916 4	2.50	0.987 6
0.18	0.142 8	0.70	0.516 1	1.22	0.777 5	1.74	0.918 1	2.52	0.988 3
0.19	0.150 7	0.71	0.522 3	1.23	0.781 3	1.75	0.919 9	2.54	0.988 9
0.20	0.158 5	0.72	0.528 5	1.24	0.785 0	1.76	0.921 6	2.56	0.989 5
0.21	0.166 3	0.73	0.534 6	1.25	0.788 7	1.77	0.923 3	2.58	0.990 1
0.22	0.174 1	0.74	0.540 7	1.26	0.792 3	1.78	0.924 9	2.60	0.990 7
0.23	0.181 9	0.75	0.546 7	1.27	0.795 9	1.79	0.926 5	2.62	0.991 2
0.24	0.189 7	0.76	0.552 2	1.28	0.799 5	1.80	0.928 1	2.64	0.991 7
0.25	0.197 4	0.77	0.553 7	1.29	0.803 0	1.81	0.929 7	2.66	0.992 2
0.26	0.205 1	0.78	0.564 6	1.30	0.806 4	1.82	0.931 2	2.68	0.992 6
0.27	0.212 8	0.79	0.570 5	1.31	0.809 8	1.83	0.932 8	2.70	0.993 1
0.28	0.220 5	0.80	0.576 3	1.32	0.813 2	1.84	0.934 2	2.72	0.993 5
0.29	0.228 2	0.81	0.582 1	1.33	0.816 5	1.85	0.935 7	2.74	0.993 9
0.30	0.235 8	0.82	0.587 8	1.34	0.819 7	1.86	0.937 1	2.76	0.994 2
0.31	0.243 4	0.83	0.593 5	1.35	0.823 0	1.87	0.938 5	2.78	0.994 6
0.32	0.251 0	0.84	0.599 1	1.36	0.826 2	1.88	0.939 9	2.80	0.994 9
0.33	0.258 6	0.85	0.604 7	1.37	0.829 3	1.89	0.941 2	2.82	0.995 2
0.34	0.266 1	0.86	0.610 2	1.38	0.832 4	1.90	0.942 6	2.84	0.995 5

t	$F(t)$	t	$F(t)$	t	$F(t)$	t	$F(t)$	t	$F(t)$
0.35	0.273 7	0.87	0.615 7	1.39	0.835 5	1.91	0.943 9	2.86	0.995 8
0.36	0.281 2	0.88	0.621 1	1.40	0.838 5	1.92	0.945 1	2.88	0.996 0
0.37	0.288 6	0.89	0.626 5	1.41	0.841 5	1.93	0.946 4	2.90	0.996 2
0.38	0.296 1	0.90	0.631 9	1.42	0.844 4	1.94	0.947 6	2.92	0.996 5
0.39	0.303 5	0.91	0.637 2	1.43	0.847 3	1.95	0.948 8	2.94	0.996 7
0.40	0.310 8	0.92	0.642 4	1.44	0.850 1	1.96	0.950 0	2.96	0.996 9
0.41	0.318 2	0.93	0.647 6	1.45	0.852 9	1.97	0.951 2	2.98	0.997 1
0.42	0.325 5	0.94	0.652 8	1.46	0.855 7	1.98	0.952 3	3.00	0.997 3
0.43	0.332 8	0.95	0.657 9	1.47	0.858 4	1.99	0.953 4	3.20	0.998 6
0.44	0.340 1	0.96	0.662 9	1.48	0.861 1	2.00	0.954 5	3.40	0.999 3
0.45	0.347 3	0.97	0.668 0	1.49	0.863 8	2.02	0.956 6	3.60	0.999 6
0.46	0.354 5	0.98	0.672 8	1.50	0.866 4	2.04	0.958 7	3.80	0.999 8
0.47	0.361 6	0.99	0.677 8	1.51	0.869 5	2.06	0.960 6	4.00	0.999 94
0.48	0.368 8	1.00	0.682 7	1.52	0.871 5	2;08	0.962 5	4.50	0.999 99
0.49	0.375 9	1.01	0.687 5	1.53	0.874 0	2.10	0.964 3	5.00	0.999 999
0.50	0.382 9	1.02	0.692 3	1.54	0.876 4	2.12	0.966 0		
0.51	0.389 9	1.03	0.637 0	1.55	0.878 9	2.14	0.967 6		

附录 3　相关系数检验表

自由度 $(n-m)$	约束条件数 (m)				自由度 $(n-m)$	约束条件数 (m)			
	2	3	4	5		2	3	4	5
	$(\alpha=0.05)$					$(\alpha=0.01)$			
1	0.997	0.999	0.999	0.999	1	1.000	1.000	1.000	1.000
2	0.950	0.975	0.983	0.987	2	0.990	0.995	0.997	0.998
3	0.878	0.930	0.950	0.961	3	0.959	0.976	0.983	0.987
4	0.811	0.881	0.912	0.930	4	0.917	0.949	0.963	0.970
5	0.754	0.836	0.874	0.898	5	0.874	0.917	0.937	0.949
6	0.707	0.795	0.839	0.867	6	0.834	0.886	0.911	0.927
7	0.666	0.758	0.807	0.838	7	0.798	0.855	0.885	0.904
8	0.632	0.726	0.777	0.811	8	0.765	0.827	0.860	0.882
9	0.602	0.697	0.750	0.766	9	0.735	0.800	0.835	0.861
10	0.576	0.671	0.726	0.763	10	0.708	0.776	0.814	0.840
11	0.553	0.648	0.703	0.741	11	0.684	0.753	0.793	0.821
12	0.532	0.627	0.683	0.722	12	0.661	0.732	0.773	0.802
13	0.514	0.608	0.664	0.703	13	0.641	0.712	0.755	0.785
14	0.497	0.590	0.646	0.686	14	0.623	0.694	0.737	0.768
15	0.482	0.574	0.630	0.670	15	0.606	0.677	0.721	0.752
16	0.468	0.559	0.615	0.655	16	0.590	0.662	0.706	0.738
17	0.456	0.545	0.601	0.641	17	0.575	0.647	0.691	0.724
18	0.444	0.532	0.587	0.628	18	0.561	0.633	0.678	0.710
19	0.433	0.520	0.575	0.615	19	0.549	0.620	0.665	0.698
20	0.423	0.509	0.563	0.604	20	0.537	0.608	0.652	0.685
25	0.381	0.462	0.514	0.553	25	0.487	0.555	0.600	0.633
30	0.349	0.426	0.476	0.514	30	0.449	0.514	0.558	0.591
35	0.325	0.397	0.445	0.482	35	0.418	0.481	0.523	0.556
40	0.304	0.373	0.419	0.445	40	0.393	0.454	0.494	0.526
50	0.273	0.336	0.379	0.412	50	0.354	0.410	0.449	0.479
60	0.250	0.308	0.348	0.380	60	0.325	0.377	0.414	0.442
70	0.232	0.286	0.324	0.354	70	0.302	0.351	0.386	0.413
80	0.217	0.269	0.304	0.332	80	0.283	0.333	0.362	0.389
100	0.195	0.241	0.274	0.300	100	0.254	0.297	0.327	0.351

附录 4　累积泊松分布数值表

$$\sum_{i=0}^{n} \frac{\lambda^k}{k!} e^{-\lambda}$$

k	λ									
	0.1	0.2	0.3	0.4	0.5	0.6	0.7	0.8	0.9	1.0
0	0.904 8	0.818 7	0.740 8	0.670 3	0.606 5	0.548 8	0.496 6	0.449 3	0.406 6	0.367 9
1	0.995 3	0.982 5	0.963 1	0.938 4	0.909 8	0.878 1	0.844 2	0.808 8	0.772 5	0.735 8
2	0.999 8	0.998 9	0.996 4	0.992 1	0.985 6	0.976 9	0.965 9	0.952 6	0.937 1	0.919 7
3	1.000 0	0.999 9	0.999 7	0.999 2	0.998 2	0.996 6	0.994 2	0.990 9	0.986 5	0.981 0
4		1.000 0	1.000 0	0.999 9	0.999 8	0.999 6	0.999 2	0.998 6	0.997 7	0.996 3
5				1.000 0	1.000 0	1.000	0.999 9	0.999 8	0.999 7	0.999 4
6							1.000 0	1.000 0	1.000 0	0.999 9

k	λ									
	1.1	1.2	1.3	1.4	1.5	1.6	1.7	1.8	1.9	2.0
0	0.332 9	0.301 2	0.272 5	0.246 6	0.223 1	0.201 9	0.182 7	0.165 3	0.149 6	0.135 3
1	0.699 0	0.662 6	0.626 8	0.591 8	0.557 8	0.524 9	0.493 2	0.462 3	0.433 7	0.406 0
2	0.900 4	0.879 5	0.857 1	0.833 5	0.808 8	0.783 4	0.757 2	0.730 6	0.703 7	0.676 7
3	0.974 3	0.966 2	0.956 9	0.946 3	0.934 4	0.921 2	0.906 8	0.891 3	0.874 7	0.857 1
4	0.994 6	0.992 3	0.989 3	0.985 7	0.981 4	0.976 3	0.970 4	0.963 6	0.955 9	0.947 3
5	0.999 0	0.998 5	0.997 8	0.996 8	0.995 5	0.994 0	0.992 0	0.989 6	0.986 8	0.983 4
6	0.999 9	0.999 7	0.999 6	0.999 4	0.999 1	0.998 7	0.998 1	0.997 4	0.996 6	0.995 5
7	1.000 0	1.000 0	0.999 9	0.999 9	0.999 8	0.999 7	0.999 6	0.999 4	0.999 2	0.998 9
8			1.000 0	1.000 0	1.000 0	1.000 0	0.999 9	0.999 9	0.999 8	0.999 8

k	λ									
	2.1	2.2	2.3	2.4	2.5	2.6	2.7	2.8	2.9	3.0
0	0.122 5	0.110 8	0.100 3	0.090 7	0.082 1	0.074 3	0.067 2	0.060 8	0.055 0	0.049 8
1	0.379 6	0.354 6	0.330 9	0.308 4	0.287 3	0.267 4	0.248 7	0.221 1	0.214 6	0.199 1
2	0.649 6	0.622 7	0.596 0	0.569 4	0.543 8	0.518 4	0.493 6	0.469 5	0.446 0	0.423 2
3	0.888 6	0.819 4	0.799 3	0.778 7	0.757 6	0.736 0	0.714 1	0.691 9	0.669 6	0.647 2
4	0.937 8	0.927 5	0.916 2	0.904 1	0.891 2	0.877 4	0.862 9	0.847 7	0.831 3	0.815 3
5	0.979 6	0.976 1	0.970 0	0.964 3	0.953 0	0.951 0	0.943 3	0.934 9	0.925 8	0.916 1
6	0.994 1	0.992 5	0.990 6	0.988 4	0.985 8	0.982 8	0.979 4	0.975 6	0.971 3	0.966 5
7	0.998 5	0.998 0	0.997 4	0.996 7	0.995 8	0.994 7	0.993 4	0.991 9	0.990 1	0.998 1
8	0.999 7	0.999 5	0.999 4	0.999 1	0.998 9	0.998 5	0.998 1	0.997 6	0.996 9	0.996 2
9	0.999 9	0.999 9	0.999 9	0.999 8	0.999 7	0.999 6	0.999 5	0.999 3	0.999 1	0.998 9
10	1.000 0	1.000 0	1.000 0	1.000 0	0.999 9	0.999 6	0.999 9	0.999 8	0.999 8	0.999 7
11					1.000 0	1.000 0	1.000 0	1.000 0	0.999 9	0.999 9

续表

k	λ									
	3.1	3.2	3.3	3.4	3.5	3.6	3.7	3.8	3.9	4.0
0	0.045 0	0.040 8	0.036 9	0.033 4	0.030 2	0.027 3	0.024 7	0.022 4	0.020 2	0.018 3
1	0.184 7	0.171 2	0.168 6	0.146 8	0.135 9	0.125 7	0.116 2	0.107 4	0.099 2	0.091 6
2	0.401 2	0.379 9	0.359 4	0.339 7	0.320 8	0.302 7	0.285 4	0.268 9	0.253 1	0.238 1
3	0.624 8	0.602 5	0.580 3	0.558 4	0.536 6	0.515 2	0.494 2	0.473 5	0.453 2	0.433 5
4	0.798 2	0.780 6	0.762 6	0.744 2	0.725 4	0.706 4	0.687 2	0.667 8	0.648 4	0.628 8
5	0.905 7	0.894 6	0.882 9	0.870 5	0.867 6	0.844 1	0.830 1	0.815 6	0.800 6	0.785 1
6	0.961 2	0.955 4	0.949 0	0.942 1	0.934 7	0.926 7	0.918 2	0.909 1	0.899 5	0.889 3
7	0.985 8	0.983 2	0.980 2	0.976 9	0.973 3	0.969 2	0.964 8	0.959 9	0.954 6	0.948 9
8	0.995 3	0.994 3	0.993 1	0.991 7	0.990 1	0.988 3	0.986 3	0.984 0	0.981 5	0.978 6
9	0.998 6	0.998 2	0.997 8	0.997 3	0.996 7	0.995 0	0.995 2	0.994 2	0.993 1	0.991 9
10	0.999 6	0.999 5	0.999 4	0.999 2	0.999 0	0.998 7	0.998 4	0.998 1	0.997 7	0.997 2
11	0.999 9	0.999 9	0.999 8	0.999 8	0.999 7	0.999 6	0.999 5	0.999 4	0.999 3	0.999 1
12	1.000 0	1.000 0	1.000 0	0.999 9	0.999 9	0.999 9	0.999 9	0.999 8	0.999 8	0.999 7
13				1.000 0	1.000 0	1.000 0	1.000 0	1.000 0	0.999 9	0.999 9

k	λ									
	4.1	4.2	4.3	4.4	4.5	4.6	4.7	4.8	4.9	5.0
0	0.016 6	0.015 0	0.013 6	0.012 3	0.011 1	0.010 1	0.009 1	0.008 2	0.007 4	0.006 7
1	0.084 5	0.078 0	0.071 9	0.066 3	0.061 1	0.056 3	0.051 8	0.047 7	0.043 9	0.040 4
2	0.223 8	0.210 2	0.197 4	0.185 1	0.173 6	0.162 6	0.152 3	0.142 5	0.133 3	0.124 7
3	0.414 2	0.395 4	0.377 2	0.359 4	0.342 3	0.325 7	0.309 7	0.294 2	0.279 3	0.265 0
4	0.609 3	0.589 8	0.570 4	0.551 2	0.532 1	0.513 2	0.494 6	0.476 3	0.458 2	0.440 5
5	0.769 3	0.753 1	0.736 7	0.719 9	0.702 9	0.685 8	0.668 4	0.651 0	0.633 5	0.616 0
6	0.878 6	0.867 5	0.855 8	0.843 6	0.831 1	0.818 0	0.804 6	0.790 8	0.776 7	0.762 2
7	0.942 7	0.936 1	0.929 0	0.921 4	0.913 4	0.904 9	0.896 0	0.886 7	0.876 9	0.866 6
8	0.975 5	0.972 1	0.968 3	0.964 2	0.959 7	0.954 9	0.949 7	0.944 2	0.938 2	0.931 9
9	0.990 5	0.988 9	0.987 1	0.985 1	0.982 9	0.980 5	0.977 8	0.974 9	0.971 7	0.968 2
10	0.996 6	0.995 9	0.995 2	0.994 3	0.993 3	0.992 2	0.991 0	0.988 6	0.988 0	0.986 3
11	0.998 9	0.998 6	0.998 3	0.998 0	0.997 6	0.997 1	0.996 6	0.996 0	0.995 3	0.994 5
12	0.999 7	0.999 6	0.999 5	0.999 3	0.999 2	0.999 0	0.998 8	0.998 6	0.998 3	0.998 0
13	0.999 9	0.999 9	0.999 8	0.999 8	0.999 7	0.999 7	0.999 6	0.999 5	0.999 4	0.999 3
14	1.000 0	1.000 0	1.000 0	0.999 9	0.999 9	0.999 9	0.999 9	0.999 9	0.999 8	0.999 8
15				1.000 0	1.000 0	1.000 0	1.000 0	1.000 0	0.999 9	0.999 9

附录5　t 分布临界值表

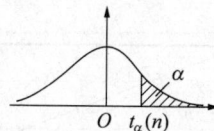

n \ α	0.25	0.10	0.05	0.025	0.01	0.005
1	1.000 0	3.077 7	6.313 8	12.706 2	31.820 7	63.657 4
2	0.816 5	1.885 6	2.920 0	4.302 7	6.964 6	9.924 8
3	0.764 9	1.637 7	2.353 4	3.182 4	4.540 7	5.840 9
4	0.740 7	1.533 2	2.131 8	2.776 4	3.746 9	4.604 1
5	0.726 7	1.475 9	2.015 0	2.570 6	3.364 9	4.032 2
6	0.717 6	1.439 8	1.943 2	2.446 9	3.142 7	3.707 4
7	0.711 1	1.414 9	1.894 6	2.364 6	2.998 0	3.499 5
8	0.706 4	1.396 8	1.859 5	2.306 0	2.896 5	3.355 4
9	0.702 7	1.383 0	1.833 1	2.262 2	2.821 4	3.249 8
10	0.699 8	1.372 2	1.812 5	2.228 1	2.763 8	3.169 8
11	0.697 4	1.363 4	1.795 9	2.201 0	2.718 1	3.105 8
12	0.695 5	1.356 2	1.782 3	2.178 8	2.681 0	3.054 5
13	0.693 8	1.350 2	1.770 9	2.160 4	2.650 3	3.012 3
14	0.692 4	1.345 0	1.761 3	2.144 8	2.624 5	2.976 8
15	0.691 2	1.340 6	1.753 1	2.131 5	2.602 5	2.946 7
16	0.690 1	1.336 8	1.745 9	2.119 9	2.583 5	2.920 8
17	0.689 2	1.333 4	1.739 6	2.109 8	2.566 9	2.898 2
18	0.688 4	1.330 4	1.734 1	2.100 9	2.552 4	2.878 4
19	0.687 6	1.327 7	1.729 1	2.093 0	2.539 5	2.860 9
20	0.687 0	1.325 3	1.724 7	2.086 0	2.528 0	2.845 3
21	0.686 4	1.323 2	1.720 7	2.079 6	2.517 7	2.831 4
22	0.685 8	1.321 2	1.717 1	2.073 9	2.508 3	2.818 8
23	0.685 3	1.319 5	1.713 9	2.068 7	2.499 9	2.807 3
24	0.684 8	1.317 8	1.710 9	2.063 9	2.492 2	2.796 9
25	0.684 4	1.316 3	1.708 1	2.059 5	2.485 1	2.787 4
26	0.684 0	1.315 0	1.705 6	2.055 5	2.478 6	2.778 7
27	0.683 7	1.313 7	1.703 3	2.051 8	2.472 7	2.770 7
28	0.683 4	1.312 5	1.701 1	2.048 4	2.467 1	2.763 3
29	0.683 0	1.311 4	1.699 1	2.045 2	2.462 0	2.756 4
30	0.682 8	1.310 4	1.697 3	2.042 3	2.457 3	2.750 0
31	0.682 5	1.309 5	1.695 5	2.039 5	2.452 8	2.744 0
32	0.682 2	1.308 6	1.693 9	2.036 9	2.448 7	2.738 5
33	0.682 0	1.307 7	1.692 4	2.034 5	2.444 8	2.733 3
34	0.681 8	1.307 0	1.690 9	2.032 2	2.441 1	2.728 4
35	0.681 6	1.306 2	1.689 6	2.030 1	2.437 7	2.723 8
36	0.681 4	1.305 5	1.688 3	2.028 1	2.434 5	2.719 5

续表

n \ α	0. 25	0. 10	0. 05	0. 025	0. 01	0. 005
37	0. 681 2	1. 304 9	1. 687 1	2. 026 2	2. 431 4	2. 715 4
38	0. 681 0	1. 304 2	1. 686 0	2. 024 4	2. 428 6	2. 711 6
39	0. 680 8	1. 303 6	1. 684 9	2. 022 7	2. 425 8	2. 707 9
40	0. 680 7	1. 303 1	1. 683 9	2. 021 1	2. 423 3	2. 704 5
41	0. 680 5	1. 302 5	1. 682 9	2. 019 5	2. 420 8	2. 701 2
42	0. 680 4	1. 302 0	1. 682 0	2. 018 1	2. 418 5	2. 698 1
43	0. 680 2	1. 301 6	1. 681 1	2. 016 7	2. 416 3	2. 695 1
44	0. 680 1	1. 301 1	1. 680 2	2. 015 4	2. 414 1	2. 692 3
45	0. 680 0	1. 300 6	1. 679 4	2. 014 1	2. 412 1	2. 689 6

附录6 χ^2 分布临界值表

$$P[\chi^2(v) > \chi^2_\alpha(v)] = \alpha$$

v	显著性水平（α）												
	0.99	0.98	0.95	0.90	0.80	0.70	0.50	0.30	0.20	0.10	0.05	0.02	0.01
1	0.000 2	0.000 6	0.003 9	0.015 8	0.064 2	0.148	0.455	1.074	1.642	2.706	3.841	5.412	6.635
2	0.020 1	0.040 4	0.103	0.211	0.446	0.713	1.386	2.403	3.219	4.605	5.991	7.824	9.210
3	0.115 0	0.185	0.352	0.584	1.005	1.424	2.366	3.665	4.642	6.251	7.815	9.837	11.341
4	0.297	0.429	0.711	1.064	1.649	2.195	3.357	4.878	5.989	7.779	9.488	11.668	13.277
5	0.554	0.752	1.145	1.610	2.343	3.000	4.351	6.064	7.289	9.236	11.070	13.388	15.068
6	0.872	1.134	1.635	2.204	3.070	3.828	5.348	7.231	8.558	10.645	13.592	15.033	16.812
7	1.239	1.564	2.167	2.833	3.822	4.671	6.346	8.383	9.803	12.017	14.067	16.622	18.475
8	1.646	2.032	2.733	3.490	4.594	5.527	7.344	9.524	11.030	13.362	15.507	18.168	20.090
9	2.088	2.532	3.325	4.168	5.380	6.393	8.343	10.656	12.242	14.684	16.919	19.679	21.666
10	2.558	3.059	3.940	4.865	6.179	7.267	9.342	11.781	13.442	15.987	18.307	21.161	23.209
11	3.053	3.609	4.575	5.578	6.989	8.148	10.341	12.899	14.631	17.275	19.675	22.618	24.725
12	3.571	4.178	5.226	6.304	7.807	9.304	11.340	14.011	15.812	18.549	21.026	24.054	26.217
13	4.107	4.765	5.892	7.042	8.634	9.926	12.340	15.119	16.985	19.812	22.362	25.472	27.688
14	4.660	5.368	6.571	7.790	9.467	10.821	13.339	16.222	18.151	21.064	23.685	26.873	29.141
15	5.229	5.985	7.261	8.547	10.307	11.721	14.339	17.322	19.311	22.307	24.996	28.259	30.578
16	5.812	6.614	7.962	9.312	11.152	12.624	15.338	18.413	20.465	23.542	26.296	29.633	32.000
17	6.408	7.255	8.672	10.035	12.002	13.531	16.338	19.511	21.615	24.769	27.587	30.995	33.409
18	7.015	7.906	9.390	10.865	12.857	14.440	17.338	20.601	22.760	25.989	28.869	32.346	34.805
19	7.633	8.567	10.117	11.651	13.716	15.352	18.338	21.689	23.900	27.204	30.144	33.687	36.191
20	8.260	9.237	10.851	12.443	14.578	16.266	19.337	22.775	25.038	28.412	31.410	35.020	37.566
21	8.897	9.915	11.591	13.240	15.445	17.182	20.337	23.858	26.171	29.615	32.671	36.343	38.932
22	9.542	10.600	12.338	14.041	16.314	18.101	21.337	24.939	27.301	30.813	33.924	37.659	40.289
23	10.196	11.293	13.091	14.848	17.187	19.021	22.337	26.018	28.429	32.007	35.172	37.968	41.638
24	10.856	11.992	13.848	15.659	18.062	19.943	23.337	27.096	29.553	33.196	36.415	40.270	42.980
25	11.524	12.697	14.611	16.473	18.940	20.867	24.337	28.172	30.675	34.382	37.652	41.566	44.314
26	12.198	13.409	15.379	17.292	19.820	21.792	25.336	29.246	31.795	35.563	38.885	42.856	45.642
27	12.897	14.125	16.151	18.114	20.703	22.719	26.336	30.319	32.912	36.741	40.113	44.140	46.963
28	13.565	14.847	16.928	18.930	21.588	23.647	27.336	31.391	34.027	37.916	41.337	45.419	48.278
29	14.256	15.574	17.708	19.768	22.475	24.577	28.336	32.461	35.139	39.087	42.557	46.693	49.588
30	14.593	16.306	18.493	20.599	23.364	25.508	29.336	33.530	36.250	40.256	43.773	47.962	50.892

参 考 文 献

[1] 许涤龙，邹新月. 统计学 [M]. 武汉：中南大学出版社，2004.

[2] 黄良文，陈仁恩. 统计学原理 [M]. 北京：中央广播电视大学出版社，2006.

[3] 谢启南，韩兆洲. 统计学原理 [M]. 广州：暨南大学出版社，2006.

[4] 朱洪文. 应用统计 [M]. 北京：高等教育出版社，2004.

[5] 李展一. 统计学原理 [M]. 上海：上海科学普及出版社，1992.

[6] 周子恂. 统计学原理教程 [M]. 上海：上海人民出版社，1995.

[7] 贾俊平. 统计学基础 [M]. 2 版. 北京：中国人民大学出版社，2006.

[8] 贾俊平. 统计学 [M]. 北京：中国财政经济出版社，2003.

[9] 陈珍珍. 统计学 [M]. 厦门：厦门大学出版社，2002.

[10] 毛伟君，刘惠慧. 现代统计学 [M]. 广州：中山大学出版社，2001.

[11] 陈平，李兆和. 现代统计学 [M]. 广州：中山大学出版社，2004.

[12] 孙允午. 统计学习题集 [M]. 上海：上海财经大学出版社，2002.

[13] 水延凯等. 社会调查教程 [M]. 3 版. 北京：中国人民大学出版社，2003.

[14] 刘建萍等. 统计学原理学习指导 [M]. 2 版. 北京：学苑出版社，1999.

[15] 袁卫，庞浩，曾五一. 统计学 [M]. 北京：高等教育出版社，2000.

[16] 杜子芳. 抽样技术及其应用 [M]. 北京：清华大学出版社，2005.

[17] 金进勇. 统计学教程 [M]. 北京：中国人民大学出版社，2004.

[18] 丁岚. 应用统计习题与参考解答 [M]. 北京：对外经济贸易大学出版社，2007.

[19] 邱东. 统计学 [M]. 北京：高等教育出版社，1999.

[20] 卢小广. 统计学教程 [M]. 北京：清华大学出版社，2006.

[21] 栗方忠. 统计学原理 [M]. 大连：东北财经大学出版社，2008.

[22] 李洁明. 统计学原理 [M]. 上海：复旦大学出版社，2008.

[23] 吴可杰. 统计学原理 [M]. 南京：南京大学出版社，2002.

[24] 王琪延. 统计学 [M]. 北京：经济科学出版社，2001.

[25] 王立杰. 统计学原理 [M]. 北京：清华大学出版社，2008.

[26] 广州市统计局. 广州统计年鉴 2007 [M]. 北京：中国统计出版社，2007.

[27] 国家统计局. 中国统计摘要 2007 [M]. 北京：中国统计出版社，2007.

[28] 赵红. GDP 和 GDP 核算 [J]. 中国统计信息网，2003.

[29] 潘岳. 谈谈绿色 GDP [J]. 中华经济时报，2004.

[30] 国家环保总局副局长潘岳称绿色 GDP 公布有阻力 [J]. 大洋网，2007.